人文社科研究方法丛书

国家社科基金重大项目"中国翻译理论发展史研究"
广东外语外贸大学翻译学研究中心   资助
广东外语外贸大学高级翻译学院

项目修改
优化秘笈 **250** 问

黄忠廉 著

●过程胜结果，实践且实用

●所改涵所得，即学即可用

●行难知更难，体悟酿智慧

●入穴得虎子，秉一以应万

●修改蕴修炼，精而益求精

科学出版社
北 京

内 容 简 介

选题之后，改本是报项的硬功，也是项目胜出获批的关键。本书以国家社科基金年度项目为基准，首次揭秘人文社科报项修改的全过程，针对7000字活页的修改提出250个问题，透析活页优化的机理，试图揭开报项的"黑匣子"。全书思精语简，用例丰富，图文并茂，用图表实例约300幅/张/则，以过程察结果，给人以诸多启迪。

本书可供所有人文社科学人参考，更值得所有学人揣摩中超越。

图书在版编目（CIP）数据

项目修改优化秘笈 250 问 / 黄忠廉著. -- 北京：科学出版社，2025. 3. --（人文社科研究方法丛书）. -- ISBN 978-7-03-081538-5

Ⅰ. C36

中国国家版本馆 CIP 数据核字第 2025LQ8037 号

责任编辑：付 艳 王 丹 冯丽萍 / 责任校对：贾伟娟
责任印制：徐晓晨 / 封面设计：蓝正设计

科学出版社 出版
北京东黄城根北街 16 号
邮政编码：100717
http://www.sciencep.com
天津市新科印刷有限公司印刷
科学出版社发行 各地新华书店经销
*
2025 年 3 月第 一 版 开本：720×1000 1/16
2025 年 3 月第一次印刷 印张：19 3/4
字数：340 000
定价：**68.00 元**
（如有印装质量问题，我社负责调换）

为您量身定制（代序）

这是一本要"琢"要"磨"的书，一本先"痛"后"快"的书；读过，或能蝶变。

瞧瞧书名，看似有意却无意。妙，就在有意无意间。原定 100 问，写着写着，没打住，终至 250。正赶巧，草成于 2025 年春节前，可仿句广告：今年过节不送礼，送您只送《250》。

修改优化，往大说，是过程哲学的产物；往小说，是完善"本子"的行为。报项过程，只要细修，就有挖不尽的细处；只要深改，就能优化至深处。撰文、著书、报项等均可做到极致，讲求精益求精。精益是一种思维方式，项目修改优化亦是如此。那么，如何精修达优？统言之，始于选题的选炼，可参考《100 问》①；终于本子的打磨，可参考《300 问》②；更得益于申报书的优改优化，填报过程的优管优控。

以为修改只不过小打小闹，或是花拳绣腿，那就小看低看了。"说得清的只是技术，而只可意会、不可言传的，才是艺术。"③所改在形，所优在质，秀出的则是"私"想。项目申报应是激情之作，无病呻吟才真痛苦。所以，要写得快，改得慢。修改与打磨宜慢，至少一二月，多则一年半载，甚至是几年。磨出第一次，后面就越磨越快，越改越优。

打开活页或申请书，要答的题也才五六道，可是一旦潜入，则惊现一座座藏宝的迷宫。分而探之，实乃解决复杂问题、破雾揭秘的良方。《250 问》试图揭开报项的"黑匣子"，在此劝您潜入其中，沉浸式体认思考的轨迹，以求更多收获。

此前，有人说《100 问》"题"醍灌顶，赞《300 问》为"报项宝典"。此刻面世的《250 问》，则好比项目修改优化的"金钥匙"或"指南"，与《100

---

① 黄忠廉. 人文社科选题炼题：100 问+700 例[M]. 北京：科学出版社，2024.

② 黄忠廉. 人文社科项目申报 300 问（第二版）[M]. 北京：科学出版社，2022. 本书下文所提《300 问》均为第二版，不一一括注。

③ 周时奋. 回到原点：空间环境的文化创意[M]. 上海：上海社会科学院出版社，2013：2.

问》《300 问》相关而不重，较之更求深化，更重解析。《300 问》多讲结果与理据，《250 问》则主谈过程，兼及因果，与您再续学缘；既析自报的心路，又取他报的经验，更是同人教训的总结；多补未中项目之短板，多释初次申报之疑惑，等等；满满的问题意识，更具针对性。为秀出修改优化的秘笈，全书用图表实例约 300 幅/张/则。

项目修改信守知行合一原则。"合一"之前呈"趋一"，彰显过程。因为知之未必能之，能之未必行之，行之未必恒行之。要让每句话都无价，每次修改都变现，需持之以恒地刻意操练，强在"心胜"。通常，知难行更难，知又在行之前，结果知最难。为此，本书揭示申报的底层逻辑，揭秘上报的认知心理，为学历教育补一课。在此，真实的案例，真挚的剖析，一切的一切真诚为您。

本书分析基于国家社科基金年度项目的活页，偶涉其他类别项目。因人人都学外语，或用外语，《250 问》便以涉"外"课题为主，承载申报之道，以便人人能懂。您若从中获益，哪怕丁点儿，身为作者的我将倍感欣慰。

2025 年，奉上《250》，顺颂 520，附赠 502——含对 2024 年活页改革的思考。

错过《250》，或将被人 250。

略懂《250》，您会彻悟——

项目海海，不过尔尔。

2025 年 1 月 28 日

广州白云山麓三语斋

目　　录

为您量身定制（代序）

一、优　化　总　论

二、选　题　优　化

三、题 解 优 化

四、选题依据优化

（一）综　述

（二）简　评

（三）同　比　价　值

五、研究内容优化

（四）研 究 纲 目

（五）重　难　点

（六）目　　标

（七）研　究　方　法

（八）研 究 计 划

（九）可 行 性

六、创新点优化

七、预期成果优化

（一）成 果 形 式

（二）宣传转化（或成果去向）

（三）预期学术价值

（四）预　期　效　益

八、研究基础优化

（一）前　期　成　果

(二)核心观点

九、参考文献优化

十、设计表达优化

一、优 化 总 论

1. 报项如何善于自修与人沟通？见"本"如晤、以"素美"为上？

　　报项如同报关，得关关过。报项自修，除了自我修炼外，主要指自我修改，以求优化。整个修改过程就是去掉本子的某些缺点、弱点，使之更适合申报要求，会涉及修正、改善、改造、改进等行为，其优化过程也是内容优化、形式优化、功能优化、配置优化、调整优化、升级优化、全面优化、整体优化、深度优化等。

　　以国家社科基金年度项目为例，申报活动涉及申报表与活页，重点是活页。由图1可知，要求并不多，规定并不细。整个申报就是与不曾谋面的读者（评委乃特殊的读者）沟通的过程；内容看似不多，却有字数的限制，要求简明扼要地填写，其实越"略"越不好把握。这正是填表的最低要求，不妨将其定位于"素美"。

国家社会科学基金年度项目课题论证活页

课题名称：
本表参照以下提纲撰写，要求逻辑清晰，主题突出，层次分明，内容翔实，排版清晰。除"研究基础"外，本表与《申请书》表二内容一致，总字数不超过7000字。 　　1. [选题依据] 国内外相关研究的学术史梳理及研究动态（略写）；本课题相对于已有研究的独到学术价值和应用价值等，特别是相对于国家社科基金已立同类项目的新进展。 　　2. [研究内容] 本课题的研究对象、框架思路、重点难点、主要目标、研究计划及其可行性等。（框架思路要列出研究提纲或目录） 　　3. [创新之处] 在学术思想、学术观点、研究方法等方面的特色和创新。 　　4. [预期成果] 成果形式、使用去向及预期社会效益等。（略写） 　　5. [研究基础] 课题负责人前期相关代表性研究成果、核心观点等。（略写） 　　6. [参考文献] 开展本课题研究的主要中外参考文献。（略写）

图 1　2021 年国家社科基金年度项目课题论证活页

　　"素"意为"朴素、简单"，《素书》开篇释"素"："素者，符先天之脉，合玄元之体，在人则为心，在事则为机，冥而无象，微而难窥，秘密而不可测，笔之于书，天地之秘泄矣。"①

汪曾祺以为人生之美在一"素"字；孙郁认为"安之若素，淡之若素，望之若素，都是难得之态。于是可以取天地之气，得寰宇之音，行仙人之道。此为人生的一大境界。对汪曾祺来说，做不到这点不可苛责，常怀此心者则是高人无疑"②。

2017年起，活页要求总字数不超过7000字，2021年又要求图1的4道题"略写"。这便叫人想起了极简主义，可以做减法，少即多，写出有质感的本子。

最高级的写法，是减去多余的部分。剔除冗余，去芜存菁，化繁为简，信息量才精当，最高端的思想往往最简单。要敬惜文字，写最具思想价值的内容，浪费文字即是精神犯罪，为此需节约写与读的精力，远离繁杂无用的信息。冗余会占更多空间，无用信息会控制申请人与评委。因此，去掉冗余，是每位申请人的必修课。

精简表达，可提高沟通效率。有小视频说，老总招聘司机，请最后两位应聘者谈谈对职位的看法，您看最终获胜者咋说："吃得喝不得，开得使不得，听得说不得。"

应在最短时间内直奔主题，将结果表达清晰！每个人时间都有限，拐弯抹角说不清，不仅使人生厌，还会连累自己。学会简单直接表达，也会为自己赢得良机。不是人人都善沟通，有人滔滔不绝，始终不得要领；有人寥寥数语，却能一语中的。话不在多，显要就行；言不在深，能懂就好。用至少之言表达至深之义，远胜长篇大论。

对于女性，"'小包'象征着你有限而珍贵的人生。"③对于报项，"素美"彰显您丰盈而富有的思想。本书主要以国家社科基金年度项目活页为例，展示1—24次修改的过程，勾勒其瘦身的轨迹，以便您从中悟出心得，举一反三。

看似显素，实则有肉。只有素美，才美得持久。

2. 项目修改有理有据，才会改得自信？改出优异？！

改之应有理。依理修改是王道，每处修改都有理论自信，都改出有因，这样本子才越改越优，自我超越，最终超胜他人。

---

① 黄石公. 素书[M]. 刘泗编译. 上海：上海三联书店，2015：201.
② 孙郁. 闲话汪曾祺[M]. 南京：江苏人民出版社，2022：285.
③ 〔日〕横田真由子. 聪明女人背小包[M]. 蔡明明译. 长沙：湖南文艺出版社，2016：4.

修改项目申请书首要的基本功是掌握语言学知识，涉及写作学、文章学、修辞学、语用学、语篇学、文体学等。请看图2。

1. [选题依据]	国内外相关研究的学术史梳理及研究动态（略写）；本课题相对于已有研究的独到学术价值和应用价值等，特别是相对于国家社科基金已立同类项目的新进展。
2. [研究内容]	本课题的研究对象、框架思路、重点难点、主要目标、研究计划及其可行性等。（框架思路要列出研究提纲或目录）
3. [创新之处]	在学术思想、学术观点、研究方法等方面的特色和创新。
4. [预期成果]	成果形式、使用去向及预期社会效益等。（略写）
5. [参考文献]	开展本课题研究的主要中外参考文献。（略写）

图2　2021年国家社科基金年度项目申请书"课题设计论证"

图2是2021年国家社科基金年度项目申请书"二、课题设计论证"的提纲。按标点，"选题依据"中分号隔开的是动态与价值，语法上新进展紧随价值，似乎首先可归入价值。但按语义，新进展涉及同类项目的动态，属于研究范畴，也可归入动态。

若按编辑学的要求，至少要会简单的排版。如图2是欧式排版，并非中式；与图1相比，二者的行距不一。又如方括号"[ ]"的使用。方括号常用于表示：①注释，在文后加入注释或补充说明，如"他是数学王子[高考得满分]"；②音译或意译；③省略；④集合（数学或编程）。那么图1中的方括号就需优化。

逻辑是研究包括填写申请书的基础。如图2中"新进展"既可单独归入动态和价值，也可与二者并列，分号在逻辑上骑墙，比较模糊，导致各种理解，会有不同填写方案。再如图2"创新之处"要求写"特色和创新"，有违同一律，即A是A与B，而非"A是A"。

若懂点哲学，才知题解应遵守中庸之道，即"专家看了不浅，外行看了不深"，详见第37问。而社会学知识会告诉您，参考文献不能一人占几条，因为要通过文献覆盖更多的学术同行，以便得到认可。

如何进一步赢得评委对您的认同，得懂点心理学。比如综述肯定已有成就之后，"简评"若用"但是，不过"之类表示转折，评委心里仿佛"咯噔"一下，不妨用"取得了阶段性进展，此外，还可……"，这样就相对缓和一些。

语言不能过于转折、激烈，不然会引起一定的心理反驳，若能用"此其一，其二，此外，还有"等就比较中听或舒服。

还可从艺术学角度讲究"秩序感"，秩序感存在于一切艺术领域，亦存于自然万象，使对象保持清晰的条理与可识别性，更易于理解与记忆，也会在认识过程中给人以满足与愉悦。更可从建筑学角度设计，建筑学也会提醒您注意形式美，讲究空间结构，使本子的框架搭建得平稳有序，且具艺术美感，因为"秩序感是空间的构成逻辑和整体态势，其背后是力量与方向的能量平衡"[1]。

有理有据的修改，有助于您追求优质、优良、优美、优异、优胜，以此从优、示优、创优、竞优，以便专家或机构选优、择优、评优、推优。到此，您已"心胜"[2]，已蕴含强大的内心力量，已具备积极的心态。

3. 修改项目申请书如何由守规进化至立规？

申请书填报，首先得遵守规范，这是基调。申请书修改优化如何由识规、懂规、守规进化至破规、超规、立规？

识规、懂规、守规是报项的前提。如图2设立5题，既要读字表，又要读字里，至少字表理解要到位，如"等"的理解，其后列举既可继续，也可结束，明其优长，也明其不足，或见仁见智。识规是为了防止犯规，更在于使犯规者得以守规。填表修改中力求规范，遵守规范。

报项既要遵守规范，又要突破规范。申请人在填报中不可避免会与已有规范发生冲突，违反规范。在突破现有规范的过程中，从整体上守规，在较薄弱的环节或差异较大处超规，给申报带来一些新鲜的规则。

申请人在申报实践中发现问题，超越规范；而管理者则顺势而为，创建新规范。超越规范即超规，如果对其肯定，确定其在申报中的合法地位，就叫"立规"。规范是个动态过程，包括使犯规者合乎规范，通过守规来推广现有规范，同时将超规的现象添入规范体系，通过立规来发展现有规范，如"略写"即是所立的新规。

每次活页改革或多或少存在可商榷之处，有待后续完善。如图3是2024年活页对图1的优化。

---

① 叶铮. 空间思哲：空间本体与载体的抽象关系[M]. 沈阳：辽宁科学技术出版社，2020：47.
② 金一南. 心胜[M]. 武汉：长江文艺出版社，2013.

本活页参照以下提纲撰写，突出目标导向、问题意识、学科视角，要求逻辑清晰，层次分明，内容翔实，排版规范。除"研究基础"外，本表与《申请书》表二内容一致，总字数不超过7000字。

1. [选题依据] 国内外相关研究的学术史梳理及研究进展（略写）；相对于已有研究特别是国家社科基金同类项目的独到学术价值和应用价值。

2. [研究内容] 本课题的研究对象、主要目标、重点难点、研究计划及其可行性等。（框架思路要列出提纲或目录）

3. [创新之处] 在学术观点、研究方法等方面的特色和创新。

4. [预期成果] 成果形式、宣传转化及预期学术价值和社会效益等。（略写）

5. [研究基础] 申请人前期相关代表性研究成果、核心观点等。（略写）

6. [参考文献] 开展本课题研究的主要中外参考文献。（略写）

图3 活页各题优化编辑效果1

4. 本子优化至美目标何在？怎样做好视觉营销？

项目申请书俗称"本子"或"本"。好本子都是内外兼修、秀外慧中、形义结合的有机体。通过修改，达到优化，比如深化、强化、细化、量化、美化、淡化、升华等。

思想要反复锤炼，形式要讲究精练，意求精纯，形求简洁，前者求纯，后者求洁。项目精简至美，目标就是"纯+洁"——纯洁，即思精语简，思纯语洁。以2024年活页的优化为例，图4即是其视觉效果图。

本活页参照以下提纲撰写，突出目标导向、问题意识、学科视角，要求逻辑清晰，层次分明，内容翔实，排版规范。除"研究基础"外，本表与《申请书》表二内容一致，总字数不超过7000字。

1. **选题依据** 国内外相关研究的学术史梳理及研究进展（略写）；相对于已有研究特别是国家社科基金同类项目的独到学术价值和应用价值。

2. **研究内容** 本课题的研究对象、框架思路及纲目、主要目标、重点难点、研究计划及其可行性等。

3. **创新之处** 在学术观点、研究方法等方面的特色和创新。

4. **预期成果** 成果形式、宣传转化及预期学术价值和社会效益等。（略写）

5. **研究基础** 申请人前期相关代表性研究成果、核心观点等。（略写）

6. **参考文献** 开展本课题研究的主要中外参考文献。（略写）

图4 活页各题优化编辑效果2

好本子具有视觉冲击力，能实现"视觉营销"[①]，会给评委鲜明的印象；为

---

① 马大力. 视觉营销[M]. 北京：中国纺织出版社，2003：30.

人所识，才更有可能成为被选对象。如图4去"[ ]"，不再有刺棱感；题目的要求用楷体小半号字体，分出了主次，方圆相济，秀美与阳刚相依，比图1更悦目。

本子要给人直观的感受，必须形象、生动地展现在评委面前。基于此，评委才能根据已有的认识、体验和情感，通过联想对本子产生理解，形成整体印象，从而做出评判。至美之本能激起评委的兴趣、偏爱，甚至是信任，进而使他们认同您。

5. "本"不厌改，优化永远 on the road？如何多写多改？

"本"在此一指本子，二指本来。本子永远需要修改，天下没有不可改之本；"本来"意即由本而来，形容事物先天本有，用于此，指本子的"不厌改"是不变的自然存在状态。

要有完美主义目标，却不做完美主义者。因为没有最好，只是更好。修改项目，俗称"改本"，颇似孵化，即动物在卵内完成胚胎发育后破壳而出的现象。修改时长如同孵化期（卵从头到尾的孵化时间）。孵化的目的是"化"，过程和手段是"孵"，修改即"孵"的过程，目的便是优化。优化过程是"本"不厌改的过程。

一般人写得慢，改得慢；"二"般人则写得慢，改得快；高手则写得快，改得慢——起草靠灵感，完善凭耐力。请看第250问的活页前24稿修改的变化（表1）。

表1　活页20余次修改的量变

稿次	1	2	3	4	5	6	7	8
字数	26000	22000	18000	14500	14000	14100	13600	13500
稿次	9	10	11	12	13	14	15	16
字数	13300	13100	12900	13000	13300	11300	10700	9070
稿次	17	18	19	20	21	22	23	24
字数	9080	9060	8810	10980	9070	8864	8850	8857

改了23遍至24稿，若去掉活页本身（含填写要求、6道题、活页说明等）536字，稿24申请人自己所填字数也有8321字，仍超标，还有1321字需删。

出路有二，其一继续改至第 250 问的活页（不足 6990 字），其二采用第 244 问所提及的办法。

"本"不厌改，那么本子最佳修改优化期为多久？十月怀胎，一朝分娩。在正式申报通知下达之前，就提前思考下一年的项目申报，将目标分解，功夫用在平时，或以本子修改推进，更以文章深入研究内容的方式推进，深化对所究对象的认识，依此而行，写出的本子绝对有深度。

本书"代序"一处的修改也旁证了改在路上。2024 年 12 月 13 日，笔者在珠海登岛研讨途中，飘过零丁洋，波浪还没那么滔天，一时受大海的启发，忽生灵感，迅速打开电脑，将代序中"打开活页或申请书，要答的题也才五六道，可是一旦钻入，则惊现一座座藏宝的迷宫"的"钻入"改为"潜入"。感谢大海的恩赐！

6. 改或不改均可优化，项目修改如何"对立与统一"？

修改既讲宏观，又讲微观；活页与申请书的修改还讲关系论。对立统一规律是唯物辩证法的根本规律，矛盾分析法是认识与改造本子的根本方法。改与不改，均是相对的。整体看，活页与申请书以谁为标准参照，修改也不一样。宏观上看，整体在优化；宏观之下，有四种情况需系统地审视。

（1）模糊处理与处理模糊。活页提示语有几处比较模糊，需要模糊处理。如要求"略写"，如何略，其度难定。又如，6 道题中 4 道涉及"等"字，"等"本身就模糊，《现代汉语词典》（第七版）将"列举已尽""列举未尽"一对矛盾义项收录其中！所以，改与不改，均在优化。详见本书相应的问题。

（2）改向谁靠拢？微观上改 A 不改 B，改 B 不改 A，一处改，另一处不改，达到一致，走向优化。图 4 与图 5 中的框架思路，或向图 4 靠拢，或向图 5 靠拢，图 4 说明语和提示语改为五号楷体。又如思路与计划有关联，易相混，就可以确定思路改向趋简，计划改向趋繁。图 3 研究内容的"框架思路及纲目"可改回原位，放在研究对象之后。再如第 250 问活页的分对象"1）中俄景观语符与非语符、转换与变通、译与写、译与制等要素关系的厘清"用了"厘清"，而"2.2.1 研究思路"原先所用的标题"1）建库厘清矛盾"改作"1）建库透析矛盾"，以免过多使用同一词语。

（3）双向奔赴，统一为第三者。A 与 B 二者不同，干脆 A 与 B 一起改为 C，如图 1 活页与图 2 申请书的行距不一致，均可以按图 5 格式统一，设为 1.2 倍左右。试比较将活页与申请书的行距均定为 20 磅的效果。见图 5。

（4）处理好异同关系。上述三点也涉及关系，最后再次拎出，以示重视。其典型之一如框架与纲目，涉及标题与内容的关系，前详后略，内容高度相关却不能重复，这是 2021 年以降增设纲目的困境，具体对策可见多问之答。

本活页参照以下提纲撰写，突出目标导向、问题意识、学科视角，要求逻辑清晰，层次分明，内容翔实，排版规范。除"研究基础"外，本表与《申请书》表二内容一致，总字数不超过 7000 字。

1. 选题依据 国内外相关研究的学术史梳理及研究动态（略写）；本课题相对于已有研究的独到学术价值和应用价值等，特别是相对于国家社科基金已立同类项目的新进展。

2. 研究内容 本课题的研究对象、框架思路（框架思路要列出研究提纲或目录）、重点难点、主要目标、研究计划及其可行性等。

3. 创新之处 在学术思想、学术观点、研究方法等方面的特色和创新。

4. 预期成果 成果形式、使用去向及预期社会效益等。（略写）

5. 研究基础 课题负责人前期相关代表性研究成果、核心观点等。（略写）

6. 参考文献 开展本课题研究的主要中外参考文献。（略写）

图 5　活页各题优化编辑效果 3

7. 活页如何黄金分割立体化？依据何在？

各级项目大致分三大板块：选题、论证、研究基础，可见于 2023 年前国家社科基金年度项目的活页的评分表（表 2），2023 年起该表被删。每位申请人一定要心存这份珍贵的评分表。被删后一段时期内，此前曾申报过项目的部分学人或许还心念着它，潜意识地用它。但 2025 年之后新的申请人或刚入职者就不一定了，特此提醒，也特此展出。

表 2　国家社科基金年度项目评分表

评价指标	权重	指标说明	专　家　评　分							
选题	3	主要考察选题的学术价值或应用价值，对国内外研究状况的总体把握程度。	10分	9分	8分	7分	6分	5分	4分	3分
论证	5	主要考察研究内容、基本观点、研究思路、研究方法、创新之处。	10分	9分	8分	7分	6分	5分	4分	3分
研究基础	2	主要考察课题负责人的研究积累和成果。	10分	9分	8分	7分	6分	5分	4分	3分

　　表 2 全称为"国家社会科学基金项目通讯评审意见表"，其信息量较大，既是指标分配表，也是评委评分表，更是内容权重表，而内容权重表正是申请人填写活页时把握比例的理据。

　　专业化评审也属于浅阅读。浅阅读时代，7000 字的活页如长稿，宜立体化且叙事化，要讲好报项的故事。以国家社科基金年度项目为例，2021 年开始要求用小四号字体，每行约 40 字，每页 38 行，每页（40 字×38 行）1520 字，整个活页以 7 页计，7×1520=10640 字，10640 字的空间写 7000 字的内容，绰绰有余。

　　明确了空间，如何将 7000 字写出黄金分割的效果？"黄金分割律"，指将已知线段作长短两分，使较长部分与整体线段的长度之比等于较短部分与较长部分的长度之比，这个比值约为 0.618。西方认为黄金分割律是"最简练，最和谐，最合乎逻辑的不均分割法"[①]。其运用成功的画作有《梅杜萨之筏》《希阿岛的屠杀》《浴女》等。当然，固守其律，不免单调，各路"神仙"不妨微调量比关系，以求自我均衡，形成申报的多姿多态。

　　活页填报的立体感需整体俯瞰，请看第 250 问。活页可由平面改出立体感。填写或阅读自左向右、自前向后推进，能将自左至右打字推进的 1 个乃至 7 个页面写出立体感、画面感，这就要求写作要有重点凸显，有衬托，分主次。如图 6 所示，活页如一张白纸，只有平面感。图 7 则能将白纸折成立体图像，如一头牛。活页全稿的立体感详见下一问。

　　　图 6　活页如白纸　　　　　　　图 7　活页折成牛

8. 项目申报如修金字塔，其硬核决定修改的优先序列？

　　硬核，在此指项目申报最具挑战性、专业性的问题，是关键的填写对象。以国家社科年度项目的活页为例，其 2024 年版的内容见图 3，图中内容可以重构为一座金字塔，见图 8。

---

① 姚青华. 浅析中国画构图[M]. 北京：经济管理出版社，2016：65.

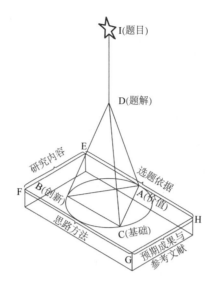

图8 活页填写立体化

7000 字按重要性切分为四大板块，构筑成金字塔，A、B、C、D、I 所指均如图中所示，其他线段所指是：EF（研究内容）、FG（思路方法）、GH（预期成果与参考文献）、EH（选题依据）。由塔的层级可转为项目修改优先的序列：题目→题解→价值→创新→基础→剩余部分，可分别比作金星、金顶、金三角、四方金座，四者优先序列可见表3。

表3 申报重点与修改的优先关系

序列	喻指	实指
1	金星	I（题目）
2	金顶	D（题解）
3	金三角	A（价值）、B（创新）、C（基础）
4	四方金座	EF（研究内容）、FG（思路方法）、GH（预期成果与参考文献）、EH（选题依据）

申请书每处的填写都如履薄冰，但必须有重点、重中之重及其先后、主次的序列。其中：

金星（题目） 是第一数据，首先映入评委的眼帘。它既是申请书封面所要填写内容的首条，也是活页的首条。评委懂不懂您，认不认您，或许就在见您选题的一瞬间。

金顶（题解） 是对题目的解释，又是正文的缩影，所以紧随题目之后，位于正文之前。它是对题目高密度信息所带压力的缓解剂，也是带"彩"（情感）往下浏览的路由器。

金三角（价值、创新、基础） 选题有无价值谁都关注，选题能否创新成其命脉，有无相关前期基础决定了评委对您的认同，所以金三角形成了申请人第三批优先修改的对象。

四方金座（剩余部分） 按其顺序认真填写修改即可。

9. "题""本"可优化互动？二者如何优化为对方？

题如何优化为本即申请书（含活页），本如何优化为题？题逐步分解，化为本子，在分解中细化，细化途中发现所漏，问题毕现；本是题的逐步展开，展开之中又有动人的发现，可反馈给题。

从完形的本子看，题由本炼成，本依题而展开。最典型的是活页，按 3：5：2 的权重或比例由选题、论证、研究基础三大板块依序构成。题与本正是循此内在逻辑一一对应起来。

以第 250 问的"中俄符号景观'译+制'双重机理融会研究"为例，简说"题""本"互动修改过程，分两步。

由题导本 活页共 6 道题，预设关键词贯穿整个项目，灌入各级标题。在此以题解与分目标为例，关键词可分为几级，反映大大小小的上下位概念，各概念又组成相应题解的内容与分目标的内容，如"符号景观""译写"与评价语"乱象丛生"就构成了反映问题意识的"符号景观译写乱象丛生"，见表 4。

表 4　关键词"玩"转全稿窥斑

标题	关键词	内容
题解	符号景观 译写 制作 文化 西渐 译 写 机理 融会 开掘	符号景观译写乱象丛生，其研究多为散论，未涉制作。在文化更需西渐的当下，译写需全面考察与理论提升，译写与制作机理亟待融会式开掘。
分目标	语言符号 非语言符号 译写 制作 译 写 转化 全译 变译 汉俄 符号景观 模式 转化 变通 机理 符际 译写 机理 对比 符号 组合 多模态 构型 融会 构型 绘制 示意图	1）厘清语言与非语言符号、转与化、全译与变译、译与写、译与制等之辩证关系； 2）提炼汉俄符号景观模式，探明全译之转化、变译之变通机理，构建符际译写机理； 3）对比汉俄景观符号及其组合的涵义，提炼多模态符号构型模式，建立制作机理； 4）融"全译/变译+构型""全译+变译+构型"模式，绘创译写与制作机理珠联图。

由本返题 各部分均可由本返题，最重要是对象、子课题等，依内容完善题目，层层反馈以优化上一级题目。对象、核心内容、重难点、目标、创新点等的提炼中均能见出原题所未能反映的思想，不妨将其一一反馈入题，至少可以多次反复，考量反省选题正确与否、准确与否、精确与否。有此"三确"，心疑才可了却。

譬如，有人曾以"中医典籍在日本的传播与影响研究"为题申报项目，就经历了根据目标、内容等多次反馈炼题的过程：

> 方案 1　中医典籍在日本的传播与影响研究（2020 年）
> 方案 2　《本草纲目》东传译介研究（2021 年）
> 方案 3　近世日本汉方医学的形成衍变与中医东渐（2022 年）
> 方案 4　全球史视域下近世日本汉方医学的形成、衍变及变革研究（2023 年）
> 方案 5　近世日本汉方医学的中国渊源及其嬗变研究（2023 年）
> 方案 6　近世日本汉方医学与中国"同源异流"研究（2023 年）

2020 年的方案 1 只是方向，因为曾有人用"武术""中国茶经"等替代"中医"，用"美国""西方"等替代"日本"。此题一立，仿佛有位青年在大海边，圆圆地画了一个圈，来了一场说圈就圈的圈地运动，宣称：这是我的势力范围。

2021 年为避熟，改为方案 2 "《本草纲目》东传译介研究"，以具体的经典入题，将日本从国别扩至区域，与传播和影响合称"东传译介"。

2022 年进一步转换视角，由中国经典转向"近世日本汉方医学"，更能反映中医的东方影响力，将其定为"形成衍变与中医东渐"，所得方案 3 符合国家战略，只是少了标题用语"研究"二字。

2023 年进一步修改为方案 4，加了时代背景，利用顿号将"形成衍变与中医东渐"改得更具节奏，也避开了双"医"重叠，更显"变"的成分。同年，申请人又改出方案 5 与方案 6，前者去掉了背景，体现了中日医学的源流关系，将"衍变及变革"整合为"嬗变"，研究对象更精准精练；后者用"与"将近世日本汉方医学与中国的关系明确化，"渊源及其嬗变"炼得更精，察其同，明其异，用经典的四字格"同源异流"概括，出彩！此前报语言学屡报不中，当年由语言学转报中国历史，靶向国家社科基金项目 2023 年度课题指南"中国历史"第 33 选题"中国历代中医药文化发展脉络及传播路径研究"，终获成功！

10. 修改如何雅中带俗、由俗而雅，让人对您一见钟情？

雅，本义为"正"，太正有时不易于读；俗，在此取意"大众的；通行的"，而非"平庸；不高雅"，太俗又不入流。因此，题目乃至内容首先要专，再兼顾普及。

题解向"俗"，更在于雅俗相宜，还是那句话"专家看了不浅，外行看了不深"。好比赞美女子肤美，甲说"凝脂般"，乙说"猪油般"，前者让人笑，后者让人跳。请看白居易《长恨歌》"春寒赐浴华清池，温泉水滑洗凝脂"，盛赞杨贵妃入浴的风姿，将其洁白美丽的肌肤比作凝脂。何为凝脂？不正是凝固的油脂，白皙软滑有光泽？！

题解若需对某个术语加以解释，术语释义就是向俗。如第 250 问的"中俄符号景观'译+制'双重机理融会研究"对"符号景观"的定义是"涉及语言景观/公示语，由道路、车站、商铺、景点等空间的视听符号及其合成"，这不是逻辑上"属+种差"式定义，而是描写性定义，比较具体生动，能为大众接受。

由俗而雅，还指一般词临时转为专业用语，将生活或日常用语转向术语，历经术语化过程。即由普通词到初术语，再由初术语走向准术语，直至完全成为术语的过程。

此外，借用他学科术语，也可生动形象地反映研究初心。如跨学科借用"守恒""失恒"，国家社科基金年度项目"儒家经典俄译符际文化信息守恒与失恒研究"巧妙地用"守恒"替代了"全译"，即完整性翻译；用"失恒"替代了"变译"，即非完整性翻译。

正如演员要有眼缘，无论美丑，都能让人过眼难忘。标题何以一见钟情、达到过目不忘与吸睛的效果？修改在雅俗互动之间，目标是让人一见钟情，妙在第一眼的瞬间整体印象，清晰靓眼有特性。要俗得可耐，而非俗不可耐。为此，可充分利用短时记忆。评委常会对新事物产生兴趣，但这种兴趣往往转瞬即逝，因为记忆分短时与长时两种，最初印象多为短时记忆，经思维加工，如思考、理解、体验等才能化为长时记忆，储入大脑，阅读时才可忆起。为被长时记住，需：

（1）简明内容，适度概括，突出整体，淡化细节；

（2）内容完整合理，信息量适当，具有价值；

（3）相对抽象化、概念化、语言精练；

（4）内容尽量凸显，适度强化。

11. 项目修改如何时时处处、一步步扣"题"优化？

项目修改除形式上按规定展开外，更多是依题展开。选题是整个项目的灵魂，填报以及修改优化不得离魂而信马由缰，而要时时处处察局部，二者形成步步推进态势，前后贯一，以统全局。

为此，要抓项目修改的灵魂——扣题。而题给人印象最深的就是关键词，因此以关键词贯穿全稿，是优化出彩的主要思路。关键词设多少，可参考第36问。以目前申报看，无非是活页体外增加的"题目"与整个活页的扣题修改。本问只讨论如何扣题，炼题本身见其他各问。

题解扣题优化，指整个300字左右的题解如何扣题修改。取第250问题解首段"问题意识+供需关系"为例，试析其扣题优化过程[①]：

> 稿16　符号景观译写乱象丛生，研究主论翻译，未涉制作；翻译研究未考虑景观空间布局这一制约因素，已有译写研究多而散，需作理论提升，译写与制作机理亟待开掘与融合。
>
> 稿22　符号景观译写乱象丛生，其研究多为散论，未涉制作；在文化更需西渐的当下，译写研究需全面考察与理论提升，译写机理与制作机理亟待融会式开掘。

稿16才开始加上"问题意识+供需关系"，稿17改定，便不再修改。稿16使用的关键词非常集中，信息密集：符号景观、译写、翻译、制作、景观、空间布局、机理、融合等。稿中被分号隔开的下一句"翻译研究未考虑景观空间布局这一制约因素，已有译写研究多而散"与其前"研究主论翻译""未涉制作"同为反映问题的表述，却有二次重复，且与反映需求侧的"需作理论提升"、反映供给侧的"译写与制作机理亟待开掘与融合"混搭，逻辑上不严谨。经如此自批，迅速改出稿17，一直长成稿22的模样，全程只使用了关键词"符号景观、融会、译写、制作、机理"等，后三个均重复使用了两次，起到多重凸显的作用。

活页扣题优化，指除源于6道题的提示语之外，其他自拟标题全扣题。这一部分全书均有细说，现仅撮取其纲目的首尾变化，看如何扣题优化内容：

---

① 因分析所需，此类案例均保留原文。

稿 3	稿 23
第一章 符号景观及相关概念说略	1. 符号景观及其矛盾运动
第二章 中俄符号景观译制基础论	2. 符号景观译制基础论
第三章 中俄符号景观译制关系论	3. 符号景观译制关系论
第四章 符号景观译制路径论	4. 汉俄符号景观译写论
第五章 中俄符号景观译写论	5. 汉俄景观全译机理
第六章 中俄符号景观全译之转化机理	6. 汉俄景观变译机理
第七章 中俄符号景观变译之变通机理	7. 汉俄景观构型机理
第八章 中俄符号景观制作机理	8. 汉俄景观译制融会机理

该项目的纲目共八章。稿 3 之前的纲目更细，下设各节，运用的关键词更多，在此不便全览。二者所用关键词有变化，请对比：

稿 3　关键词　符号景观　中俄　译制　译写　全译　转化　机理　变译　变通	
稿 23　关键词　符号景观　译制　汉俄　译写　全译　机理　变译　构型　融会	

纲目草拟的初心是一矛盾三"论"四"理"。整体上，矛盾是驱动研究的起点，稿 23 的 2—4 章讨论共性，用的是符号景观；5—8 章讨论特性，用的是汉俄景观。将二稿章一级标题中关键词按出现先后排列。两相比较，二稿基本关键词变化不大，均为 9 个，但微调中有优化或深化。比如稿 3 已具最终纲目的雏形，先用"中俄"，稿 23 改为具体的"汉俄"，缩小范围；稿 3 突出全译的轴心"转化"、变译的轴心"变通"，稿 23 则省去二者。稿 23 增加了与景观制作相关的"构型"，这是项目出新之处；同时增加最最关键的关键词"融会"，这可是压轴的核心。

12. 活页整体如何优化妥当布局？如何改得疏密有度？

活页至关重要，所填整体效果应体现秩序感。秩序感体现为"优美比例的控制""空间布局的逻辑""属性同类的分配""形态层次的组织""韵律节奏的建构""界面编排的有序性"等设计①。为此，活页整体应妥当布局，改得疏密有度。

最大的优化对象是"课题设计论证"的提纲。有的项目要求论证的提纲很

---

① 叶铮. 空间思哲：空间本体与载体的抽象关系[M]. 沈阳：辽宁科学技术出版社，2020：49.

规范，有的则有优化的空间，申请人可对其优化，以利自己填报。2021年国家社科基金年度项目的活页就有必要整体优化，原稿见图1。其"课题设计论证"提纲整体优化至少涉及：整体内容逻辑化、说明语或提示语宜分解简化、版式与排版方式优化、标点优化、字体字号优化等。

此外，若设题解，应加在"选题依据"之前，而非之后，因为题解是为题作解，是对7000字内容的概括。"题解"二字之前可加序号"0"，也可不加，以免某些评委不习惯。

6道题填出的效果应是条块分割，相对独立；因此，题题之间每填完一道就空1行，以分隔板块，显得疏朗。效果图可见第250问。

全表填完内容，可将每页的上端第一行、下端最末一行空出；左右可以增加间距，详见第244问。

13. 多重修改方案并存，修改功效如何最优化？

多处多重修改方案并存，力求美观、干净、顺眼、和谐，讲究主次与功效。修改要出效，在此要区分"效果"与"功效"。效果具有简单的因果性，重在结果，意为"是如此"；功效则含有丰富的过程性，意为"使如此"，强调效果的操作性向度，所以，可以说"效果是被瞄准的，功效则由过程中流出"[1]。如第250问的"2.1研究对象"，可分总对象、分对象，也可列4—5个具体对象平行排列，也可4—5个具体对象连排成一段，同理者还有目标等。几种方式可由目测得出优劣印象（见表5）。

表5　多重修改方案并存对比

稿序	方式	对象内容		
2	总分连排	研究对象是中俄符号景观（中国的中文、少数民族，维、韩、俄语，俄语国家的俄语、汉语、哈、乌、白、吉、等语言，多语种俄语以及中俄两国的少数民族）为研究对象，具体对象包括：构建符号景观译制机理；发掘符号景观全译机制；构建符号景观变译机制；提炼中俄功能类型译制模式；建立多模态语料库。		
3	总分分段	2.1 研究对象 总对象　中俄符号景观的译写与制作一体化 分对象　1)符号景观译写原则与方法梳理 　　　　3)中俄符号景观空间配置的对比	2)汉俄符号景观全译/变译原理提炼 4)汉俄符号景观译写与制作模型构建	

① 〔法〕朱利安. 功效：在中国与西方思维之间[M]. 林志明译. 北京：北京大学出版社，2013：151.

续表

稿序	方式		对象内容
8	总分欠足	总对象	中俄符号景观的译写与制作一体：译写、制作以及译制双重融会
		分对象	1)符号景观语符与非语符、译与制、译与写三对关系的厘定
			2)中俄符号景观全译之转化、变译之变通原理炼制
			3)中俄符号景观空间构型对比与制作原理研制
			4)中俄符号景观译写与制作原理融会
16	总分饱满	总对象	中国与"一带一路"俄语段符际景观变化机理、符际空间制作机理及其双重融会。
		分对象	1）汉俄景观语符与非语符、转换与变通、译与写、译与制等要素关系的厘清；
			2）符号景观汉俄对比及撰写模式的提炼，全译转化机理与变译变通机理的融通；
			3）汉俄景观语符与非语符空间组构特点对比、构型模式的提炼及制作机理揭示；
			4）按设置主体、功能类型的汉俄符号景观译写与制作的优构机理与协同机理并举。

　　稿 2 将对象以 1 段说尽，连排而成，段内总分之别的标记是"具体对象包括"，其后 5 个分对象以分号相隔。稿 3 分段，总对象 1 段，分对象 4 个分 2 行，1 段 2 行，整体胜过稿 2。稿 8 也分出了总对象与分对象，前者扩容了，后者分 4 行排版，且成梯形，用心了。稿 16 进一步修改了总对象，完善最多的是 4 个分对象，内容更为充实，且信息结构大致相当，克服了稿 8 的忽多忽少问题；还可与第 250 问作一比较，看如何更优或是否另有方案。

　　多重修改出优不妨再看一例：

方案 1　**1. ［选题依据］** 国内外相关研究的学术史梳理及研究进展（略写）；相对于已有研究特别是国家社

　　　　科基金同类项目的独到学术价值和应用价值。

方案 2　**1. ［选题依据］** 国内外相关研究的学术史梳理及研究进展（略写）；相对于已有研究特别是国家社
科基金同类项目的独到学术价值和应用价值。

方案 3　**1. 选题依据**　［国内外相关研究的学术史梳理及研究进展（略写）；相对于已有研究特别是国家社科
基金同类项目的独到学术价值和应用价值。］

方案 4　**1. ［选题依据］** 国内外相关研究的学术史梳理及研究进展（略写）；相对于已有研究特别是国家社
科基金同类项目的独到学术价值和应用价值。

方案 5　**1. 选题依据**　（国内外相关研究的学术史梳理及研究进展＜略写＞；相对于已有研究特别是国家社
科基金同类项目的独到学术价值和应用价值。）

方案 1 选自 2024 年活页的原稿，其行距过大过稀，排版格式属于欧式，均应调整。方案 2 调整了行距与排版格式，但未将方括号打开，题目不宜在括号内。方案 3 将方括号换给了提示语，符合其标点功能。方案 4 依然未打开方括号，但提示语用了小五号楷体，已现出字体间的协调美。方案 5 为方案 4 的提示语添加了圆括号，且将"略写"二字的圆括号换作尖括号，符合大小括号的关系处理原则。

为了证明上述优化的妥当性，下面不妨引证高考题作一比较（保留了原来的字体加粗特点，以存其真）。

一、选择题：本题共 12 小题，每小题 5 分，共 60 分。在每小题给出的四个选项中，只有一项是符合题目要求的。

三、非选择题，共 174 分。第 22～32 题为必考题，每个试题考生都必须作答。第 33～38 题为选考题，考生根据要求作答。

前者是 2023 年普通高等学校招生全国统一考试（全国甲卷）文科数学的命题，后者是 2023 年普通高等学校招生全国统一考试全国甲卷·理科综合（生物部分）的命题。

14. 为何要依实尽设各级标题？适时添加提示语有何特效？

标题对内容有标引的作用，可以呈现逻辑结构，展示思想的脉络。何时设，设至几级，均取决于实际需求，比如内容的层次性、丰富性等；也可取决于内容的长短，如表述 2 行以上超过 80 字的内容时，项目评委阅读的心理与眼力负荷以及分析负荷开始增加，此时可设标题，突出思路标记，简化内涵，提供阅读抓手。

据第 250 问的活页可知，标题可分一到五级（见表 6）。一级标题很明显，是给定的；二级相对容易，由给定的各题提示语析取或提炼而成；三级开始私家制造了；四级较多较细，完全可以展示自己的"私"想；五级较少，目前主要出现于"研究内容"。

表 6　标题的级次与内容的丰简关系

级次	可设相应级次标题的案例
一级	6.参考文献

级次	可设相应级次标题的案例
二级	"3.创新之处" "5.研究基础" 之下的标题等；"4.预期成果" 之下的 "4.2 宣传转化" "4.3 预期学术价值"。
三级	"1.选题依据" 之下 "1.1 国内研究进展" "1.2 国外研究进展" "1.3 国内外合评" 之下的标题；"2.研究内容" 之下 "2.1 研究对象" 之下的 "总对象" "分对象"；"2.3 主要目标" 之下的 "总目标" "分目标"；"4.预期成果" 之下 "4.1 成果形式" "4.4 预期效益" 之下的标题等。
四级	"1.选题依据" 之下 "1.4 较之以往特别是项目同比的独特价值" 之下 "1.4.1 学术价值" "1.4.2 应用价值" 之下的标题等；"2.研究内容" 之下 "2.2.1 研究思路" 之下的 "1）建库透析矛盾" 等；"2.4 重点难点" 之下 "2.4.1 重点" 之下的 "彰显特征，发掘特性" 等；"2.4.2 难点" 之下的 "译制融会双挑战" 等；"2.5 研究计划及可行性" 之下 "2.5.1 研究计划" "2.5.2 可行性" 之下的各个标题等。
五级	"2.研究内容" 之下 "2.2 思路与框架" 之下 "2.2.2 内容框架" 之下 "1）符号景观汉俄文化……" 之下的 "变与化：……" 等。

有的标题取自原有提示语，不必多言。有时需据需增加新的提示语，添加提示语，指原先所无，根据论证需要加上的提示语，以明写作意图，尤其是所填内容较多，评委一时难以明白填报者的意图时。比如，选题依据要求写"国内外相关研究的学术史梳理及研究进展"，按字面只能理解为"国内外综述"，述后需要简评，这是逻辑性要求，因此建议明明白白地添加"国内外研究简评"之类。

有的标题来自对原有提示语的改造，改后更为明确，如创新之处，2024 年活页的提示语是"在学术观点、研究方法等方面的特色和创新"，"观点""方法"只是提示而已，千万别以为仅限两点，完全可再据各自的项目增加材料、视角等，对原提示语加以改造，精准表达创新，不妨改得更为具体，如"3. 创新之处（涉及理论、语料、规律、方法等）"。

15. 面对评委的直觉，真需严密"论证"？

所谓评委直觉，即专家直觉，包括整体印象与少数局部印象。要求评委完整、细致、准确地判定取舍项目，只是良好的愿望，这与事实并不相符。

项目论证似乎偏于理论阐述，却只是分析性与系统性研究的结果。而评审则偏于几分钟的直觉，颇似中国的美学，它"偏于经验形态，大多是随感式的、印象式的、即兴式的，带有直观性和经验性"[①]。其实评委所凭借的是直觉思维，评委见题往下读，基本是一个"体认"过程，强调整体把握，偶尔趴进去细读而已。

受直觉思维影响，审读过程会有一定的偏差。认知偏见研究揭示了大脑工作方式的重要真相，在不可预见的情境下快速做出决定的研究表明，专家是依靠直觉做决定。比如，有经验的消防员抵达火场首先问的不是"我该做什么"，而是"情况怎么样"。他们大脑中有不同火场的思维模型，从中找出最相似的那一个。匹配之后，得出可选方案，设想该方案可能会出现的结果。结果不错，会选它；继而监视现场，观察该方案是否有效；若无效，则重新评估。处理一次，就复盘一次，从失误中学习，丰富自己的思维模型[②]。

面对活页的论证，要明白：报项写作不是论文写作。所谓论证报告，其实既不论，也不证，基本是说明文式写作，只陈述事实，没有那么多"因为""所以"，不作过多的解释与铺陈，不需"严密"的论证过程，只需展示其结果。如上所述，像消防员那样，评委看懂标题，进行预测，搜索大脑的存储，加以匹配，最后印证。评委在不断预测，不断印证，虽凭直觉，但所用多是科学预判，偶尔也会出现偏差。因此，"论证"重在突出自己的陈述要点，写作要提纲挈领。

16. 报项如何坚守"要求"的下限，适当提升其上限？

申请书与活页有几处明显的要求，如申请书的"填写《数据表》注意事项"、"三、研究基础"的"本表参照以下提纲撰写，要求填写内容真实准确"，申请书与活页共用的"本表参照以下提纲撰写，突出目标导向、问题意识、学科视角，要求逻辑清晰，层次分明，内容翔实，排版规范"等内容，是专门针对活页的"说明"。这些均可通过年度项目申报通知、申请书、活页或《300问》进行核对和确认。

"要求"在此主要指活页各题提示语所明确的内容要求。往往是上限无限，下限可见。如提示语多次出现的"等"，有上下限之阈，"等"可作二选，不

① 叶朗. 中国美学史大纲[M]. 上海：上海人民出版社，1985：14.
② 〔美〕玛丽·帕彭迪克、〔美〕汤姆·帕彭迪克. 产品开发模式转型：从需求交付到价值交付[M]. 徐毅、黄灵译. 北京：人民邮电出版社，2021：83.

死守其一，理解不当会吃亏。

何处应守下限？如"前期相关代表性研究成果限报 5 项"，要守住 5 项，如同数学的"当且仅当"；没有 5 项，别硬凑，有人将毕业学位论文也列入，理论上不合适，实践中也可能适得其反。

"只填成果名称、成果形式（如论文、专著、研究报告等）、作者排序、是否核心期刊等"，此时可"等"，不妨列入"字数"等信息。其中成果形式不妨补充"译作、报告、批示"等。

"不得填写作者姓名、单位、刊物或出版社名称、发表时间或刊期等"，申请人姓名不入参考文献，但可入综述，只不过不能写真实姓名，可替换为"申请人""申报者"之类。

国家社科基金年度项目申报明确规定不得使用副标题，即不让使用破折号，然而其他标点，如引号、括号、冒号、加号、连字符、一字线、间隔符等，也可达异曲同工之效。其实，冒号在标题中的作用等于破折号，一换就活了。如法国学者巴特所著、汪耀进与武佩荣所译的《恋人絮语：一个解构主义的文本》（上海人民出版社，2004 年），在版权页上，题中用了冒号，其下面另一处书名则用了破折号：

恋人絮语

——一个解构主义的文本

17. 版面与字数双控时，既要守规又显个性化，有何良策？

活页不超过 8 页，是对版面的控制，这是几年前的规定。2024 年网络申报时要求字数不超过 7000 字。网上填表提供了两个选项：一是 7000 字，二是少于 7000 字。多数人自然选择后者。但也有人，尤其是新手，用尽洪荒之力，一边修改一边数数，压至 6999 字，仍然心存忐忑。

规，是要守的，但原则范围内不无灵活性，整体对标达标即可。总体要求是言简意赅，版面呈现疏朗有序，真正符合"逻辑清晰，层次分明，内容翔实，排版规范"的活页标准。其具体对策可见本书修改优化的各个环节。现特补以下几点说明。

（1）活页基本规定严格执行，如字号为小四号，篇幅不突破 8 页。

（2）版面字数之下计算实际字数，8 版 12000 字左右，扣除空白所占字数，再核算是否达到7000字的要求。

（3）7000字的限制包含标题及其提示语，这点不能忽视，亦无须过度纠结。

（4）总字数在7000字以下，实在超出，部分内容可转为图片插入，不计入字数，具体操作详见第244问。

（5）即便以图片换字数，也应避免版面过密，不宜将8页内容塞得满满当当，整体观感为上。

18. 文化基因——"语文"如何融入填报全过程？

项目申报是一种文化创造，属于精神文化行为。精神文化具有民族性，如同基因般深藏于机体，故称之为"文化基因"。

基因具有全息性，文化基因亦然，具有全息性保存与记录、复制与传递、释放与改写等功能。主动或被动、自觉或不自觉地存入大脑的最小信息单元和最小信息链路，常表现为信念、习惯、价值观等，由民族或族群集体记忆，是储存特定遗传信息的功能单位。

文化基因主要涉及语言文字、宗教信仰、生活习惯等。文化基因越成熟，便越稳固，也就越具传播力。其中，语言文字是首要的文化基因，思想的传承与传播离不开语言文字这一载体！通常所说的"语文"，其首要或基本指向便是"语言文字"。语言文字是表达思想的工具。保护母语，就是守护精神家园，守护文化基因。语言文字既具稳定性，又具同类凝聚的功能，遵循它，能获得他人更多认同的机会。可见项目申报，不论是人文社科，还是自然科学，都需善用"语文"，并信守"以言行事""以言成事"的语用原则。如：

稿8　本课题以符号学、语学、译学、景观学、空间理论等为理据，采用多模态语料库法，对中国和俄语国家境内符号景观的符际对比、转化与变通机理入微探幽，对基于汉俄语的符际组合制作机理周密研察，融会译与制，尝试揭示符号景观译与制的基本原理，

稿16　本课题以符号学、语学、译学、设计学、空间理论等为理据，基于多模态语料库，对中国与俄语国家符号景观的符际对比、转化与变通机理发微探赜，对汉俄符际空间组构机理钩玄揭秘，融会译与制，尝试揭示其译制基本原理，

稿24　本课题以符号学、语学、译学、设计学、空间理论等为理据，基于多模态语料库，对汉俄符号景观的对比、转化与变通机理发微探赜，对其空间组构机理钩玄揭秘，融会译与制，尝试揭示其译制基本原理

稿 8"采用多模态语料库法"为分句表达,稿 16 使用"基于"将其变作状语,弱化手段的工具义,反衬后续主要研究行为的核心地位。稿 16 以"发微探赜"替代稿 8"入微探幽",更显文化内涵;以"对汉俄符际空间组构机理钩玄揭秘"替换"对基于汉俄语的符际组合制作机理周密研察",更显研究深度。稿 16 以"其"指代稿 8"汉俄语的符际",稿 24 进一步以"其"指代稿 16"中国与俄语国家符号景观",每每优化,次次彰显文化深意。

又如四字格的运用,是潜移默化的。民国时期,人们常以成语或四字短语翻译影片名称,简洁流畅,雅俗共赏,利于传播。四字格是中国人长期社会文化生活的积累,是约定俗成的表达形式,言简意赅,朗朗上口,适当运用,可显传统文化的韵味。

更多文化因素的运用可参见第 250 问,细究其中用字用词如何成为文眼,如何反映生命气息,如何以智言慧语传情达意,熟语如何正用、仿用、反用,等等。尤其是活页设计,各级标题若取如下言语格式,或可丰富整个活页的形式,呈现鲜活的思想,版面整体更显悦目与灵动。

三言式,如创新点曾用过的"时代感、对象新、语料鲜、有库助、路径全、学科多"等。

四言式,如曾用过的"服务国家、促进发展、提升形象、节约资源、指导实践"等。

五言式,如曾用过的"建多模态库、多角度分析、炼语言模式、创交流范式"等。

六言式,如曾用过的"助建译制理论、融会文理两科、固本体辟新域"等。

七言式,如曾用过的"译艺齐用融机理、主体多元同构景、固本拓新跨学科、模态库助推文化"等。

八言式,如曾用过的"译制融会,双重挑战""机理提升,跨科性大""类型繁多,耗时费力"等,只不过八言式实质由两个四言式组合而成。

二、选 题 优 化①

19. 选"好"题，即讲好选题故事？从哪些角度优化？

选好题，就是要讲好选题的故事。围绕"好"字下功夫，其思路与讲好所有的故事有相通之处②。至少可从如下几个角度切入。

第一，讲"好的"科研故事，取"好"之"善、优良、健康"等义，即选择最新的、重要的、处于前沿的学术问题作为选题，彰显学人的智慧，增强选题的竞争力。

第二，讲"好讲的"科研故事，取"好"之"容易、便于、宜于"等义，即选择易于接受、便于传播的学术选题。应有所取舍，优选研究资源充足、可控性高的问题作为研究对象。

第三，"好好地"讲科研故事，取"好"之"友好、友爱、增进友情"等义，即以合适的表达方式呈现选题内容。"好"的故事须有"好"的讲法，还应针对不同立项机构特点精准申报，实现"好题好讲"。

第四，将科研故事讲"好"，取"好"之"结果、程度、状态"等义，即选题要重结果导向，凸显研究状态，追求实际成效，以免难以结项；近年来，结项质量愈发受到重视，不少项目开了好头，结了个烂尾，问题就在于没讲好、没做好。

第五，"好（hào）"讲科研故事，取"好"的"乐意、喜好、愿意、情愿、热衷"等褒义，体现学术自信与热爱。选己所愿，将项目研究视为一种生活方式，做个真学人。

第六，习惯地"好"（hào）讲科研故事，取"好"（hào）之"习惯、惯常、惯于"等义。讲好学术故事，应成为一种习惯。唯有在良好的学术习惯引导下，才能长期保质保量、高效完成选题。

---

① 本书在此略论，详见：黄忠廉. 人文社科选题炼题：100问+700例[M]. 北京：科学出版社，2024.
② 黄忠廉、费周瑛. 联动合作讲好中国抗疫故事[N]. 光明日报，2020-06-04：02.

20. 选题不必苦等课题指南？先行者随时邂逅指南？

项目选题是否需等相关机构发布"课题指南"？总原则是：不必苦等。

国家与各地方的社科基金项目申报范式基本一致，或是地方社科基金项目学习借鉴前者。这类社科基金项目设立，旨在为国家与地方发展服务。教育部项目仿佛居于其间，它不设指南，主要是为彰显学术服务学科、尊重学人知识创造的理念，从而间接或直接服务国家。因此，学者要善于为自己"定北斗"，应有常设选题，可管 5 年、10 年、几十年！以近年来立项学科的数量序列为据，列出前八名学科的常青选题，由表 7 可见一斑。

表 7　选题常青树

学科	常青选题
管理学	马克思主义政党理论及其发展研究 扩大人民有序政治参与的理论与实践研究 中国式现代化进程中的国家能力建设研究 国家能力的类型、衡量标准与国别比较研究 中国式现代化进程中维护社会稳定的政治机制研究
经济学	中国全要素生产率问题研究 完整、准确、全面贯彻新发展理念研究 社会主义市场经济的政治经济学研究 构建高水平社会主义市场经济体制研究 构建全国统一大市场的理论与对策研究
法学	法治中国的基础理论与实践路径研究 新时代新征程全面依法治国的战略安排研究 全面推进国家各方面工作法治化研究 健全保证宪法全面实施的制度体系研究
政治学	新时代伟大变革的政治学研究 国家能力的类型、衡量标准与国别比较研究 中国式现代化进程中的国家能力建设研究
文学	中国文学传统与西方文学思想的双向阐释 外国文学与全人类共同价值研究 外国文学史撰写的方法论研究

续表

学科	常青选题
语言学	语言与民族文化传承发展研究 二语习得理论创新研究 语言类型差异及翻译研究
民族学	中华民族共同体的起源、演化与发展研究 少数民族语言专题研究 各民族传统观念和生活方式的变迁调查研究
社会学	智能社会的社会学研究 传统村落的保护和利用研究 青年择业取向的变化及趋势研究

新时代伟大变革的政治学研究、加快构建新发展格局研究、建设现代化经济体系研究与新兴领域、涉外领域立法研究、西方文艺理论前沿问题研究、历代经典作家作品研究、汉外语言对比研究、多语种人才培养路径研究、中华民族多元一体格局的形成和发展研究、比较文明视野中的社会学研究、中国传统社会思想的当代阐释等，这些选题中，有的几年内连续出现，有的10年内周期性出现，有的则是各学科的"母题"，常青不衰。

有几类几级项目申报均设有指南，指南下达一旦没有规律，申请人就只有苦等了，希望能科学规范。

当然，课题指南毕竟是专业性指导，有，则欣喜，无，也不必沮丧。各位学人完全可以先行一步，自觉设计。待到指南发布时，再与其挂钩。所报选题与课题指南有关系，自然是锦上添花；若是没关系，还能找出关系，自设关联，则更厉害，说明您懂得化用哲学的联系观。

若中意指南所定的选题，可将其进一步"私有化"，转化为更加个性化的标题；或将自拟选题向指南靠拢提升。同时，还需平衡选题的当下与长远，秉持学术自信，把握大方向，总能满足国家与学科整体与长远需要。例如，第250问所引的项目活页作者，10年内实现了三级跳，分别于2013年、2016年和2022年三次获批国家级项目（详见第34问）。三个项目或隐或显地服务国家需求，但始终扎根于作者的学术领域。看来练好学术"内功"，随时可以结合"外功"，双功齐发，既能学术自立，又获学术自由。

21. 选题如何内外兼"修"、融会贯通？

据《100 问》[①]，选题的修改优化无外乎"结构"与"功能"两手抓，二者兼修，前者"硬"，后者"软"。选题内外兼修的基本原则是"内修学科前沿，外修时代急需"，即从内部优化学科内容，从外部强化功能作用。

内修，即固本夯基。内部炼本或体，做到"高精尖"。从内部结构炼题，深挖选题的学科实质，关注学科前沿，旨在立地，扎根于学科基础。外修，即外炼功能，从外部功能炼题以出价值、作用、影响、意义等，旨在顶天，服务于国家或地方。

结构是内在的，功能是外在的，选题的修改优化需在内外兼顾中寻求平衡。二者分别修改，前后呼应；二者同步修改，合二为一。即使最终外修比例较小，也不枉费一次训练，通过思维完形而获得自信。如：

方案 1　汉俄语言景观译制机制研究
方案 2　**中俄**语言景观译制机制研究
方案 3　中俄语言景观译制**机理**研究
方案 4　**"一带一路"倡议下**中俄语言景观译制机理研究
方案 5　**"一带一路"**中俄符号景观**"译+制"**机理融会研究
方案 6　**中俄**符号景观**"译+制"**机理融会研究
方案 7　中俄符号景观**"译+制"双重**机理融会研究

方案 1 中，"汉俄"最易让人联想到"汉语俄语"，偶可指代"汉族俄罗斯族"，但范围较窄。改为方案 2 的"中俄"，可将内涵提至"中国俄罗斯"，甚至是"中国与操俄语的国家"，只要活页开篇说清即可。方案 3 因"制"字重复，将"机制"改为"机理"，后者层次更高。方案 4 加入功能性表述"'一带一路'倡议下"，以凸显选题服务于国家战略。方案 5 去掉"倡议下"，将"译制"先离散，再加引号，以免与电影的"译制"相混，用"译+制"，以求陌生化，更求术语化与专门化。方案 6 去掉"'一带一路'"，因为到 2022 年该倡议推行近 10 年，已成长期国策，自然不言自明了。方案 7 加以"双重"，一是呼应"译+制"，明其双面性，而非双层性；二是总结其性质，将抽象的机

---

① 黄忠廉. 人文社科选题炼题：100 问+700 例[M]. 北京：科学出版社，2024：33.

理再次与"译+制"的具象性相呼应，借数量显可感。

22. 选题优化"结构"与"功能"二要素，孰主孰次？

选题的"结构"喻指学科前沿，对应学科研究之本；"功能"喻指现实需求，为本体锦上添花，为之赋能。

一般而言，前沿研究是一种服务，现实满足更是一种服务，本质上前者服务于后者，区别仅在于隐显之分。好比一只纸杯，可以装水，可当瓢用，可当盖使，不一而足。您说它有作用 10000 种，路人乙说有 10001 种，可见功能的变化取决于视角。但结构是实的，学问的本体研究是本事，功能是效用；说杯子的形状、结构、密度等具体属性，涉及数学、物理学、化学等知识，有一说一，一旦说成了二，您就"二"了，因为这是实学，虚不得，假不得，马虎不得。可见，选题优化的核心在于结构优化，即学科本体的优化；功能优化则是附加值提升。二者相较，前主后次。如：

方案 1　"一带一路"中俄符号景观"译+制"机理融会研究
方案 2　中俄符号景观"译+制"双重机理融会研究

方案 2 去掉了"一带一路"，原因在于时至 2022 年，这一倡议已推行近 10 年，在学人认知中已是长期国策，不必强调；而且"中俄"这一表述已经隐含了相关国策的方向性，即外译。再者，上例不仅涉及"一带一路"，还可延展至"中国文化'走出去'""人类命运共同体"等更广泛的功能需求，当所涉功能较多时，加一不加二，都不妥，与其限定，不如留白。

23. 若设课题指南，如何优选优化出题？哪"六化"足以刷新？

2024 年是国家社科基金年度项目改革之年，最大的变化是取消"课题指南"。不论将来恢复与否，这一改革都值历史性反思。假如未来再设指南，或各地方自设课题指南，该如何从中优化出题？大致思路有二。

首先，优选。从指南中选择"自恋"或"悦人怡己"的选题。所谓"悦人"，是指选题能够取悦于他人，不光自己说好，关键是比您强或水平与您相当的人认可您的选题。"自恋"，则是自己喜欢自己，对选题感到满意和认同。真正的"悦人怡己"是选题既让自己高兴投入，也得他人欣赏与肯定。把指南的原题当选题者少，因为易重。

其次，优化。将指南的选题变得更好，更精准，更适合自己。题取之于需求，指南出台就是设置需求，或创造需求；完全符合己需的指南选题很少，多数要经优化。优化途径可大致归纳为"六化"，如表 8 所用实例均来自 2023 年的课题指南与获批项目。

表 8　选题"六化"途径与案例

途径	题	具体案例
1 宽窄化之	原	人口老龄化背景下的中国特色照料体系研究
	改	人口老龄化背景下中国特色照料体系供需适配研究
2 长短化之	原	各民族非物质文化遗产中民族交往交流交融元素的挖掘、整理与阐释
	改	中国古代燕山—长城区域交通线路上的民族交往交流交融研究
3 深浅化之	原	边疆民族地区村落建设与稳边固边兴边调查研究
	改	西南边疆民族地区守边固边型村庄建设调查研究
4 难易化之	原	民法典实施重大疑难问题研究
	改	劳动法典编纂疑难问题研究
5 生熟化之	原	变革动荡期的世界政治经济运行特点研究
	改	世界动荡变革期美国民主化战略的变化趋势研究
6 新旧化之	原	中国政党制度发展研究
	改	中国新型政党制度的生成逻辑和完善路径研究

途径 1，**宽窄化之**，即将原题由宽化窄，或相反。如原题"的"多余；改题将体系研究范围缩小至"供需适配"，更显问题意识；只不过"人口老龄化背景下"这顶帽子还可戴得更紧一些。所改之题还可优化如下：

1′ 中国特色老年照料体系供需适配研究

途径 2，**长短化之**，即将原题由长化短，或相反。如原题的要素很多，"民族"重复，所提示的"挖掘、整理与阐释"工作量大；改题"中国"二字可省，所有项目都在中国实施，不是所有的题都非带"中国"不可，不言而喻则少说，况且有其所含空间概念"燕山""长城"托底；此外，"交往交流交融"业内已缩略为"三交"，完全可用"民族'三交'"。可得如下优化方案：

2′　古代燕山—长城区域交通线路上民族"三交"研究

途径 3，**深浅化之**，即将原题由深化浅，或相反。如原题作为指南，面要宽，内涵窄外延广，为指南性质所决定，改题则将边疆缩至"西南边疆"；改题将原题的"村落"与其功能"稳边固边兴边"进行语义归拢，选其功能"固边"，换"稳边"功能为"守边"，一起限定"村庄"，再进一步限定建设，这样将原题的"A 与 B"的联合关系研究，化成"B 的 A"限定关系研究，由浅入深，更凸显问题。

途径 4，**难易化之**，即将原题由难化易，如原题涉及"民法典实施"，期待解决的是"重大疑难问题"，仿佛是医疗方面的疑难杂症；改题则化重大为重点，仍然解决劳动法典编纂的疑难问题，只怕"重大"承不住，申报还是瞄准了重点，结果如愿！

途径 5，**生熟化之**，即将原题由熟化生，产生陌生化效应，以求吸睛。如原题要求研究"变革动荡期"的世界政治经济运行特点，太大太难，改题则将"世界"前移至题首，转为研究的语境，只聚焦于主导国家——美国；在"政治经济"中只选自己较擅长的政治，政治之下只盯"民主化战略"；"运行特点"只是总结昨天，"变化趋势"则立于今天，瞄准的是明天，这样优化更具战略价值，由熟变生；只不过，拟题者对术语化较陌生，虚词"的"可去。新的改案如下：

5′　世界动荡变革期美国民主化战略变化趋势研究

途径 6，**新旧化之**，即将原题由旧化新。如原题在中国可以是永恒的选题，也是老话题，改题将其翻新，实质是具体化；拟题者大胆添加"新型"，是有意出新，再从发生学角度发掘"生成逻辑"，还要探究"完善路径"，言下之意，此前不够完善；与上例一样，"的"可舍，用它则语义关系更明确；"和"不如"与"书面化。改案如下：

6′　中国新型政党制度生成逻辑与完善路径研究

24. 研究问题如何观点化、概念化？进而优化为项目选题？

选题的结构可以简化为：题目=复杂短语级术语+标题用语。

研究的问题优化为选题，离不开概念化。而"'概念化'是指产生能够辨识问题或解决问题的术语，从而阐述新的命题"①。选题化的过程大致是：研究问题变为对象，后加上标题用语"研究"之类。问题变对象，实际上是问题变命题，命题再范畴化、概念化、术语化。请看表9。

表9　问题变命题进而变概念的过程

阶段	逻辑单位	语言单位	具体案例
A	多重疑问	多重问句	中国与俄语国家语文景观的翻译该如何深入研究？其制作为何抑或何时要纳入研究视野？二者如何双管齐下？
	多重命题	二重复句	中国与俄语国家语文景观的翻译仍需深度关注与研究，其制作则需纳入研究视野，且结合起来研究更好。
B	一重判断	一重复句	"一带一路"中俄符号景观翻译研究与新增的制作研究需要融会贯通，且重在机理的揭示。
C	简单判断	单句	"一带一路"中俄符号景观翻译与制作两大机理需要融会贯通
D	复杂概念	复杂短语	中俄符号景观"译+制"双重机理融会研究
E	较简概念	较简短语	汉俄符号景观译制机理（研究）

A 的产生　命"题"之前，应有所研究，不妨将所究问题先问出来，形成"多重疑问"。这些疑问可用一段话，即句群（一组句子）表达，如阶段 A 的多重疑问就体现了一种批判意识，面对现实问题，面对国之所需，要常问自答，解决问题就是求答行为。有了疑问，再尝试作答，将问题转为命题，便可得出阶段 A 的多重命题或多重判断。

A—B 过程　多重命题相对应的多重判断压缩为复合判断，选题由句群压缩为复合句，阶段 B 便由 A 的句群先压缩为二重复句，又化作了一重复句。

B—C 过程　复合判断压缩为简单判断，选题由复合句压缩为简单句，阶段 C 便由 B 的一重复句化作了简单句"'一带一路'中俄符号景观翻译与制作两大机理需要融会贯通"。

C—D 过程　简单判断压缩为复杂概念，选题由简单句压缩为复杂短语，

---

① 〔法〕奥斯卡·柏尼菲. 哲学实践的艺术[M]. 〔美〕褚士莹译. 北京：华夏出版社有限公司，2022：180.

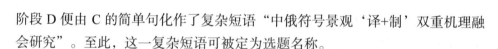

阶段 D 便由 C 的简单句化作了复杂短语"中俄符号景观'译+制'双重机理融会研究"。至此，这一复杂短语可被定为选题名称。

D—E 过程　复杂概念压缩为较简概念，选题由复杂短语压缩为较简短语，阶段 E 便由 D 的复杂短语化作了较简短语，成为最终的术语，加或不加标题用语"研究"，均可用作最终成果的名称，可参考第 250 问活页的预期成果。

报项实践中，理论研究者似乎有一"偏好"，爱用"万能"概念作标题，这是不少人败走麦城的重要原因之一。因此，要将问题概念化，但也要反向思考，警惕过度概念化，防止走向泛化或大众化。"这些'似曾相识燕归来'的概念化标题，常常掩盖文章中最具特色的内容，无法引起评委的关注和共鸣。避免概念化标题，需要深挖文章中最具个性化的内容与语言，使之在标题上凸显出来。"①此言不虚，可资借鉴。

25. 选题如何标题化？标题至少可从何处深度优化？

标题化，通俗讲，就是使标题更像标题的过程。换言之，是对标题的优化，使其更便于阅读，利于检索且吸睛。标题化过程至少涉及长短取舍，关键词的提炼、分布、组合等，比如，"从近代教育术语的东亚环流看中日现代教育体制的形成研究"这一标题，其结构是"从 A 看 B 的 C 研究"，标题化程度不高。

题目与本子的长度或厚度并不等于深度，长度横向而展，厚度纵向而增，深度则向下而伸。那么，深度优化标题的措施至少有以下几点。

精准化　安排好关键词出现频次，保持适当的关键词密度，确保精准表达思想，带"私"为佳。除了选好关键字，还要注意其在标题中的均匀分布，避免堆积多个类似的关键词，更应防止重复。比如：

"一带一路"沿线俄语国家语言景观汉俄比译模式化研究

其中"俄""语"均有重复，去掉前面的"俄语"，确保后面离散状态的"俄""语"不动，且与其他字构成新的语义单元，得出精准的选题——"'一带一路'语言景观汉俄比译模式化研究"。

实义化　选题名称自然可以虚实相间，但更多时候需要化虚为实。多使用关键词进行组合，选题的实在内涵会增加，更具吸引力，无形中增加了标题的

---

① 欧阳辉. 向毛泽东学习写文章[M]. 北京：人民出版社，2023：226-227.

检索潜能与信息量。最简单的实义化方式是去掉题中的虚词或虚字。例如，若能去"的"，则标题更加标题化。确保"研究"之前的短语术语化，能使语义内涵更紧密，不留疏松空间。

简明化 即不啰嗦，力求简短，用语不重。标题的长度不等于广度，长度是线型丈量，广度是面型测量。标题长度一般限为 40 字，以便简洁明了地传达信息。本书建议不超过 20 字。如"生育意愿与生育水平"重复了"生育"，前者行文之中或口头表达均无问题；若是入题，则要尽量简明，可去后一"生育"，旨在简明而清晰地表达两个概念。

名物化 所谓"名物化"，通称"名词化"①。动词或形容词的"名物化"，是指将某种动作或状态"概念化"，如"飞鸟之飞""流水之流"，"之"后的"飞""流"，就是动词名词化了。选题的名物化，指在"X 研究"格式中，尽量将"X"名词化、抽象化。标题用语的术语结构使用优先序列为：偏正结构＞动宾结构＞联合结构＞主谓结构。动宾结构与标题用语结合时，常显得不够和谐，可将动宾结构转为偏正结构。例如"提升中国对东盟意识形态影响力研究"改为"中国对东盟意识形态影响力提升研究"，更为标题化。

标记化 即要用"研究"之类的标题用语，其他标题用语或半标题化词语（如"构建""及其应用"等）有时也可替换"研究"。

26. 如何从立项史"前瞻五"，以求选题"优生"？

项目申报分为指南式申报与无指南式申报两种。2024 年前，国家社科基金年度项目设有课题指南，教育部项目不设指南。但即便各级项目设置了课题指南，也有必要了解立项史，即某级别项目设立以来所有立项项目的历史，不设指南则更不用说了。

所谓"前瞻五"，是指从报项时向前回望 5 年内所立的项目，从中找到学科与时代之所需，为自己选题寻得避重与借鉴的理据。

凡设课题指南的项目，其年度选题亦不可能完全创新。其命题有道，可以概括为：当年选题与前 5 年选题的相关性逐年递减——从理论上讲：

当年是去年的 1/3，

是前年的 1/9，

---

① 过晓. 论作为中国传统绘画美学概念的"似" [M]. 上海：上海人民出版社，2011：1.

是此前第 3 年的 1/27，

是此前第 4 年的 1/81，

至第 5 年已是关系甚微了。回望 5 年，基本能摸清学科与时代之所需。尽管这 5 年属于过往，但正所谓"以史为鉴，鉴往知来"。以前 5 年为参照，能够预见未来 1 年乃至几年可能的发展趋势，并以此为基础催生新选题。

27. 选题如何据正态分布对时需"后顾三"，以便优化选题?

选题应力争立足学科最前沿，同时尽可能满足时需，即国之急需与地域之急需。优选选题时，为满足时需，不妨"后顾三"。所谓"后顾三"，是指从报项时向后预设 3 年内可能立项的项目，从中洞悉学科与时代之所需，并为选题寻得创新理据。

依时出新的选题策略来源有二：5 年一次的党代会和每年召开的两会。党代会指中央与地方各级委员会任期内，根据工作需要召集的、由代表参加讨论和决定重大问题的会议。党代会每 5 年举行一次。比如，中国共产党第二十次全国代表大会于 2022 年 10 月 16 日在北京召开，2025 年选题若是"后顾三"，仍可参考二十大提出的重大决策。

两会是每年召开的中华人民共和国全国人民代表大会和中国人民政治协商会议的统称，其会期基本重合。两会主要审批国民经济与社会发展计划以及计划执行情况的报告，讨论当年国家重要事务、政策的制定与调整，尤其是要审查当年国民经济与社会发展计划草案的报告，这就与国家社科基金年度项目所要研究的国策、国事、国是等密切相关了。选题时，可参考两会年度计划，将自己据学科前沿拟定的题目与国家战略需求紧密结合。

无论是党代会还是两会，与其相关的项目选题均呈现正态分布（见图 9）。

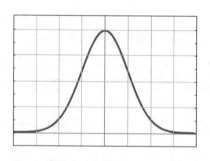

图 9 国是成选题热点的正态分布图

两会通常制定 1—2 年的近期计划,而党代会则制定 5 年及以上的中长期计划。一项国策出台后,与其相关的选题热度大致呈现以下规律:

第 1 年:立项起步,初露端倪;

第 2—3 年:热度爬坡,渐成焦点;

第 4—5 年:达至顶峰,稳坐热点;

第 6—7 年:热度减退,逐步式微;

第 8—9 年:趋于平稳,转为常态。

此后,偶见项目涉及相关选题,热度不再。这一基本规律或可供您选题时从未来反观当下。

28. 题目如何向关键词"上下"求索出"新"?

课题的种子有了,也提炼出了一个关键词,无奈,有时"土得掉渣",显得过于老旧、不时尚、不入流或不新潮。这种情况下,如何术语出新,常让人无从下手。除了通过同义或近义词的替换促使题出新外,在此再支一招,像屈原一样"上下求索"——向关键词的上位概念或下位概念求新。通过上下位概念的互换,题目可以获得新的角度和表现形式,从而焕发新意。

上位概念,指较宽较泛、具有概括性的术语,能够以更高的视角理解与分析事物,对应于概念上外延更广的词,如"花"是"荷花"的上位概念。下位概念则是对上位概念的细化,对应于概念上内涵更窄、更明确的词,如"机译、人译、口译、笔译"等是对上位概念"翻译"的具体化。如:

方案 1 汉俄语言景观"译+制"双重机理融会研究
方案 2 中俄符号景观"译+制"双重机理融会研究
方案 3 中俄符号景观"变译+制作"双重机理融会研究

方案 1"汉俄"是汉语、俄语的简称,方案 2 将汉语提升为"中文",构成"中俄",若仍指语文,则是将汉语由下位概念提升为上位概念"中文"的过程。这一操作提高了项目的层次,使其更具代表性。此外,方案 2 将"语言"改为"符号",这一调整不仅提升了概念层次,还扩大了研究范围,因为语言只是符号之一种。通过这样的调整,研究更具创新性,能够涵盖更多维度的探索。较之于方案 2,方案 3 将"译"(即"翻译")换作"变译",化大为小,

变上为下，将概念由上一层降到下一层，变得更加具体，这种聚焦使研究更为精确。

29. 如何深入思考炼题，动静相生、反复呈现动感？

所谓深入思考，本质上是一种深度形象化的设想，而选题的最高的境界就在于创设"意境"。一个好题不仅需要自设语境，甚至应追求营造意境；炼题优化，正是不断提升选题意境的过程。

选题最好包含动词，动词使用是项目出彩的充分条件。一次"动"不错，二次"动"很好，三次"动"或以上则绝了。当动词与静词相配使用时，选题可由静转动，再由动归静，实现动静兼具的平衡，体现语言的节奏与张力，反映选题的生活气息与生命律动。请看表10。

表10　选题炼出生命气息

方案	案例	动静模式（不考虑"研究"）
1	**语言景观 俄 译**-研究	静+静+动
2	语言景观 **汉俄 对比 与 翻译**-研究	静+静+动+动
3	语言景观 汉俄 比 译-研究	静+静+动+动
4	语言景观 汉俄 比 译 **模式**-研究	静+静+动+动+静
5	语言景观 汉俄 比 译 模式 **化**-研究	静+静+动+动+静+动

方案2将方案1的"俄译"明确为"汉俄"这一语对；将其"译"细化为"对比与翻译"，包含两个动词，相当不错，比方案1更具动感。方案3嫌方案2"对比""翻译"两个动词过熟，陌生化效果不佳，将其缩略为"比译"。尽管"比译"仍是未完全词化的短语，但它仍保留了方案2的动感。方案4将语言景观的特性之一"模式"提炼出来并入题，这一调整使选题从以动词结尾的形式转为更偏静态的结构，赋予了选题一种稳定感。方案5针对方案4的静态"模式"研究，为其缀补"化"字，使静态选题再次回归动态。通观全表的动静更迭，仿佛感受到了动静交替形成的律动，整个炼题过程一派生机、富于生气。

炼题炼至如此境界，谁都会坦然而怡然。

30. 题目如何由繁入简，逐步改得精准化？

由第 24 问可知，选题的修改与优化很大程度上体现为简化，即"去繁化简"，实现简洁而不简陋的内涵表达。请看选题逐步优化、精准化的范例（表 11）。

表 11　选题炼题精准化

方案	选题	字数
1	我国"那"文化外宣翻译促进中国—东盟命运共同体建设的作用与支持体系研究	35
2	中国—东盟命运共同体建设中我国"那"文化外宣翻译作用机制及效果优化研究	35
3	中国"那"文化外宣翻译促进中国—东盟命运共同体建设的作用与路径研究	33
4	中国"那"文化外宣翻译促进中国—东盟命运共同体建设的效果优化研究	32
5	面向东盟的中国"那"文化外宣翻译效果优化与助推路径研究	27
6	稻作文化交流互鉴助推中国—东盟民心相通的机制与路径研究	27
7	中国—东盟稻作文化交流互鉴及其当代价值研究	21

方案 1 旨在系统整理"那"文化资料，研究"那"文化的外宣翻译，验证传播效果，探究作用机制，最终提出"那"文化外宣翻译支持体系，助推中国—东盟命运共同体建设，提升中国文化影响力与国际话语权。

方案 2 将方案 1 中"中国—东盟命运共同体建设"转为背景，将题首的"我国"改为"中国"，避免了过强的主观性；但将后一"中国"改为"我国"，又适得其反；进一步限定"作用"为"作用机制"，将"支持体系"改为"效果优化"，并用"及"明确了前主后次的关系，优化了层次表达。

方案 3 点明了"中国'那'文化外宣翻译"与"中国—东盟命运共同体建设"之间的关系，即前者促进后者，进一步明确了研究促进的"作用"与"路径"。

方案 4 则去"作用"，进一步聚焦"效果优化"的研究，一面缩小研究范围，另一面凸显研究价值。不过，"中国"重复不妥。

方案 5 避免了"命运共同体"这一大而泛的概念，直接指向东盟；同时避免了"中国"的重复；还在"效果优化"之外增加"助推路径"。整个修改除简化外，更使标题具有针对性、实践性和亲和力。

方案 6 考虑到申报语言学学科时，"那"文化虽具有独特价值和研究潜力，但"那"意为"水田",其文化属于中国与东盟的同源文化,起源于壮侗语族,可能超出评委的学科认知范围,因此,将"那"替换为更加大众化、易于理解的"稻作"。同时将"文化外宣翻译"提升为"交流互鉴",以"助推中国—东盟民心相通"直指研究目标。不过,"机制与路径"的表达略显普通,易与他人雷同。

方案7提升研究问题至国别与区域的高度,用"中国—东盟"作为核心表述,聚焦"稻作文化交流互鉴",并兼顾"当代价值",以"中国—东盟稻作文化交流互鉴及其当代价值研究"为题,改报新闻学与传播学,最终一举成功。

31. 标题忌套路,如何避熟免俗鲜明化?

套路特指处理方式形成的"路数",某类题目模式化了,如"A与B研究""基于A的B研究""A视域下B研究""A下的B研究"等,给人"熟即俗"(熟悉即庸俗)的感觉[①],学界对滥用这种标题模式颇有微辞。

对套路的规避实际上是在求新,不断修改以求陌生化。如:

方案1 "一带一路"倡议下汉俄语言景观译制机制研究
方案2 汉俄语言景观译制机制研究
方案3 中俄语言景观译制机理研究

课题研究面向国家需求,应与国家政策同步。新的国策提出之后,前五六年一般是起步、兴盛至高潮的阶段,之后开始式微,尤其是持续了10年左右,会被更新的国策所取代,或是继续发挥作用,成为常态,但不再处于巅峰。因此,2015年申报2016年的国家社科基金年度项目,用"一带一路"正当其时,那时中国正在打造政治互信、经济融合、文化包容的利益共同体、命运共同体和责任共同体,2013年9月和10月习近平提出建设"丝绸之路经济带"与"21世纪海上丝绸之路"的合作倡议才时过2年多,可见"A之下的B研究"的模式当用则用。过了近10年,到2022年再报课题时,一般就较少使用这一倡议了,所以方案2将方案1的"'一带一路'倡议下"舍去,旨在避熟。

当选题大方向确定后,方向不变,不断地雕琢其中各个要素,旨在避俗求新鲜明化。比如一种模式用多了,申请人就要开始避熟。除了选题名称的题首

---

① 黄忠廉. 人文社科项目申报300问(第二版)[M]. 北京:科学出版社,2022:79.

用语避免模式化外，还要考虑题尾的用语，别雷同化，如近年来"机制""路径""对策"用得较多，不妨有意避之。现以数据说明，2023年国家社科基金年度项目立项3582项，含"机制"者616项，占比17.2%；含"路径"者474项，占比13.23%。为此，方案3将"机制"优化为"机理"，避熟，以求鲜明，更为达意。

32. "浅读"时代探索由浅究深，题目如何深入浅"拟"？

　　这是一个浅读的时代，任何项目评审都是厚本"浅读"。面对本子被读的语境，每位学人研究由浅入深，逐步深入，捕捉研究对象的本质，深究其里；申报时则返回其表，用浅显通俗或易懂的术语表达，形成新范畴，产生新话语。

　　项目申报审读也是高信息量阅读，时间短，信息多，还要作出甄选判断，工作强度大。因此具有快餐式、浏览式、跳跃性、选择性等特征，靠向了"浅阅读"，这也成了各类项目评审从题海中捕捉有用选题、再优选的主导方式。

　　学人的探究一定是由浅入深、不断系统化的过程，可是真正创新者一定是匹孤狼，但您还得让三五成群的人懂您，科研途中一题迷万人与万人迷一题均非好事。因此，真正全懂您的人永世不会出生，这绝不是许仙与白素贞千年等一回，那只是传说。

　　"哲学的术语和黑话一样容易迅速过时。原因呢？哲学的术语太造作，黑话又太生动。"[①]既然新话语始于新术语，您得深究浅出，拟出专业而又相对浅显、相对通行的标题，以便他人懂您。在此，仅以标题中的术语出新为例：

方案1　汉俄语言景观译制机制研究
方案2　中俄符号景观译制机理研究
方案3　中俄符号景观译+制机理研究
方案4　中俄符号景观"译+制"机理研究
方案5　中俄符号景观"译+制"双重机理研究
方案6　中俄符号景观"译+制"双重机理融会研究

　　方案1是经过反复思考而得的学术性强的标题，由浅入深入细，再去粗取精，取最精简的术语组成如此标题，已是相当精确。用"机理"换"机制"，

---

① 〔法〕E. M. 齐奥朗. 供词与放逐[M]. 赵苓岑译. 桂林：广西师范大学出版社，2023：50.

更重理论性，推出了方案 2。为避熟或俗，方案 3 将既可合用也可分用的词"译制"拆开，形成了陌生化的"译+制"；"译+制"语法上较灵活，既像词又像短语，如同"幽默"，表达完整的概念，可整体使用，又可拆分，中间可插其他成分，如"幽他一默"；"译制"二字之间插入"+"，极为独特地表达了其分割性，用空间之隔反映了译与制的相对而立的形象，于熟悉之中陌生。方案 3 使用"+"处理"译制"，却模糊了"+"前后的边界，方案 4 使用引号为其划界。方案 5 添加"双重"，强化了译与制的性质与数量，更加显义，突出选题的价值。方案 6 进一步揭示深入研究所得的思想结晶，既与"译+制"相承接，又再次强调其间的加和关系，截取"融会贯通"之"融会"，为选题画龙点睛。

33. 选题怎样词汇化、继而词化，炼得夺目？

选题从命题到术语经历了词汇化、继而词化的过程，而词化的最终目标是以目诱人。词汇化是将思想或概念固化为词汇的过程，随着选题语义的明确或深化，相应的词义也更加具体或清晰。

词化则指使前后松散的若干字逐渐衍化成紧密的词的过程，换言之，将短语或分句转为词的过程。如秦始皇统一了六国，自诩"德迈三皇，功过五帝"，认为"王"不足显其尊，便令臣称其为"皇帝"，从此，合称所得的"皇帝"成了中国最高统治者的称谓。

词汇化可以物化信息，词化则可加大信息的比重与密度。如：

方案 1　《天方夜谭》汉译经典重构研究（2020 年）
方案 2　《一千零一夜》在中国的译介与传播研究（2021 年）
方案 3　《一千零一夜》在中国的百年翻译、传播和经典化研究（2022 年）
方案 4　《一千零一夜》汉译百年嬗变经典化研究（2022 年）
方案 5　《天方夜谭》汉译百年嬗变经典化研究

上例反映了教育部人文社科研究项目申报获批的"简"历，于申请人是一段渡劫史。申请人曾因其申报而受挫、否定、怀疑、沉寂、调整、振奋、欣喜。其研究兴趣主要集中于《一千零一夜》晚清汉译的形象重构，如方案 1（作者最初用《天方夜谭》，后面改为《一千零一夜》），《一千零一夜》作为研究对象，在学界已不新鲜。当时，外国文学经典，尤其是翻译文学经典一直是热点话题，但国内学界对《一千零一夜》这部享誉世界的阿拉伯文学经典的百年

汉译却尚未做专题探讨。方案 2 仿佛在说普通话而非"方言",改得则更平常了,"在中国的译介"还不如"汉译"简明。

在中国文化"走出去"热门的当下,译入反倒是股清流,选题炼题应坚持"学术第一、时需第二"的总原则。方案 3 加入了时段"百年",显其历史厚重感;将"译介"具化为"翻译、传播",仍在抓本,却仍平面化;增加"经典化",与百年相应,体现其价值。不过,方案 3 的题目字数太多、太长,切入点不是十分精确,经典化的手段"翻译、传播"不必入题,题目需更聚焦。此外,当时研究外国文学在中国经典化的课题已不少,如"翻译文学经典的影响与接受"(宋学智)、"外国文学经典生成与传播研究"(吴笛)、"中国百年科幻文学翻译史研究"(李琴)等。课题名称避免学术同质化、体现学术个性化已是项目申报的首位要求。由此可见:课题名称是成功立项的关键,名要显实,折射创新。

方案 4 较之于方案 3,更精更准更紧凑,亮点与重点双突出,均醒目。尤其是"嬗变"点明了核心,擦出了亮点。研究内容正是围绕如下两个亮点展开:①译者完成的内部经典化,②译本在中国流通传播中的外部经典化。后者从传播主体与传播内容、传播媒介与传播效果、传播受众三个角度逐一展开。"经典化""嬗变"正对应所写的两个亮点。更重要的是"百年嬗变经典化"形成了 2+2+3 的七言节奏,与中国人的文化基因同频。

续改方案 5 或许最佳,涉及名著汉译史。《一千零一夜》并非确指,而是极言其多,它促进了欧洲文艺复兴、近代自然科学创建以及世界文化的发展。1906 年最早由奚若(即伍光建)汉译为《天方夜谭》,"谭"即故事集。尤其是后面用了"汉译百年",更应采用最早的译名,形成逻辑与历史的呼应,辩证思维在此胜出。

34. 选题关键词如何逐步出新以吸睛,形成系列课题?

选题的关键词在此既指要求列入项目申报数据表的关键词,更指未入题的关键词。不过,入题的关键词才最关键。

关键词是选题出新的关键,任何选题都不是"忽如一夜春风来,千树万树梨花开"的。选题是逐渐形成的,其关键词也是渐渐出新,甚至也可以唱着岭南的《步步高》实现项目系列申报。如:

项目1 境内俄语服务窗口语言生态与中国形象构建研究（2013年） 项目2 "一带一路"语言景观汉俄比译模式化研究（2016年） 项目3 中俄符号景观"译+制"双重机理融会研究（2022年）

这是逐步开掘选题"三连冠"的案例，涉及"公示语"翻译。项目1用"服务窗口语言"代替"公示语"，避用多数人认为无多研究价值的"公示语翻译"。项目2用"语言景观"代替"公示语"，更上一层楼，将公示语经由"语言服务窗口"上升至"语言景观"，采用了喻称，用作与自然景观相应的人文景观的一个组分。项目3进一步用"符号景观"代替"公示语"，比"语言景观"更广，因为语言只是最常用的符号。

2013—2022年，申请人10年内3次逐步提炼关键词，分获1次教育部人文社科重点研究基地重大项目、2次国家社科基金年度项目，研究对象逐步升级，研究范围逐步扩大，所揭示的内涵越来越深，发现越来越多。

关键词的逐步优化、移步换景，需要用心长远设计，可为几年、十几年甚至几十年的学术生涯谋划与规划，为自己预留或拓展学术空间，需要学术自信，更能涵养充分的自信。

35. 关键词语义上怎样才能优化组配成题？

选题炼题时总会先设想几个关键词，如A、B、C、D等，可能表达时间、空间、事物、行为、性质等范畴，这些范畴再优化组合，得出最终的选题名称。如下面的选题可以拆分为8个关键词，其优化过程不妨倒推，一一揭示出来。这一过程可能是瞬间或模糊的，但经理性分析，可保选题的正确性，提升命中率。

中俄符号景观"译+制"双重机理融会研究

A B C   D E F G H

所见的语表是语法关系，所隐的语里是语义关系，所以语义关系成了关键词优化为题的理据。常用作炼题的语义关系有以下几类。

并列关系 通常指两个或多个语法单位（如词、短语或句子）在结构上处于同等地位，没有主次之分，其间通常由并列连词（如"和""与""或"等）连接或者没有连词直接连接。对应于联合短语，两个或以上的词不分主次，平等并列，可用"和""与""跟"等连接词，也可不用。如上例中A与B，D

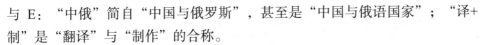

与 E："中俄"简自"中国与俄罗斯"，甚至是"中国与俄语国家"；"译+制"是"翻译"与"制作"的合称。

修饰关系 即修饰与被修饰的关系。对应于偏正短语，由修饰语和中心语组成，又分定中短语和状中短语。如上例中（A+B）与 C："中俄"修饰"符号景观"，构成定中短语"中俄符号景观"。

支配关系 即支配与被支配的关系。对应于动宾短语，由动词与宾语组成，表示动作行为所涉及的人或事物。如上例中 H+（DEFG）："融合'译+制'两大机理"，单独可用；若入题或更大语境，有时不如"'译+制'双重机理融会"术语化程度高。

陈述关系 即"主题—陈述"关系。对应于主谓短语，主语提出主题，谓语对主题展开陈述。如上例中的（D E F G）+ H：上述"'译+制'双重机理融会"孤立地看，既可能是主谓短语（"'译+制'双重机理"是主语，"融会"是谓语），也可能是偏正短语（"'译+制'双重机理"为偏，"融会"为正）。

36. 关键词贯穿全稿？填表用几个？实备多少可"玩"转项目？

关键词在此也并非项目申报数据表限填的 3 个关键词，而是 30 个左右的关键词。这些关键词可分多级，层级越高，覆盖面越广，见表 12。

表 12 关键词分级

层级	关键词	约数
1	中俄符号景观 译制机理 双重融会……	3—5
2	中国俄语国家 符号景观 翻译 制作 机理 双重 融会……	10
3	中文 俄文 乌克兰 语言景观 全译 变译 空间 机制 整合 贯通……	15
4	汉语 公示语 多模态 对译 增译 转化 变通 模式 构型 绘制……	30

关键词可分长短，长者为短语级关键词，短者为词级关键词，前者以后者为基础。项目所用关键词以短的词级关键词为主，因为它能组合出更多的较为复杂的短语级关键词。关键词可先锁定选题名称，再密集于题解，最后玩转整个活页及申请书。

关键词首先集合成标题，3 个左右，如层级 1，由其即可构成选题名称：

中俄符号景观译制机理双重融会研究

中俄符号景观译制双重机理融会研究

中俄符号景观"译制"双重机理融会研究

中俄符号景观"译+制"双重机理融会研究

其次，汇于题解，10个左右，或5—15个，如表12，另详见下面十来问。

最后，贯穿整个项目申报的填写。仅以第250问活页"分目标"为例，所用的关键词见表12的3、4两层。整个项目申报的学术水准与理论水平主要由关键词体现，一是关键词的恰当使用，二是关键词使用的频率，相对集中或出现频次较高，都能提升整体的学术含量。

三、题解优化

37. 题解是对炼题的"反动"、对活页的浓缩?

题解旨在让"专家看了不浅,外行看了不深"[①]。好题是智慧的结晶,得靠锤炼,需投入极大的才智。太精的选题,信息量或过量,密度或太大,结构或过紧,紧得打不开,则需要同样的智慧去反向拆解,去发掘。

好题一个,炼之弥精,解之则弥难。题解是对炼题的一次"反动",这与史学的倒退或政治学的反进步风马牛不相及,它只是物理学的纯粹反向运动——对选题的稀释。正如老子《道德经》第四十章所言"反者道之动,弱者道之用",意指事物发展到了极限就要走向反面,是道的运动规律。

炼题终得标题,再对其解题,颇似早年电脑屏幕上曾用过的沙漏,广泛思考炼得选题名称,仿佛由广而窄至尖,到了临界点,再由尖而窄至宽,即由名称稀释为成片的解说性文字。两个过程,可浓可淡,由淡而浓,再由浓而淡,收放自如。如图 10 所示。

图 10 炼题、定题与题解如"沙漏"之形

请看第 250 问,题解分 3 段,体量是选题名称的一二十倍。再比较活页,题解又是 7000 字的二三十分之一,尤其是其中第二段的摘要占活页的近 1/50,

---

① 黄忠廉. 人文社科项目申报 300 问(第二版)[M]. 北京:科学出版社,2022:89.

可以说，题解是对活页的高度浓缩，恰似 7000 字论文的摘要。

38. 题解好比天鹅颈，何处安身心才宁？

天鹅，是自然界中最优雅的动物之一，它脖颈修长，姿态轻盈，曲颈低头，在水中静静徜徉，成为一道赏心悦目、令人神往的风景。题解好比天鹅美颈，什么是天鹅颈？从字面讲，顾名思义，像天鹅一样美丽而修长的脖颈。

题解不能太长，长过长颈鹿之"颈"，望断矮人脖！也不能过短，短过老鼠之"颈"，可以忽略不计，过短说明不了问题。题解篇幅与位置如下：

> **本活页参照以下提纲撰写，突出目标导向、问题意识、学科视角，要求逻辑清晰，层次分明，内容翔实，排版规范。除"研究基础"外，本表与《申请书》表二内容一致，总字数不超过 7000 字。**
>
> 符号景观译写乱象丛生，其研究多为散论，未涉制作；**在文化更需西渐的当下**，译写研究需**全面考察与理论提升**，译写机理与制作机理**亟待融会式开掘。**
>
> **符号景观**主要关乎语言景观或公示语，由道路、车站、商铺、景点等空间的视听符号及其组合构成。**本课题**以符号学、语学、译学、设计学、空间理论等为理据，基于多模态语料库，对汉俄符号景观的对比、转化与变通的机理发微探赜，对其空间组构机理钩玄揭秘，融会译与制，尝试揭示其译制基本原理，为其译写与制作提供普适性、可操作性的指导，促进"一带一路"俄语段文化沟通与民心相通，助建中俄（独联体）共同体，达至文明互鉴。
>
> 本课题与本年度课题指南"语言学"**第 74 题"汉外语言比较和对比研究"**相关。
>
> **1. 选题依据** 国内外相关研究的学术史梳理及研究进展（略写）；相对于已有研究特别是国家社科基金同类项目的独到学术价值和应用价值。

如第 37 问所言，题解居于选题与活页之间，不少人将其置于"选题依据"之下就有违逻辑了。因为除了稀释选题名称，它还是 7000 字的浓缩；若在选题依据之下，只是对权重为 3 的选题依据的浓缩，显然不对路。反言之，题解当居活页之首。

39. 题解基于论文摘要而简于专著提要？

王运熙认为"题解力求简明扼要，不作深入阐释和发挥"①。题解一般占整

---

① 陈玉强. 古代文论"奇"范畴研究[M]. 北京：人民出版社，2015：8.

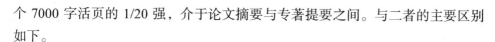

个 7000 字活页的 1/20 强，介于论文摘要与专著提要之间。与二者的主要区别如下。

字数　题解比摘要长，比提要短，约 300 字。摘要较短，约 200 字。提要较长，约 500 字。

信息量　题解内容多于摘要，少于提要。摘要简介问题、方法、结论、价值等基本信息，快速传达信息；提要则作较全面的概述，包含更多的内容细节，提供更丰富的上下文与背景信息。

宗旨　题解一为释题，二为简介活页的内容。而摘要旨在让评委不读全文便知主要内容与结论；提要则为推广内容，或助评委判定是否继续读全文。

结构　最新题解呈三段式：①问题意识与供需关系；②术语解释与摘要；③与指南相关或满足时需。摘要自成一体，是论文结构与格式的高度浓缩与重组；提要则是专著的缩微。

40. 题解也分权重，意欲何为？如何三级推进？

凡划分，必有权重，这是依据，明不明确规定，取决于或隐或显的语境。国家社科基金年度项目评分表制定了权重（见第 7 问），300 字左右的题解（见第 39 问），背后也遵循三分法，也分权重，其写作按三段式。

题解如此写法，信守的是高端思维：一求前沿与急需，二求精当与浓缩，三求关联与服务。唱好三部曲，可循三步走：

（1）为何：抓问题，分供需　研究问题，先要意识到供需问题，形成问题意识，还得首先点明问题，找准研究对象，绝不能让评委找不到北。它占题解的比重与所对应的活页信息详见表 13。这一步定位于"为何"，是前奏。

（2）如何：释术语，编摘要　若有必要，前者可为评委解惑，不因一词一语羁绊阅读；后者是对活页论证及研究基础的高度概括。此项占题解的比重与所对应的活页信息详见表 13。这一步定位于"如何"，是主体。

（3）何样：定关系，应时需　直接或间接地指明当年或近五年，甚至是可预见的至少三年国家或学科需解决的问题的关系。这一步定位于"何样"，是次体，有时甚至略而不计。

前述三者的比例理论上大致为：20%、70%、10%，简列为：2∶7∶1。

表13　题解内部结构与外部关系

段序	1	2	3
三W	为何	如何	何样
类属	问题意识+供需关系	关键词解释+摘要	与时需的关系
具体内容	符号景观译写乱象丛生,其研究多为散论,未涉制作;在**文化更需西渐的当下**,译写研究需**全面考察与理论提升**,译写机理与制作机理**亟待融会式开掘**。	**符号景观**主要关乎语言景观,由道路、车站、商铺、景点等空间的视听符号及其组合构成。**本课题**以符号学、语学、译学、设计学、空间理论等为理据,基于多模态语料库,对汉俄符号景观的对比、转化与变通的机理发微探赜,对其空间组构机理钩玄揭秘,融会译与制,尝试揭示其译制基本原理,为其译写与制作提供普适性、可操作性的指导,促进"一带一路"俄语段文化沟通与民心相通,助建中俄(独联体)共同体,达至文明互鉴。	本课题与本年度课题指南"语言学"**第74题"汉外语言比较和对比研究"**相关。
字数	67	193	35
所对应的活页内容	选题依据	研究内容	无

41. 问题意识与供需关系多次二分的价值何在?

由第38问用例可知,题解分3段,首段是问题意识与供需关系,看似简单,却非常繁杂,懂其奥妙,能写出奇妙。如:

符号景观译写乱象丛生,其研究多为散论,未涉制作;在文化更需西渐的当下,译写研究需全面考察与理论提升,译写机理与制作机理亟待融会式开掘。

首段并不长,但细究起来较为复杂,可向下进行4次切分,切出的逻辑关系,会给人以当头棒喝的感觉,见表14。

第1次切分　分出问题意识与供需关系,前次后主。前者也可分出3点:"符号景观译写乱象丛生""其研究多为散论""未涉制作"。

第2次切分　分出供与需,需为因,供为果。不过,按前因后果关系,需在前,供在后。

第3次切分　对供与需再次切分。"需"分出了时代所需与学科所缺,前者为次,用状语"在文化更需西渐的当下"表达;后者为主,用主谓句表达。

"供"分出译学界之供"译写机理"与景观界之供"制作机理"。

第4次切分 对时代所需与学科所缺再次二分，时代所需分出了中国与西方；学科所缺分出了实践与理论。其实，若要再分，"译写"还可分成"译"与"写"。

表14 题解首段的"庖丁解牛"

级次		中俄符号景观"译+制"双重机理融会研究			
1	问题意识	供需关系			
	符号景观译写乱象丛生，其研究多为散论，未涉制作	在文化更需西渐的当下，译写研究需全面考察与理论提升，译写机理与制作机理亟待融会式开掘			
2		需			供
		在文化更需西渐的当下，译写研究需全面考察与理论提升			译写机理与制作机理亟待融会式开掘
3		时代所需		学科所缺	译学界	景观界
		在文化更需西渐的当下		译写研究需全面考察与理论提升	译写机理	制作机理
4		中国	西方	实践	理论
		（中国）文化	西渐	全面考察	理论提升

42. 问题意识为何列入题解之首？如何标记化？

2024年活页最大的改革之一是突出了"问题意识"。如上一问的用例，开篇就点明问题，是典型的表述。愚公移山，只因为开门见山，诸君报项，开篇就"问"，旨在夺项。

愚公移山，首先是被山所挡；学人研究，首先要有研究对象，这一对象由问题转化而来。所以，项目申报首先要有问题意识，"问题意识，是一种探索精神，是把我们对批评对象的思考自觉地凝聚到一个有意义的方向去的那种认知心理结构，其实也就是一种重要的能力"[①]。具言之，问题意识指在认识事物、

---

① 陈国恩. 文学欣赏与批评[M]. 北京：高等教育出版社，2016：62.

从事研究的活动中常常意识到难以解决的、人疑己惑的实际或理论问题，渐生或顿生困惑、焦虑、怀疑、探一究竟的心理。

这一意识若能第一时间让评委明白，也会同样激起他的好奇，他会与您一道思索，他若是精力不济，或时间不够，或非其所能，他会从心底里支持同道您完成。此情此景之下，第一时间便转为第一空间，开篇摆出问题。项目申请人应持这一时空转化观。

既然题解为活页之首，又首推问题意识，那么对问题的修改就要不厌其烦，精益求精。请看"中俄符号景观'译+制'双重机理融会研究"题解中问题意识的优化过程：

稿 15	汉俄符号景观译制致力于文化西进，其行为已有所研究，原理却不甚了了。
稿 16	符号景观译写有种种乱象，研究主论翻译，未涉制作；
稿 17	符号景观译写乱象丛生，其研究多为散论，未涉制作；

第 15 稿之前题解未写问题意识。稿 15 有 3 个单句，第 1、2 句描写成绩，只有第 3 句才不痛不痒地涉及问题。稿 16 也是 3 个单句，首句与末句点明问题，中一句像是概括。只有稿 17 整体上更具问题意识。可见，问题意识最显著的标记是使用贬义词、否定词、表负能量的词，如上例中的"乱、散、未"等，更多的问答详见第 153、154 两问。

43. 题解首段"供需"关系呈何序列？如何反映？

继问题意识之后，题解首段要反映的是供需关系——国家所需、学科所缺与学者所供。

供需，供与需之序，是惯常说法，在此则宜换序，需在前，供在后。需又分国家所需，学科所缺。国家之所需较大而广，学科之所缺较小而专。前者可能需要，有时可能不太需要，可以不写；而学科所缺则必须写。2024 年，国家社科基金年度项目活页首加"突出学科视角"，实为学科前沿，即学科之所缺。供需关系表述求精过程如下：

稿 16	翻译研究未考虑景观空间布局这一制约因素，已有译写研究多而散，需作理论提升，译写与制作机理**亟待开掘与融合**。

接上页

> 稿 17　在**文化更需西渐**的当下，译写研究需全面考察与理论提升，译写机理与制作机理**亟待融会式开掘**。
>
> 稿 24　在**文化更需西渐的当下**，译写研究需**全面**考察与理论**提升**，译写机理与制作机理**亟待融会式开掘**。

　　为了仿真，上例中基本字体用了仿宋。第 16 稿之前题解未写供需关系。稿 16 "翻译研究未考虑景观空间布局这一制约因素，已有译写研究多而散"属于问题，不算直接的需求；"需作理论提升"属于学科需求。稿 17 加入了时代所需"在文化更需西渐的当下"；在"理论提升"之外又增学科所需"译写研究需全面考察"；供给侧方面将稿 16 的"开掘与融合"由联合关系转为偏正关系"融会式开掘"，更加扣题"……机理融会研究"。稿 24 则在稿 17 用楷体加粗突出相关要点的基础上，又将"全面""提升"楷体加粗。整个供需关系的修改处处扣题，强调重点，且与前述问题意识时时呼应，如用"更"反映当下文化西渐存在的问题，"全面"暗指此前不全面，"提升"隐性批评此前理论研究水平有限。

44. 活页内容如何通过十大"抓手"摘要化？摘要多长为宜？

　　活页内容摘要化，指将活页 7000 字的内容据需浓缩进入摘要。其抓手至少包括"十何"，——何时、何地、何人、因何、采用何理何法、研究何内容、得出何结论、有何目标、有何创新、有何价值。请看 7000 字活页的摘要几次修改所采用的几"何"：

> 稿 1　本课题对汉、俄双语间的语言景观的转化与变通机理入微探幽，对景观的制作机理周密探究，尝试从翻译学、语言学、符号学、景观设计学、句法空间理论等角度探寻语言景观译写与制作的普遍机理。（何理　何内容）
>
> 稿 2　本课题以符号学、语学、译学、景观学、空间理论等为理据，采用多模态语料库法，对中国和俄语国家境内符号景观的符际对比、转化与变通机理入微探幽，对基于汉俄语的符际组合制作机理周密研察，融会二者出佳效，尝试揭示符号景观译与制的基本原理，以此服务于俄语段"一带一路"文化沟通与民心相通，助建中俄（独联体）共同体，直至文明互鉴。（何理　何法　何内容　何结论　何目标　何创新　何价值）

接上页

> 稿13　本课题以符号学、语学、译学、景观学、空间理论等为理据，基于多模态语料库，对中国与俄语国家符号景观的符际对比、转化与变通机理发微探赜，对汉俄符际空间组构机理钩玄揭秘，融会译与制，尝试揭示其译制的基本原理，促进"一带一路"俄语段文化沟通与民心相通，助建中俄（独联体）共同体，达至文明互鉴。（何理　何法　何内容　何结论　何目标　何创新　何价值）
>
> 稿24　本课题以符号学、语学、译学、设计学、空间理论等为理据，基于多模态语料库，对汉俄符号景观的对比、转化与变通机理发微探赜，对其空间组构机理钩玄揭秘，融会译与制，尝试揭示其译制基本原理，为其译写与制作提供普适性、可操作性的指导，促进"一带一路"俄语段文化沟通与民心相通，助建中俄（独联体）共同体，达至文明互鉴。（何理　何法　何内容　何结论　何目标　何创新　何价值）

　　十个"何"，因选题而定数量，有的"何"不必写，有的"何"可合写，有的"何"兼顾着写。稿1抓主要，只涉及二"何"；稿2—24定下七"何"，逐步优化，内容由多到少，又略扩为多。项目由负责人及其团队完成，因此"何人"多是申请人，此类不必用。有时研究内容与结论合写，如"尝试揭示其译制基本原理"既是内容，也涉结果，还涉及创新。有时研究内容与方法合写，如上例中"对汉俄符号景观的对比"的"对比"既是方法，也是研究行为。"为其译写与制作提供普适性、可操作性的指导，促进'一带一路'俄语段文化沟通与民心相通，助建中俄（独联体）共同体，达至文明互鉴"则兼及目标、创新与价值。

　　摘要是题解的主要内容，题解除摘要外，还包括问题意识、供需关系、术语解释、与时需的关系。摘要篇幅约200字，能用十个"何"中的六七个何将7000字概述清楚，极需功力，稿24的摘要152字，相当不易。

45. 关键词何时需释义？何种释义方式更优？

　　关键词熟中带生时、全新时、全然不知时、知而不详时，均可作出专门性解释。不过，关键词分俗称与专称，其解释方式不同。关键词的释义分语文式与专科式，前者多是通俗化解释，旨在科普；后者则是专业性解释，多采用"种概念=种差+属概念"[1]的逻辑性定义。

　　专科式解释如"氯化钠"，其化学专业解释是"一类金属离子或铵根离子（NH4+）与酸根离子结合的化合物"；语文式解释如"盐"，其大众解释可能

---

① 中国人民大学哲学系逻辑教研室. 形式逻辑（修订本）[M]. 北京：中国人民大学出版社，1984：38.

是"白色颗粒状味咸的佐料"。下面请看第 250 问活页前稿对关键词"符号景观"的释义过程：

稿 1　语言景观是某地某公共空间具有特定功能的可视符号复合体。它包括公共路牌、广告牌、街名、地名、商铺招牌、政府楼宇标牌、旅游景点简介等。语言景观译制机理，即对双语乃至多语景观的译写与制作的原理。译写即符际变化原理，制作是符号组合原理。

稿 3　路街、商铺、楼宇、景点等公共空间的视听符号及其组合构成了语言景观。

稿 4　路街、商铺、楼宇、景点等公共空间的视听符号及其组合构成了符号景观。

稿 7　道路、车站、街道、商铺、楼宇、景点等公共空间的视听符号及其组合构成了语言景观。

稿 11　道路、车站、街道、商铺、楼宇、景点等公共空间的视听符号及其组合构成了符号景观。

稿 14　公共空间如道路、车站、街道、商铺、楼宇、景点等的视听符号及其组合构成了符号景观。

稿 18　符号景观即语言景观或公示语，公共空间如道路、车站、街道、商铺、景点等的视听符号及其组合构成符号景观。

稿 21　公共空间如街路、车站、商铺、景点等的视听符号及其组合构成了符号景观，主要涉及语言景观或公示语。

稿 24　符号景观主要涉及语言景观或公示语，由道路、车站、商铺、景点等空间视听符号及其组合构成。

稿 1 界定"语言景观是某地某公共空间具有特定功能的可视符号复合体"用的是逻辑定义法。"它包括公共路牌、广告牌、街名、地名、商铺招牌、政府楼宇标牌、旅游景点简介等"则是列举法。此外，对"语言景观译制机理""译写""制作"还下了定义。关键词解释过多，也就不知哪个最关键了。

稿 3—24 均用了列举式定义，稿 3—21 均将术语放在后面，就不如稿 24 将术语置于句首来得醒目。释义用逻辑定义法，可以求真；用列举定义法，可以求懂。先求懂再求真，或许是报项释义的优选原则。

46. 题解之摘要所涉"十何"该如何优选优构?

摘要涉及"十何"——何时、何地、何人、因何、采用何理何法、研究何内容、得出何结论、有何目标、有何创新、有何价值(再强调一次,加深印象),如第44问所示,十何不会全用,可依题而优选,但有几何必用:何理何法、何内容/观点、何目标/创新/价值。"/"表示并列、替换或合并关系,即内容与观点可分说,也可合说;创新、目标、价值等可分说,更可融合,尤其是目标与价值有时基本同义或密切相关。何时、何地、何人、因何等是可选关系,涉及时点时段者可用何时,涉及空间概念时可用何地,"何人"必须点明时才用,一般省略。试比较题解中摘要的几次优构,修改之处以黑体字标示:

稿2 本课题以符号学、语学、译学、景观学、空间理论等为理据,对中国和俄语国家境内文化景观的符际转化与变通机理入微探幽,对基于汉俄语的符际组合制作机理周密研察,融会二者出佳效,尝试揭示符号景观"译与制"的基本原理,以此服务于俄语段"一带一路"文化沟通与民心相通,助建中俄(独联体)共同体,直至文明互鉴。

稿6 本课题以符号学、语学、译学、景观学、空间理论等为理据,**采用多模态语料库**,对中国和俄语国家境内**符号**景观的符际转化与变通机理入微探幽,对基于汉俄语的符际组合制作机理周密研察,融会二者出佳效,尝试揭示符号景观"译与制"的基本原理,以此服务于俄语段"一带一路"文化沟通与民心相通,助建中俄(独联体)共同体,直至文明互鉴。

稿9 本课题以符号学、语学、译学、景观学、空间理论等为理据,采用多模态语料库**法**,对中国和俄语国家境内符号景观的符际**对比**、转化与变通机理入微探幽,对基于汉俄语的符际组合制作机理周密研察,融会二者,尝试揭示符号景观译与制的基本原理,以此服务于俄语段"一带一路"文化沟通与民心相通,助建中俄(独联体)共同体,直至文明互鉴。

稿10 本课题以符号学、语学、译学、景观学、空间理论等为理据,采用多模态语料库法,对中国和俄语国家境内符号景观的符际对比、转化与变通机理**发微探赜**,**对汉俄符际空间组构机理钩玄揭秘**,融会译与制,尝试揭示符号景观译与制的基本原理,以此**促进**俄语段"一带一路"文化沟通与民心相通,助建中俄(独联体)共同体,直至文明互鉴。

稿15 本课题以符号学、语学、译学、**设计学**、空间理论等为理据,**基于多模态语料库**,对中国与俄语国家符号景观的符际对比、转化与变通机理发微探赜,对汉俄符际空间组构机理钩玄揭秘,融会译与制,尝试揭示**其译制基本原理,为汉俄符号景观的译写与制作提供普适性、可操作性的指导,促进"一带一路"俄语段文化沟通与民心相通,助建中俄(独联体)共同体,达至文明互鉴。**

与稿 2 相比，稿 6 增加了方法"采用多模态语料库"，将"文化景观"上升为"符号景观"。稿 9 为"采用多模态语料库"增加了"法"字，更显规范；增加了"对比"，既是研究行为，也是方法之一。稿 10 将"入微探幽"改作"发微探赜"；将"对基于汉俄语的符际组合制作机理周密研察"改作"对汉俄符际空间组构机理钩玄揭秘"，更精准，更文气；将语篇指代"二者"还原为"译与制"，更实更具象；将"服务"改作"促进"，更显主动态度。稿 15 将"景观学"改作"设计学"，站位更高；"采用"改作"基于"，似乎更学术，顺便也去了"法"；"和"改作"与"，更书面；去掉"境内"也不影响理解；以"其"换"符号景观"，语篇更简明；"译与制"合称"译制"，顺语境而为，不再啰嗦；所增"为汉俄符号景观的译写与制作提供普适性、可操作性的指导"既是目标，也有价值；用"促进"换"尝试"，行为更果断，意义更大；"直"改作"达"，从客观走向兼及主观。

47. 选题如何直述与"课题指南"的关系更好？

课题指南如同项目申报的向导，其作用主要在于供申请人参考。若设课题指南，绝大多数申请人是会参考的，指南制定的初心是希望引领方向，化国家或地方的意志为一个个鲜活的选题，指明大致的领域，也正以此虹吸众多学人的智慧，悄然间分建一个个智库。

选题与指南的关系宜直述，开门见山，写短不写长，简明而不绕。涉及单学科，可直奔某个或几个选题，最相关者居首位；涉及多学科或跨学科，可将最相关的一科前置，后面依次列出其他学科及其所列的选题。如：

稿 2　本课题与 2023 年度国家课题指南"语言学"部分第 6 选题密切相关。
稿 7　与本年度课题指南"语言学"第 74 题"汉外语言比较和对比研究"相关。
稿 15　本课题与课题指南"语言学"第 74 题"汉外语言比较和对比研究"相关。
稿 19　与指南"语言学"第 74 题**"汉外语言比较和对比研究"**相关。
稿 22　与指南"语言学"第 74 题、历史学第 82 题相关。

当指南中某题较长时，可以不写名称，只列序号，如稿 1 与稿 22。若想保证内容不回行，可将"2023 年度"改为"本年度"，连"本课题"都可省略，靠语境显义，如稿 7。稿 15 用楷体凸显了选题名称，稿 19 则加粗进一步凸显；

稿 22 涉及两大学科，连相应的选题名称也去掉了，以省篇幅求明快。

48. 无指南或当年指南无相关选题，何不如曲径通"需"？

教育部项目与国家及地方社科基金项目的最大区别在于有无课题指南，前者无，后者有。2024 年，国家社科基金年度项目首次不设指南。设指南，旨在掌握话语权，引领学界研究，服务国家或地方，立于高端与全局，为党和政府聚智。

由第 26 问的"前瞻五"、第 27 问的"后顾三"可知，当年的选题具有瞻前顾后的作用。若无指南或当年指南中无相关选题，申请人心中须装国家或地方，更应清楚学科前沿，了解国家与学科的双需。以申报时间为时点，向前按每年选题应占上一年的 1/3 计算，前 5 年已立项目或曾设的选题均可作为未来申报的极佳背景。有的题仍可以做，只是越向前概率就越小，有的题是常青选题，还可向前推得更为久远。预测未来的选题则有必要据 5 年一开的党代会与每年一开的两会（详见第 27 问）进行，其中的大事均是选题的指南，这些指南其实比发布的课题指南还要全面，还要权威。

综上，无指南或当年指南无相关选题，完全可以曲径通"需"，自寻小径，通往国之所需或学界急需。例如第 250 问，自拟选题与国家所需的关系是"本课题与近年来中国文化走出去、人类命运共同体等战略密切相关"，其他类似曲径通"需"的方案如下：

方案 1	本课题与近年来中国文化走出去、"一带一路"等国是息息相关。
方案 2	本课题与"一带一路"倡议等国事密切关联。
方案 3	课题与中国文化走出去战略紧密相连。
方案 4	本课题践行国家……可持续发展观。
方案 5	本课题服务于……战略。
方案 6	本课题促进……的落实。

四、选题依据优化

49. "选题依据"提示语如何深入分析，进而解构、优构？

任何题目的提示语必须准确理解，但又要防止过度解读。理解是前奏，理解清楚才能对其解构清晰，才能破其结构，分出若干板块，分头按序解答或填写。这是命题者使命之所在，也是填报者命运之所系。以选题依据为例，试比较：

A：国内外相关研究的学术史梳理及研究动态（略写）；本课题相对于已有研究的独到学术价值和应用价值等，特别是相对于国家社科基金已立同类项目的新进展。

B：国内外相关研究的学术史梳理及研究进展（略写）；相对于已有研究特别是国家社科基金同类项目的独到学术价值和应用价值。

提示语 B 是对提示语 A 的改进优化，据分析[①]，提示语 A 有两层意思，分号前为述评，分号后为价值与进展，分号是语篇结构切分的标记，但语义上"进展"与"动态"是近义词，属于同一语义场；结果是意义与结构扭起了麻花，这一矛盾驱动提示语优化为 B。提示语 B 仍有优化空间，"学术史梳理"与"研究进展"又是极度叠加，与"学术史梳理及研究动态"一样，属叠床架屋。最终对策是："学术史梳理及研究进展"依然等于"述评"——综述+简评。

苟明乎此，方能破解"选题依据"，明白其结构，设计几种填写架构，进而选优。

提示内容的构成是项目填报的底层逻辑，填写永远是逻辑化呈现。逻辑基本是一样的，但若理解不同或是原有设计就比较模糊，那就只有见仁见智了。譬如，"国内外"或认为是"国内+国外"，可以分开写；或视为一整体，从全局看动态，不无道理。又如"学术史梳理及研究进展"就可见智仁，字面无"评"

---

① 黄忠廉. 人文社科项目申报 300 问（第二版）[M]. 北京：科学出版社，2022：125.

的字样，到底加不加"评"，张三与李四有得一辩。以实际论，绝大多数申请人不敢不评，有的明评，独立写出；有的暗评，尾随述后，或夹杂其中，虽有却不显，常被阅者忽略或漏掉。与其如此，还不如明确优化为"国内外相关研究简评"，简而明，只要不简而陋就好。再如"相对于已有研究特别是国家社科基金同类项目"，"相对于"含意有两层：其一，指前面所综的内容；其二，指此前已立国家社科基金项目，且是同类项目。

以提示语 B 为对象，其中的"等"不用再等，以免自寻烦恼。综上，至少可得"选题依据"如下的两类优化结构，左栏将其优构一分为四，右栏则优构一分为三：

1.1 国内研究进展	1.1 国内外研究进展
1.2 国外研究进展	1.2 国内外研究简评
1.3 国内外研究简评	1.3 较之以往特别是项目同比的独特价值
1.4 较之以往特别是项目同比的独特价值	

深入分析"选题依据"提示语，以求解构、优构。这只是个案，可以举一反三，其他各处的提示语可以类比同析。

50. 若涉项目"查重"，该如何述评？如何优化出彩？

著书撰文都得查重，项目申报更需如此，否则会命殒于起跑之前，根本谈不上起跑。

依前见，"相对于已有研究特别是国家社科基金同类项目的独到学术价值和应用价值"考量拟选之题的价值，参照物有二，一是已有研究，即前述的研究动态，二是已立同类项目。如何在填写中体现二者？语篇结构上如何衔接，以保内容连贯？

最直接即最简的方案是：相对于已有研究+相对于国家社科基金同类项目。这种方案显得过碎，显然是前者为重，后者为轻。更难为的是已有项目只能查得题目，无法见到具体的论证报告，其实难以说清。最终方案还是合二为一。

合说却又要同时分清，不妨通过承上启下的方式交待这一认知结果，选取最相关的同类项目二三个，列于价值之前，单设一段。如：

> **1.4 较之以往特别是项目同比的独特价值**
>
> 同类项目已立 2 项：1）新疆公示语翻译现状调查与对策研究；2）"一带一路"语言景观汉俄比译模式化研究。与其相比，衿值本项目更具如下的价值：
>
> **1.4.1 学术价值**

"较之以往特别是项目同比的独特价值"已是对"相对于已有研究特别是国家社科基金同类项目的独到学术价值和应用价值"的简化，在限定字数上限的语境下更需如此。

上例可进行优化，用"已有研究见上"承接前面国内外研究综述，用"同类项目见下"，算是对本题要求的理解，再将二者作为提示语列在标题之后，也表明写作的理据。此外，"同类项目已立 2 项"可承后"项"而省"项目"；一般选取题名较短的项目，但"新疆公示语翻译现状调查与对策研究"若是"'迎奥运'新疆公示语翻译现状调查与对策研究"，则更美；"价值如下"之前加"本课题"，语义更明。见下例：

> **1.4 较之以往特别是项目同比的独特价值** （已有研究见上，同类项目见下）
>
> 同类已立 2 项：1）"迎奥运"新疆公示语翻译现状调查与对策研究；2）"一带一路"语言景观汉俄比译模式化研究。与其相比，本课题价值如下：

51. 选题依据化生为研究内容？二者如何相关、相叠又相异？

依前所述，选题依据涉及过往研究述评与未来研究价值，价值是对拟作选题的作用或意义等的断定，将选题依据与论证部分的研究内容和创新之处比较，可发现其间的相关、相叠与相异三重关系，见表 15。

表 15　选题依据与研究内容、创新"三重"关系

对应点	选题	论证	
	选题依据	研究内容	创新
具体内容	国内进展 国外进展 国内外简评 独特价值	研究对象 框架思路及纲目 重点难点 主要目标 计划及可行性	创新之处

选题依据中述评是主体，述评中只有综述可直接内化为研究内容（即框架思路及纲目），评论可延伸扩充为研究内容。可见选题依据与研究内容之间存在接续关系，这是二者的相关关系。

无论综述的内容要求详写还是略写，都只是对几十篇文献的综合，仍是沧海一粟。文献中更多的内容可以浓缩，略多于综述所取的内容，进入研究内容。因此读文献所取的内容可入研究内容，占比 1/3；研究内容的另外两个 1/3，一是申请人自己的前期成果，二是未来新的研究设想，在此不论。图 11 体现了综述与研究内容二者的相叠关系。

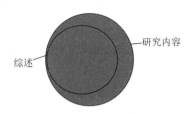

研究内容

综述

图 11　综述可转化为研究内容

研究内容比选题依据中的述评更见申请人的"私"想。在简评中自己的思想初见端倪，只是含而不露，研究内容高于、广于、深于、异于、新于、超越述评，这是二者的相异关系。国内外研究进展在助推框架思路及纲目之后，又可继续助产计划及可行性。国内外研究简评可以产生新的研究对象，独特价值可以启迪产生创新之处，简评与价值可催生重难点与主要目标。

（一）综　　述

52. 综述是否要引言？若需，引言如何改作提示语？

"国内外研究动态"类~综述，其中所谓"类"，指"国内外学术史梳理""国内外研究新进展"之类。在此再次强调，学术研究中常说的文献综述，地道的说法应是"文献述评"，含综述与评论。

因综述有广度、浓度、密度等，信息量较大，有时需要引言作一概括，引言即整个综述的引导性话语。何时需引言？总说又分说时，总说的引言开门见山地呈现全貌，可引领评委渐入佳境。尤其是有分说时，国内外综述可分别加引言，也可不加。若需，也可加在整个国内外综述之前。总说的引言如：

稿2　符号景观即语言景观，其相近的概念是公示语，~~二者多方面相似，只是所属学科不同~~。"符号景观"侧重从社会语言学角度进行研究，~~但也可从语言学等角度进行研究~~；"公示语"则偏重于从语言学与翻译学视角进行研究。本研究"符号景观"这一术语既可在语言学与翻译学框架下，也可在符号学、景观学等视角下进行研究，因此，进行文献综述时，为了保持术语的一致性，我们一律采用"符号景观"这一术语。**有关符号景观的制作，我国相关法规对符号景观中的一类——城乡地名、道路交通标志和标线的设计、设置和制作有明确的规定和标准，这只是从法律层面上的考虑，而从语言学、符号学等学理层面上对符号景观制作的研究未见，但其字眼偶见于相关研究中，如（吕和发，蒋璐 2011）提到字体字号、颜色和排版等对符号景观意义的影响，等；杨永林（2013）对2008年北京奥运会后的地铁、景点标志的评语为"制作精良，美轮美奂""美观醒目，语言合度""制作经典，底蕴厚重""意思明子，格式欠佳"等，但未专门讨论。**

稿3　符号景观即语言景观，其相近的概念是公示语，前者侧重从社会语言学角度进行研究，也可从语言学等角度进行研究；后者偏重于从语言学与翻译学视角进行研究。本研究"符号景观"这一术语既可在语言学与翻译学框架下，也可在符号学、景观学等视角下进行研究，因此，进行文献综述时，为了保持术语的一致性，我们一律采用"符号景观"这一术语。

稿9　符号景观即语言景观，其相近的概念是公示语，前者侧重社会语言学角度，也可取语言学等角度；后者偏重于语言学与翻译学视角。本研究"符号景观"这一术语既可在语言学与翻译学框架下，也可在符号学、景观学等视角下进行研究。因此，文献综述时，为保持表述的一致性，一律采用"符号景观"这一术语。

稿10　符号景观即语言景观，其相近的概念是公示语，前者侧重社会语言学；后者偏重于语言学与翻译学。本研究"符号景观"这一术语可在各个学科中研究。因此，文献综述时，为保持表述的一致性，一律采用术语"符号景观"。

总说引言不宜长，2行为好。上例中稿2删除部分多为冗余，尤其是后面长段内容实不属于概述，不具引证性质，而是具体事实，可移入后面具体的国内综述。稿3"进行研究"出现4次，有3次可删，仅留最后一个。稿9"角度""视角"同理可删；"既……也……"所联的内容较为具体，可概括为稿10的"各个学科"。总说引言在稿4—8中基本未变，稿9才微调，及稿10才定稿。直至第10稿，才发现其内容多属常识或背景知识，不必出现于综述之首，其相关内容实际已见于题解，详见第250问。

分写的国内外综述，国内与国外之下可分设引言，宏观交待其动态，也符合略写要求。若是分说，引言国内一行，国外一行，要充分利用版面，可将一行内容再压缩，括注在"国内研究进展"之类的后面，用小半号楷体效果更佳，最终改案见第250问。分写引言修改过程如：

稿1　由中国知网可知，我国语言景观研究起步较早，首篇以"地名"为篇名，始于1934年。由中国知网和其他途径检索可知，截至 2022 年 1 月有关语言景观的研究文献有 301篇。有关语言景观的著作、翻译工具书及论文集等约 21 部，均为汉英方面，其他语种缺乏。其研究所涉领域、区域广，主要探讨了语言景观的分类、功能、文本类型及语言特点等，讨论最多的是语言景观英译问题。较多采用实证调查法，运用 40 多种理论研究某城市某领域某机构等的语言景观在语言、语用及文化方面的英译错误，分析其误因并加以改正。学者们还讨论了语言景观翻译原则、策略和方法，提出了语言景观翻译对策和规范城市语言景观的建议。此外，研究内容还涉及语言景观的对比、语言景观与教学、城市形象、软实力等方面。下面从语言景观的翻译及制作等方面作一梳理。

稿2　我国符号景观研究起步较早，首篇以"地名"为篇名的文献始于 1934 年。有关符号景观的研究以论文为多，还有以汉英为语料的著作、教材、翻译工具书及论文集等。其研究具有以下特点：

稿9　符号景观研究首篇文献始于 1934 年。研究以论文居多，还有以汉英为语料的著作、教材、翻译工具书及论文集等。其研究具有以下特点。

稿11　符号景观首篇文献始于 1934 年，以论文居多，另散见于以汉英为语料的著作、教材及翻译工具书论等。

稿16　首次研究始于 1934 年，兴于新世纪；论文居多，另散见于以英汉为语料的著作、教材等。

稿20　始于 1934 年，兴于新世纪；论文居多，另散见于以英汉为语料的著作等。

稿 1 两次提及中国知网，重复且无必要，因为常规检索，无法涵盖后面的专著、工具书之类；随之而删的是检索时间"截至 2022 年 1 月"以及检索的文献数量；后面一大段内容被删，都是具体应说的内容，作为国内研究动态的引言，就显臃肿了。稿 2—8 未变，稿 20 进一步修改后的效果请见第 250 问。

综述国内外进展的提示语如何产生？虽说可以自上而下，但最好是自下而上，先将国内外动态归纳为几个方面，再从各方面提炼出关键句，且是极简单句，观点鲜明，以呈现国内或国外的动态或进展。既可用其化学式再次融会，形成新的简单句，连贯成复句（见下 1.1），也可用其物理形式逐条提炼，再拼加（如下 1.2）。分说的引言不长，更可以优化为提示语，放在标题之后括号内。

> **1.1 国内研究进展**（始于 1934 年，兴于新世纪；论文居多，另散见于著作等）
>
> **1.2 国外研究进展**（始于 1920 年代，当下多由语学、符号学切入，译制研究几乎未见）

53. 国内外动态如何向内细分为好？分点设题如何避同显异？

国内外研究动态实指综述，不涉评价。国内外分流之后，各自要向内细分，除非是国内或国外研究相对薄弱，甚至只见些微研究，但也必须有所交待，表述用一段，甚至是只有一行、一句话。如下面方案 1 是国内研究极弱的典型，方案 2 是国外研究极弱的代表：

> 方案 1　本项研究成果主要见于国外，国内去年才起步，成果极少。
> 方案 2　本项研究主要解决中国问题，多为应用研究，理论成果多源自国内。

国内或国外综述向内细分一般分 2—4 段，分点概说。国内外综述之下各点的标题与内容多数不重，内外研究若真相同，至多也就 1 个，重在比较二者相异之处，因为国内外差异化反映动态，彰显内外的异多于同。国内外之差异见出差别，由差别见差距，由差距可见必须研究的理据。若是中国领先，好不容易抢占鳌头，必须支持；若是国际领先，中国应该追上，以求赶超；尤其是中国落后不出几年或十几年时，更应支持。请看第 250 问 "1.1.1 视角由语学转向译学，理性探讨初现，应用发掘渐增" 这一领域研究综述的优化过程：

> 稿 1　其研究所涉领域、区域广，主要探讨了语言景观的分类、功能、文本类型及语言特点等，讨论最多的是语言景观英译问题。较多采用实证调查法，运用 40 多种理论研究某城市某领域某机构等的语言景观在语言、语用及文化方面的英译错误，分析其误因并加以改正。学者们还讨论了语言景观翻译原则、策略和方法，提出了语言景观翻译对策和规范城市语言景观的建议。此外，研究内容还涉及语言景观的对比、语言景观与教学、城市形象、软实力等方面。下面从语言景观的翻译及制作等方面作一梳理。
>
> 社会语言学视角。从社会语言学角度研究语言景观的文献相对不多，介绍国外语言景观理论，以国外的理论如地理符号学和 SPEAKING 理论来探讨我国某个地区的多语使用问题，主要讨论少数民族语言活力、语言政策的表征等。鉴于国内语言景观研究内容与本研究关联不大，故不详述。

接上页

稿2　**学科视角不同，研究内容有异。**……讨论最多的是符号景观英译问题。较多采用实证调查法，运用40多种理论研究某城市某领域某机构等的符号景观在语言、语用及文化方面的英译错误，分析其误因并加以改正。从**社会语言学角度**研究符号景观的文献相对不多，介绍国外符号景观理论（尚国文等 2014a，2014b），以国外的理论如**地理符号学和 SPEAKING 理论**来探讨我国某个地区的多语使用问题，主要讨论少数民族语言活力、语言政策的表征等（李永斌 2020）。偶见从**符号学**角度分析标志译写问题（杨永林，丁韬 2014）。

稿3　**学科视角不同，研究内容各异**　……从**社会语言学角度**研究符号景观尚处于起步阶段，介绍国外符号景观理论（尚国文等 2014a，2014b），以国外的理论来探讨我国某个地区的多语使用问题（张红军等 2019；张蔼恒等 2021）、多语空间格局问题（申请人等2021）、少数民族语言活力、语言政策的表征等（杨金龙等 2016；聂鹏 2017；李永斌 2020等）。偶见从**符号学**角度分析标志译写问题（杨永林，丁韬 2014）。**有关符号景观的制作**，我国相关法规对城乡地名、道路交通标志和标线的设计、设置和制作有明确的规定和标准，而从语言学、符号学等学理层面上对符号景观制作的研究未见，但其字眼偶见于相关研究中，提到字体字号、颜色和排版等对符号景观意义的影响（吕和发，蒋璐 2011）；杨永林（2011；2013）论及过体例要求，~~对 2008 年北京奥运会后的地铁、景点标志的评语为"制作精良，美轮美奂""意思明了，格式欠佳"等，但未专门讨论~~。

稿4　**学科视角研究有侧重**　……有关**符号景观的制作**，我国相关法规对城乡地名、道路交通标志和标线的设计、设置和制作有明确的规定和标准，而从语言学、符号学等学理层面上对符号景观制作的专门研究未见，但其字眼偶见于相关研究中，提到字体字号、颜色和排版等对符号景观意义的影响(吕和发,蒋璐 2011)以及体例要求(杨永林 2011；2013)。

稿19　**1.1.1 语学与译学视角为主，应用发掘多于理论讨论**
符号景观研究多取语学、译学视角，涉其定义、功能、类型（吕和发 2005；罗选民 2005等）、语言特点及英译问题（王银泉，陈新仁 2004；丁衡祁 2006；林克难 2015）。社会语言学角度研究刚起步，引介符号景观理论（尚国文 2014；张天伟 2020），分析多地多语使用（张红军 2019；张蔼恒 2021）、多语空间格局（申请人 2021）、民族语活力、语言政策等（聂鹏 2017；李永斌 2020 等）；偶见标志译写的符号学分析（杨永林 2014）。相关法规对城乡地名、交通标志等设制有明确规定和标准，符号景观空间组构的专门研究未见；或提及字体字号、排版等对符号景观的影响（吕和发 2011）及体例要求（杨永林2013）。

　　上例展示了局部内容分流独立且不断优化的过程。稿1粗列文献动态，未设标题，也未明确是按学科分类，但细思之后，发现主要统在语言学之下，前一段涉及理论语言学、应用语言学、翻译学等，后一段专提社会语言学。稿 2

开篇点明本小节所属的类别，且用标题显示；将稿 1 两段摘选后并为一段，段内将所分的几个学科与理论加粗标示，但地理符号学与 SPEAKING 理论属于具体的内容，其实可以不列；将专属于理论的内容剔出，移入专设的论其翻译研究的一节，加入相关文献出处，最末一句提及符号学视角的研究动态。稿 3 进一步扣题，增加了社会语言学的研究内容及其文献出处，更是增添了景观制作的内容。稿 4 改了标题，重在删除了稿 3 段末的一句话，见稿 3 画线部分。稿 5—18 基本只做小改，直至改成定稿 19。

54. 为何综述的结构日趋稳定化、程式化？

程式化亦是规律性的一种呈现，规律要守，偶尔可破，再走向新的规律。综述的结构化即是程式化，综述的提示语"国内外相关研究的学术史梳理及研究进展（略写）"，首先框定了空间，即空间化，无论是国内外合写，还是分写，都有一定的程式；其次是学术史梳理及研究进展，均可时段化，研究在某一空间中发展，才有进展；最后是时空之下事态的发展顺序，按内容的逻辑结构展开，可谓逻辑化。

这一程式颇似中国绘画的入门书《芥子园画传》，其内容是从历代大师画法中提取的最典型画法。中国人学画是把过去这些程式化的、符号性的东西熟记在心，去拼自己心中的世界万物[1]。

综述的内容包括多个方面，在相应空间中与时段内又分为不同的方位与时点。内容的逻辑化因不同选题而不同，时间会以不同的先后顺序融入每个具体内容，因此"空间—逻辑—时间"式综述切割会呈现如表 16 所示的结构。

表 16　相对稳定的综述结构

1.1 国内研究进展		1.2 国外研究进展	
内容的逻辑划分	时段	内容的逻辑划分	时段
1.1.1	19××—2025	1.1.1	19××—2025
1.1.2	19××—2025	1.1.2	19××—2025
1.1.n	19××—2025	1.1.n	19××—2025

---

① 徐冰. 文字与"中国方法"的关系[C]//黄平、赵汀阳. 面对面的距离：中欧文化高峰对话. 第 1 辑. 北京：社会科学文献出版社，2013：76.

55. 国内外合述看似"略"，却有困惑？内外分写有何优势？

由上可知，国内外综述合叙会更简更略，也免去了中外细分之繁之烦，也因合写而具统一性，有整体感，却失去了局部清晰性，国内国外各自的进展会笼统或不明，反而看不清。

若是国内外分写，内外研究有同，更有异，这正是人文社科与自然科学研究最大的区别。具体内容且不说，仅通过对进展的总括就能窥其一斑。如：

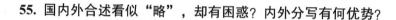

1.1 国内研究进展（始于1934年，兴于新世纪；论文居多，另散见于著作等）
1.2 国外研究进展（始于1920年代，当下多由语学、符号学切入，译制研究几乎未见）

国内与国外综述标题后的提示语，在活页中一般会远隔半页及以上，却能以其字体（如楷体）、所居要位、空间布局等引起评委关注。评委得闲多看成片的综述内容，时间紧促可挑读有内涵、20字左右概括而成的要点，即可浏览"进展"之后的提示语。由上例国内外研究进展的提示语两两比读可知，国外研究始于1920年代，国内则始于1934年，这是时段与时点的对照。此时此刻，评委瞬间明白，国外领先，但不多，国内后进，但紧跟，相差十来年，应给这位申请人加一升油，再烧一把火，以赶超国外。

透过这扇小窗可见分写的取道之美。因为差别见差异，差异显差距，差距折射原因，有因则溯因，求得原因，就能找到解决问题的对策，由综述深刻地反作用于项目研究内容的规划。正因为如此，国内外应分开综述，在空间相对独立的语境下，国内先进，难得独占鳌头，应该支持；国外先进不多，国内要追，以超越世界，更应得到支持。

56. 综述与内容框架如何一箭双雕？有何奇效？

由第52问已可预知，善于研究者不会白做综述，也不会只做综述。申请人最宜持系统观。看似在做综述，实际在思考整个项目，尤其是可以同时产生近70%的研究内容，这也是过往昭示未来之奥理。

研究的内容框架不过是系统整合了前人与同辈、他人与自己的研究（即综述的对象），开始自己未来的新究。前者约占2/3，后者约占1/3。做综述之时，即规划研究内容之始，综述所涉内容能占未来研究内容的2/3，其中1/3甚至1/3强是他人研究成果，其余是自己的研究成果（取决于自己前期成果的多寡），因为综述是选题依据之一,若作略写要求,则更须"综""合"了。因此更浓缩的思想可入综述,而略微扩充或丰富的思想可入核心内容即框架。

已有研究成果及其文献就是研究的资本,资本的积累与运营,即加强知识管理,利用前期基础做新的研究,可产生更多的附加值。做好综述,兼及内容框架的搭建,一箭双雕,可生奇效,见图12。

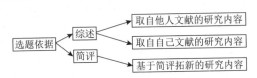

图12 述评分流可生的研究内容

基于上述一分为二、二导为三的三重关系,填写时要"两头清,中间争"。"清"于选题依据综述他人思想,研究内容突出自己思想,包括此前的已有与未来的思想;"争"于对众人(含自己)已有思想的评论,评后的新思想入框架,为未来研究增容。每篇文献深读可以产生"私"想,研究内容至少有 1/3 的新思想来源于文献的深读,这是有待发掘的领域,也正是新选题的创新之处。

57. 聚合与组合如何纵横兼容优化,以支撑综述?

何谓聚合?聚合在此是喻指,即研究同一对象的文献聚为一体,彼此独立,其间存在替换或并存关系,这也是一种松散的弱依赖关系,可据需优选,只是发表或出版时间不同而已。何谓组合?组合在此也是喻指,即研究同一对象的文献横向水平组织话语的过程,其间存在线性关系,这也是一种紧密的强依赖关系,按时空或逻辑关系前后相连。

聚合与组合纵横兼容,先依聚合关系从文献库中选择同类研究成果,再按组合关系陈述研究内容。如:

稿1 二、俄语界研究动态
　　俄语语言景观研究相对滞后,由知网及其他检索途径可知,截至2022年1月,有关语言景观文献有?篇,工具书及专著均未见。俄语界最早研究语言景观的文献是郜竞存于 1991 年发表的《小议俄语揭示语》一文,此后,有学者分析了俄罗斯城市招牌的词语构成,(刘宏 1998)申请人(2020b)讨论了汉语"语言景观"各名称间的关系,论述采用"语言景观"的理据性,并从内涵与外延重新界定语言景观的定义。主要讨论了以下问题。1)汉语语言景观俄译问题。如同英语界的研究,学者们大多是从语言上分析语言景观俄译错误及改正方式。如王晓娟(2011)分析了我国境内俄译语言景观的区域特点及

接上页

错误类型，张愈等（2012）、姜雪华（2017）分别分析了海南旅游景区和满洲里市具有代表性的二道街、三道街与中苏街俄译语言景观的错误，并进行了改正，最后对不规范俄译提出了建议；顾俊玲（2012，2013）分析了对俄口岸城市牌匾语言景观俄译在语形、语义和语用方面的错误，探讨了致误原因；韩笑（2011）以纽马克的交际翻译法为理论指导，分析海南珍珠粉说明书的俄语译文错误类型，并提出了改正方法。申请人等（2020a）从语言生态学角度分析了三亚俄译语言景观错误及误因；（2021）从社会语言学角度讨论了三亚俄语景观布局的合理性。探讨语言景观的翻译策略，如王晓娟（2014，2015）认为，提示类和禁止类语言景观汉俄翻译策略是；2）对比研究。陈曦（2007）在专著《俄汉称名对比研究》中提及店铺名称异同；申请人（2016）探讨指示性、提示性、提醒类、限制类俄汉语言景观的句法结构模式，她指导的8篇硕士论文7篇从对比角度分析了中俄提示性、限制性、禁止类、号召类等功能类语言景观特点，2篇从结构—语义对比分析了中俄电梯类、服饰类店铺名的特点，1篇从社会语言学角度对比分析了中俄高校语言景观空间布局特点等；尽管对俄汉语言景观有过研究，但由于学生水平及所收集语料的限制等因素，对比研究不可能系统深入。

稿2 **英语景观为大众，俄语景观成小众。** 国内有关符号景观的研究多为英语，俄语符号景观研究相对滞后，最早研究符号景观的文献是邰竟存于1991年发表的《小议俄语揭示语》一文。个别学者从社会语言学角度考察了三亚语言景观格局（申请人2021）和中俄高校符号景观空间布局特点（申请人2020），主要取语言学、翻译学角度，从内涵与外延重新界定符号景观的定义（申请人2020b），分析了我国境内俄译符号景观的区域特点及错误类型（王晓娟2011），探讨了海南景区（张俞等2012）、满洲里市具有代表性的街道（姜雪华2017）、对俄口岸城市牌匾（顾俊玲2012，2013）、三亚（申请人等2020a）等的符号景观的俄译错误以及致误原因；王晓娟（2014，2015）通过分析汉俄提示类和禁止类符号景观的结构特点并提出了相应的翻译原则；而有关汉俄符号景观的对比研究，陈曦（2007）在其专著中提及中俄店铺名称的异同；申请人（2016）探讨指示性、提示性、提醒类、限制类俄汉符号景观的句法结构模式，她指导的8篇硕士论文有7篇从结构—语义对比分析了中俄提示性、限制性、禁止类、号召类等功能类符号景观和中俄电梯类、服饰类店铺名的特点。

稿20 **1.1.3 汉俄语景观研究始受关注，出台了俄文译写规范**
10年来，俄语景观研究渐受重视，如分析了我国符号景观俄译的区域特点及误译类型（王晓娟2011），探讨了海南（张俞2012；申请人2020）、满洲里等地（顾俊玲2013；姜雪华2017）景观汉俄误译及成因；总结了提示、禁止类汉俄景观的结构特点，定出翻译原则（王晓娟2014，2015）；申请人2016年提炼出指示、限制类俄汉景观的句法模式。

纵向聚合出国内国外综述的领域，是宏观的，是一统天下（按逻辑分出几个次领域）或二分天下（按空间分出国内与国外）的，似乎如大象无形，或有形而易忽略忽视。如稿1是在国内研究进展之下分出中国俄语界的研究动态。

横向组合出连贯性思想观点，是微观的，由往至今鱼贯而下，具体而微，繁星点点，却又不易组织得好。

稿 1 段首文献出处与时间等不必提及，其他文献研究行为及过程也不必提，只说研究对象与结果即可。因篇幅有限，"主要讨论了以下问题"及其两大分类的表述可略，直接说两类的主要研究者及其研究对象与观点，这是聚类；同时也考虑空间聚类，如三亚、满洲里的归类；段末的评价语不必，应该归入后面的简评。学位论文共 8 篇，也可合并归为一类（文献较多，学位论文并非正式发表，可以忽略）。稿 2 较稿 1 简洁了一半，但仍可继续聚类整合，再继续组合，比如国内最早研究符号景观的论文理论性不强，所加标题虽不规范，但有了标引的意向。稿 20 经过其间 18 次修改，才得此结晶。为省篇幅，直接呈现其间的删节过程，如上例中删除线所示。

国内外研究进展总体合一，只是内部有分。纵向聚合是合，只是按逻辑分类聚集成一股明流，更容易线性化；各线并列，呈现平行美，易见整体感。横向组合同样是合，只是按时间而流动，进而成点，更具有平面化、散点化特点。

2015 年前活页给"选题依据"的权重为 3，以此为据，2024 年以来核心内容（框架）比国内外研究进展的内容幅度至少要多四五百字。

58. 常见综述有哪些不足？如何改向高级终将优化？

最常见的综述问题是：简单罗列所有观点，堆积文献。或摘要罗列，或笔记摘抄，不作判别与选择；针对性不强或以局部代整体，以片段代全景，不作全观，缺乏全局观；或缺乏问题意识，未设主线串起各文献、未分出大小问题、未织出问题网络；等等[①]。最初的综述稿一般都有这些特点，经过反复修改锤炼，就会有起色。如：

稿 1　（一）符号学视角

　　早在 21 世纪初，Я.Н.Еремеев（2001）就已从现代神话学角度探讨了神话学和神话学创作在语言景观领域应用，指出神话是第二性符号系统；Г.Г.Слышкин 等（2008）认为城市语言符号研究可有两个基本方法，即"城市作为符号"和"城市作为文本"。指出前者研究城市重命名过程、别称和称呼的分化，准优化名称的形成等，并使用后者分析了机构展板体裁。自 2010-2020 近十年来，语言景观中非语言符号的表意作用成为研究者们关注的热点，学者们主要探讨语言符号和非语言符号间的相互作用，从二者有机结合的

---

① 黄忠廉、刘丽芬等．十大文献综述：妙理与实例[M]．北京：科学出版社，2021：1.

接上页

混合篇章角度研究各类语言景观。如 Т.С.Ларина（2018）从语言和非语言符号角度分析了德语指令性语言景观的言语行为，指出两者之间有文字为主、图形为主、图文语义互补三种关系；Е.А.Покровская 等人（2011）探讨了图像、图形、颜色等非语言要素在语言景观篇章中的作用；Буренина（2011）在其副博士论文《信息—调节文本形式及功能》中探讨了法语语言景观的外部结构特点、描述非语言手段及其在交际中的作用；М.А.Симоненко（2016）、Н.В.Михайлюкова（2017）、Н.Н.Котельникова 等（2018）将招牌视作复杂的多符号整体、特殊的混合篇章（初始篇章），认为非语言符号也参与子篇章连贯性、完整性、信息性、语用性的表达，"不分析非语言要素，将无法解读招牌上的名称"（Михайлюкова 2017：133）。其中，Симоненко（2016）探讨了招牌文本中的物质代码和文化代码，Михайлюкова（2017）探讨了招牌字体、颜色、单词排序、位置、图画摆放等非语言要素的意义表达；Т.С. Хрипля（2018）探讨了中国公益广告中国梦多符文本的构建。作者认为，中国梦四个主题的表征依赖于语言和包括颜色、图片在内的视觉符号，通过文本间性和符号间性将历史与现代、传统与现代结合起来，激发人民的爱国热情。Котельникова（2018）研究了中国城市与"文明"相关的语言景观。Т.Н.Астафурова（2015：112）等将"徽标、宣传画、警示标志、纪念标志和象征（标志）全部纳入景观设计语篇符号空间的混合篇章"，探讨了颜色、图像等要素的应用。

此外，Н.В.Михайлюкова（2019）在其专著《现代城市语言面貌》中以巴特、罗特曼、多博罗夫等符号学家的理论为基础，分析了具有区域特征的城市小型书面文本，其中包括招牌、户外广告、告示、宣传画等；А.Н.Сперанская（2019）探讨了不懂汉语的外国人如何快速与中国城市建立交际，进入不熟悉的中国城市话语，她认为最重要的手段是语言之外的拉丁文、数字、图像符号、物品图像、拼音，招牌的摆放、招牌上的图片和城市宣传栏。尤为值得一提的是 В.А.Крыжановская（2017）的副博士学位论文《城市客体命名中的图像变体：语义结构和语用视角》，这是首部从专名系统研究城市客体命名中图像变体（游戏）的著述，对图像要素及其组合进行子分类和定量分析，并指出图像变体引发名称语义结构和语用变化。作者将图像变体分为字母和非字母变体。其中字母变体包括拉丁元素（纯拉丁元素、双重元素）和古俄语元素；非字母要素包括图像结构和图画文字。图像结构包括图像感染错合、图像准新理据、字形变体机制、标点变体机制；图画文字包括数字、社会文化象征符号、网络符号等。

本例对俄罗斯学者从符号学视角研究语言景观作了小综述，其修改因果大致如下。

第一，条列文献对象，而非作者观点。稿1共2段，计1178字，从其自身看，能反映研究动态，从项目申报全局看，这一局部的量过大，概括性不足。除"М. А. Симоненко（2016）、Н. В. Михайлюкова（2017）、Н. Н. Котельникова等（2018）"几人合叙外，其他均是一条条地罗列其研究对象及观点，这是最初、最基本，甚至是最低端的综述，不少人的综述便是如此。

第二，内容过细，概括力不强。如稿 1 第 2 段的"其中包括招牌、户外广告、告示、宣传画等"是对城市小型书面文本的解释，不适于项目的综述；段末"作者将图像变体分为字母和非字母变体。其中字母变体包括拉丁元素（纯拉丁元素、双重元素）和古俄语元素；非字母要素包括图像结构和图画文字。图像结构包括图像感染错合、图像准新理据、字形变体机制、标点变体机制；图画文字包括数字、社会文化象征符号、网络符号等"过于具体，宜删。

第三，陈列冗余信息，如专著、论文等文献的篇名。综述，尤其是项目的综述，其关键信息主要是作者、时间与观点，其他一般不必列出。如稿 1 中的"在其专著《现代城市语言面貌》中""副博士学位论文《城市客体命名中的图像变体：语义结构和语用视角》，"均是冗余信息，占了珍贵的版面，应该删除。又如：

稿 4　符号学视角　纳入非语言符号　Слышкин 等（2008）认为城市语言符号研究有两个基本方法，即"城市作为符号"和"城市作为文本"。指出前者研究城市重命名过程、别称和称呼的分化，准优化名称的形成等，使用后者分析了机构展板体裁。用符号学分析符号景观是近年来的研究热点，尤其是分析非语言符号的表意作用。如 Симоненко（2016）、Михайлюкова（2017）、Котельникова 等（2018）将招牌视为复杂的多符号整体、特殊的混合文本，认为非语言符号也参与了文本连贯性、完整性、信息性、语用性的表达，不分析非语言要素，将无法解读招牌上的名称；Ларина（2018）指出德语指令性符号景观中图文具有文字为主、图形为主、图文语义互补三种关系。学者们讨论了图像、颜色等非语言要素在符号景观中的作用（Покровская 等 2011；Буренина 2011）以及在景观设计中的应用（Астафурова 2015:112）；Михайлюкова（2017）探讨了招牌字体、颜色、单词排序、位置、图画摆放等的意义表达；Крыжановская（2017）指出城市客体命名中图像变体会引发名称语义结构和语用变化；Хрипля（2018）认为中国公益广告中国梦四个主题的表征依赖于语言以及颜色、图片等的视觉符号，通过文本间性和符号间性将历史与现代、传统与现代结合起来，激发人民的爱国热情；Сперанская（2019）探讨了不懂汉语的外国人如何快速融入陌生的中国城市，认为最重要的手段是拉丁文、数字、图像、拼音、招牌的摆放等。

稿 20　1.2.2 引入非语言符号，与语言符号共构景观的文本意义

非语言符号成为关注点，如 Симоненко（2016）、Михайлюкова（2017）等将招牌视为复杂的多符混合文本，认为非语言符号也参与文本连贯性、完整性等表达，不分析非语言要素，将无法解读招牌名称；拉丁文、数字、图像、拼音及标牌的摆放是外国人迅速融入中国的重要手段（Сперанская 2019）。Ларина（2018）等揭示了德语指令性标牌图文的三种关系。Хрипля（2018）认为非语言符号可体现中国公益广告的中国梦主题。

第四，要显出综合性，即合并，多数文献的作者是单兵作战，也有团队合作，更有一批同行同时或前后研究同一问题。稿1改至稿4，逐步显出高端性，如加了标题，显出实质性动态；此外，"Слышкин 等（2008）"反映了团队作业，是多人研究产出了一项成果；"Симоненко（2016）、Михайлюкова（2017）、Котельникова 等（2018）"反映了多人共同研究多符混合文本，体现了时间的连续性；"Покровская 等 2011；Буренина 2011"表明既有团队共同攻关，也有其他同行关注同一个问题；一个"等"让人遐想，后面省略了不少文献与作者。"Астафурова 2015:112"则反映了申请人不仅利用现代手段检索论文，也读专著，从中找到可综述的对象。

第五，稿4标题由稿1的"符号学视角"而来，加入了"纳入非语言符号"更为具体，体现了分析最常用的语言符号之外，又"引入非语言符号"，这正是申请人要扩大研究的领域。改至稿20，将"引入非语言符号"移至标题，让最新的进展首先映入评委的眼帘，后续补上"与语言符号共构景观的文本意义"，更能反映国外在此领域的研究动态。

59. 思想如何萃取？综述加工如何由粗到精、由散到聚？

文献可分三种：一次文献，指直接记录研究及其成果的原始文献；二次文献，指对一次文献加工整理产生的文献，如书目、题录、文摘等，主要用于信息检索；三次文献，是对一、二次文献综合分析后编写的文献，如综述、述评、进展报告等。由此观之，综述属于三次文献，它是对一、二次文献由粗到精、由散到聚的萃取行为。

萃取，亦称抽提，即从溶液里提取溶质的方法，借此喻指从文献中提取观点。观点萃取可分物理式萃取与化学式萃取，前者指直接从文献中摘取观点，后者指经过编辑、转述、浓缩等获取观点。报项时，若是要求略写，观点萃取就很少用带引号的直接摘引，绝大多数都是基于摘取、编辑的思想转述与浓缩，即化学式萃取。如：

稿1　三、各类机构对语言景观译写规范的研制
　　一些省、市的质量技术监督局也开始陆续编制或出台语言景观翻译的地方标准，如2006年北京市发布的《北京公共场所双语标识英文译法地方标准》和2009年沪苏浙三地联合颁布的《公共场所英文译写规范》。此后，深圳、广州、成都、贵阳、青岛、西安、云南、广西等40余个省市、自治区的英译地方标准；2014年国家标准"公共服务领域英

接上页

文译写规范（通则）"颁布实施，2017 年《公共服务领域英文译写规范》正式实施，同年，《公共服务领域俄文译写规范》（GB/T 35302-2017）和《公共服务领域日文译写规范》两项国家标准正式发布，并于 2018 年 7 月 1 日正式实施。两项标准分别规定子公共服务领域俄、日文翻译和书写的相关术语和定义、译写原则、译写方法和要求、书写要求等，并分别提供子 919 条、859 条规范译文供社会参考。此后，各省市纷纷出台公共场所标识英文译写规范。《公共服务领域俄文译写规范》只是提供了 919 条常见的语言景观译文，所涉领域 13 个，而语言景观类型繁多，行文复杂，仅有的规范不可能，且规范还有待完善、提升，上升到具有普适性的程度。

稿 3 **国家、政府齐重视，译写规范相继出台** 符号景观研究得到了~~全社会的共同关注~~，~~已形成了中外合作、团队合作、产、学、研、官合作的翻译研究模式。~~2014 年国家标准~~"公共服务领域英文译写规范（通则）"颁布实施，2017 年正式实施，同年，《公共服务领域俄文译写规范》和《公共服务领域日文译写规范》两项国家标准正式发布，并于~~2018 年 7 月 1 日正式实施~~。此后，各省市纷纷出台公共场所标识英文译写规范。《公共服务领域俄文译写规范》只提供了 919 条常见的符号景观译文，所涉领域 13 个，而符号景观类型繁多，行文复杂，仅有的规范不可能满足实际所需，且规范有待完善与补充，尚需上升到具有普适性的高度。

稿 20 **1.1.3 国家出台了俄文译写规范**
2018 年国家颁布《公共服务领域俄文译写规范》，提供了 13 大领域 919 条译文，类型繁多，行文复杂，仍不敷使用。

稿 1 可舍各种地方规范，只留国家级多语种规范，重点突出俄文译写规范，才更为切题，这样可得稿 3。稿 3 又从整个综述出发，只考虑与汉俄翻译相关的规范，次次修改简化，直至稿 20。这一结果现在还可优化，请比较第 250 问的活页。

60. 综述"略"而求"全"，如何更加概括？

综述本来就是众文献的概括，要"综"要"合"，力求全面，若再要求对概括施"略"，实为概括的概括，则难上加难，更考验水平。

概括即在归纳，分完全概括，非完全概括，取决于文献的多寡，具体分作三类：穷尽性概括是完全掌握所有文献之后的概括，类比性概括是由某类文献的部分推广至全体，代表性概括则将对某类典型文献的认识升为普遍性认识。2021 年以后，略而求全的综述所用的概括至少包括文字概括、数字概括、时空概括、提取式概括等。

（1）文字概括 文字概括指用语言对事物共性的抽象与特征的综合，通常是将话语的大单位转为小单位，这显然是最主要的概括方法。分类合并是研究的第一步，在此是文字概括的第一步。如下例的稿1作了粗略分类，即理论、原则与方法，但有混杂；其实第1段"有的探讨了语言景观的翻译原则"及其以下内容还涉及策略与方法，宜分别移入第2、3段。虽说列出了各种理论与原则，但因篇幅长而显冗余，需要先删除再合并，稿中大量的删除线即是明证。

> 稿1 探讨语言景观的翻译为最多，且多是运用某种理论，如目的论（王宁武 2006；张沉香 2008 等）、模因论（田宁 2011 等）、顺应论（曾庆南 2012 等）、关联理论（邱芳 2009 等）、互文性（龙江华 2007 等）、符号学（吕旸 2009 等）、文本类型理论（赵伟丽 2009 等）、翻译美学（郭海霞 2011 等）、生态翻译学（王倩倩 2012 等）、接受理论（杨丽波 2007 等）、变译理论（王颖 2011；谢丹 2017 等）、其他翻译理论（万永坤 2015）等分析某城市或某领域某机构某景点等的语言景观英译错误，大致将其归为语言失误和语用失误两大类；有的探讨了语言景观的翻译原则，（赵伟飞 2010 等）提出了"模仿—借用—创新"翻译策略（于衡祁 2006 等）和借译、仿译、创译等翻译方法。（牛新生 2008 等）；讨论了语言景观汉英翻译的基本知识与技巧（王颖等 2007；吕和发等 2011）；"看"杨全红在《高级翻译十二讲》（2009）一书中，专辟两章讨论语言景观的翻译。提出整治劣译的方法与策略，即"洋为中用、借水行舟、自主跟进、外部管制"。
>
> 应用次数最多的前 10 个理论依次为目的论、生态翻译学理论、功能翻译理论、文本类型理论、交际翻译理论、功能对等理论、关联理论、顺应论、跨文化交际理论以及模因论。应用次数在 10 次以上的理论还包括功能主义理论、归化和异化理论、言语行为理论、接受美学、语用等效、文化翻译观、互文性理论、"看易写"理论、语用翻译学、功能加忠诚理论、翻译美学理论、语义翻译、语用失误理论、（按照频次多少排列）。生态翻译学理论、交际翻译理论、关联理论、顺应论和模因论另一方面也说明公示语翻译的理论基础使用纷乱繁杂，需要专家们对众多理论做系统分析和规范化总结，给出一些权威性意见。
>
> 语言景观的翻译原则有简洁性原则、礼貌原则、准确性原则、忠实原则、规范性原则、目的原则、易懂原则、三维转换原则、统一原则以及连贯性原则。此外，研究者还提到了适合原则、得体性原则、等效翻译策略、模因策略、国际标准原则、"看易写"原则、美学策略、人性化原则、跨文化交际原则、标准性原则、可接受性原则、文明性原则、以译者为中心的原则、可读性原则、沿袭性原则等近 40 个原则。
>
> 语言景观翻译方法众多，比较有影响力的 A—B—C（模仿—借用—创新）；主要有：此外，研究者们还提到了零翻译、改译、改写、套译、缩译、拼音/音译加意译、交际翻译法、回译、转译、重组、补译、摘译、引申法、译述、译写、译评、阐释、加注法、意译为主+直译为辅、转换、转化、移植法、直译加注释、直译意译相结合、还原法、合译、分译、移译、模仿—借用—创新、完全对应法、自译、定译、顺译、合并法、拆分法等。音译的方式来翻译景点名称、语义翻译（赵志义 2016：155）

比较下面的稿 2，更可见文字概括的作用。稿 2 进一步分了两大类，且加了标题，将理论作为一类，却含有实践，将原则与译法合为一类，也不伦不类；两段之中画线部分出于种种原因均可以删去，以求简略。稿 2 经修改可将理论、原则、方法合并，得稿 3，但是稿 3 未将策略与方法概括入段句首，是一欠缺；其中文献作了增减替换，对理论是面中定点，原则也是优中选优，方法则从稿 1 的几十种到稿 2 的十几种直至稿 3 才选定了 9 种。

稿 2　**翻译理论运用多，理论实践两张皮。**符号景观翻译研究也形成了范式"理论+实例"，运用某种理论，如目的论（王宁武 2006；张沉香 2008 等）、模因论（田宁 2011 等）、顺应论（曾庆南 2012 等）、关联理论（邱芳 2009 等）、~~互文性（龙江华 2007 等）~~、~~符号学（吕旸 2009 等）~~、文本类型理论（赵伟丽 2009 等）、翻译美学（郭海霞 2011 等）、生态翻译学（王倩倩 2012 等）、~~接受理论（杨丽波 2007 等）~~、变译理论（王颖 2011；谢丹 2017 等）及其他~~翻译理论（万永坤 2015）~~等来分析某城市或某领域某机构某景点等的符号景观英译错误，分析大同小异。

　　翻译原则多难操作（原则无原则），译法繁复无定法。对符号景观译写原则讨论很多，如规范性、准确性、可读性、得体性、可接受性等近 40 多个，较有影响的是看易写（林克难 2003）和模仿—借用—创新（丁衡祁 2006 等）原则，二者互为补充。讨论最多的是翻译方法，如借译、仿译、创译（牛新生 2008）、直译、意译、增译、减译、改译、缩译等，几乎囊括所有翻译方法。~~方法过多，则显得无方法。因此，符号景观特有的翻译原则、策略、方法待提炼。~~

稿 3　**翻译理论、原则、方法运用多**　符号景观翻译研究形成了范式"理论+实例"，运用 40 多种理论，如目的论（~~王宇武 2006；~~张沉香 2008；肖姝 2014 等）、顺应论（曾庆南 2012 等）、关联理论（邱芳 2009；承云 2014 等）、生态翻译学（~~王倩倩 2012；~~王畅等 2018 等）、变译理论（~~王颖 2011；~~谢丹 2017 等）等分析某城市或某领域某机构某景点等的符号景观英译错误，分析大同小异。对符号景观译写原则讨论很多，如规范性、准确性、可读性、得体性、可接受性等近 40 多个，较有影响的是看易写（林克难 2003）和模仿—借用—创新（丁衡祁 2006 等）原则。讨论最多的是翻译方法，如借译、仿译、创译（牛新生 2008）、直译、意译、增译、减译、改译、缩译等，几乎囊括所有翻译方法。

（2）数字概括　数字概括是汉民族最爱的概括方式之一，它简洁明了，易记易传，如"三个代表""一带一路"等，后者虽无概括，但受双音节奏的驱使也点明了数量关系；更多的数字概括则用于概括一组文献或文献中一组数据或信息，以此描绘态势或趋势。如前述稿 1 可概括为稿 2、稿 3。

稿 2、稿 3 对内容的直接删除明显少于稿 1，因为稿 1 是初稿，初心往往很粗，需精简取舍。往下的修改则要开始炼心炼句炼字，其中方案之一就是概括。稿 1 前半部涉及许多理论，还提及了"前 10 个理论"，至稿 2 居然不用数字概括理论了，是改中一误。好在翻译原则部分保留了"40个原则"的表述。稿3除了对稿2继续去冗外，还补上了对外借理论的数量总结，即"40多种"。

（3）时空概括　时与空相互依存，展示了事物演化的秩序。时间概括可以度量文献及其研究的过程长短与发生顺序，时段因此有了始终。空间圈定了文献发生或涉及的范围，空间概括可以测量研究内容的占位大小与相对位置。如：

稿24　**1.1.2　理论、原则多为借鉴，以译法及误译分析为主**

　　近百年来，"理论/策略/方法等+实例"的景观翻译研究范式已然形成，接受美学等40余种理论涉其目的（张沉香2008；肖姝2014等）、文化顺应（曾庆南2012等）、语篇关联（承云2014等）、语言生态（岳中生2014等）、变译（谢丹2017等）等；共立40余项原则，以看易写（林克难2003）、模仿—借用—创新（丁衡祁2006）等为代表；译法如借译、仿译、创译等，几乎囊括所有译法（牛新生2008）；探讨东西南北符号景观误译，析其大同小异。

　　稿3再经20余次的修改优化，才得到比较精粹的稿24。段首加了"近百年来"，以与"1.1 国内研究进展"提示语的首句"始于1934年"相契合相呼应，以百年视野阔出了学术史的天空，时间在此转为另一种空间。段末句中"东南西北"高度概括了稿1—20所用的"某城市或某领域某机构某景点等"等信息。

　　（4）提取式概括　即提取公因式，各文献的表述或表述中各点若是平行且含共同要素时，可将其提取以简化整个表述。详见下例：

稿3　申请人（2016）探讨指示性、提示性、提醒类、限制类俄汉符号景观的句法结构模式，她指导的8篇硕士论文有7篇从结构—语义对比分析了中俄提示性、限制性、禁止类、号召类等功能类符号景观和中俄电梯类、服饰类店铺名的特点。

稿4　申请人（2016）探讨指示、提示、提醒、限制类俄汉符号景观的句法结构模式，她指导的8篇硕士论文有7篇从结构—语义分析了中俄提示、限制、禁止等功能类符号景观和中俄电梯、服饰类店铺名的特点。

　　本例虽不复杂，但体现了提取公因式的概括法。稿3分"指示性、提示性、提醒类、限制类俄汉符号景观""中俄提示性、限制性、禁止类、号召类等功能类符号景观""中俄电梯类、服饰类店铺名"三组，第三组因类型不多而不显乱，前两组"性""类"使用不一，完全可以统一为"类"，几个词语只在最后一个之后加上"类"字，以达简明效果，见稿4。

61. 文献内容如何逐步观点化，为综述提供"私"想源泉？

文献内容观点化，指将文献的内容转变为主观性意见和个体性认知，逻辑化地表述出来，以增强其思想性。这一点常被忽略，这是学界综述难有"私"见的原因之一。

文献综述一定要凸显文献作者的研究所得，若是其观点不见或不突出，整个综述不是思想荟萃，而是萝卜青菜一堆。由此可见，众多文献内容一一观点化是综述的重要策略，有助于更好地揭示文献观点，将观点表现得更为主观，具有个体性，从而反映真正的学术动态。

观点化过程经历了由粗而细、由表及里、由泛炼精、由长至短等过程。请看下例：

稿 1 杨永林在《标志翻译 1000 例——理论篇》（2013）中注意到标志的设计问题，他在评价 2008 年北京奥运会后的地铁、景点标志时，评语为"制作精良，美轮美奂""美观醒目，语言合度""制作经典，底蕴厚重""意思明了，格式欠佳"等，但未专门讨论。我国的相关法规对语言景观中的一类——城乡地名、道路交通标志和标线的设计、设置和制作有着明确的规定和标准。

稿 3 杨永林（2011；2013）论及过体例要求，对 2008 年北京奥运会后的地铁、景点标志的评语为"制作精良，美轮美奂""意思明了，格式欠佳"等，但未专门讨论。

稿 4 杨永林（2011；2013）论及体例要求，认为 2008 年奥运会的地铁景观制作精良、美轮美奂、意思明了、格式欠佳等。

稿 24 ……或提及字体字号、排版等对符号景观的影响（吕和发 2011）及体例的正确要求（杨永林 2013）。

稿 1 删除书名，项目综述寸"版"寸金，不必列出文献篇名，重要文献已列入参考文献；无关紧要的内容可略，如段末画线部分。此为**由粗而细**。稿 3 增补了文献出处与内容，其主要内容是观点的直接引用，将直接引语改为间接引语，一省篇幅，二炼观点；对文献不作评价，这一点可入下文的"简评"，结果是稿 4 内容比稿 1 的 1/3 还要少。此为**由表及里**。稿 24 因要求略写，便只取"体例要求"，外加"正确"二字，替作者概括，这便是申请人与文献原作者的不同。此为**由泛炼精、由长至短**。

不少人做综述仿佛只做文献陈列，如"张长胜（2011）研究了……"，其后再无后来，即不见思想性内容。尤其是在要求"略写"的当下，主次颠倒，有时会误判误删真正的思想观点，只报出人、时间与研究对象，它们虽然也属于综述对象，却是次要的。为此，需全方位多角度地审视文献内容，更加强调其思想性，使其观点更加鲜明，传递作者的声音更加精准，得出评论更加突出（以入"简评"）。例如：

稿1　Е.А.Покровская 等（2011）总结了俄语禁止类语言景观的词汇—语法特点，即（1）表"禁止"动词 запрещать/ воспрещать 的被动形式；（2）使用动词不定式；3）не+第二人称命令式；4）请求型、请型、限制型；5）запрещать/ воспрещать 的被动形式+理由；6）陈述信息型。并指出，俄语中的"禁止"概念以直接言语行为模式为主，近年来出现了间接禁止类、缓和语气，展现民主化和对受众的尊敬。学者们还探讨了城市商业机构名以及标语口号中的先例来源，认为，城市客体名称源自古希腊罗马神话、斯拉夫和俄罗斯民间创作、欧洲神话、东方童话和印度神话（Т.О.Прокофьева2016），指出城市客体命名中的先例名集信息、指示、形象、概念和吸引功能于一体（Е.Н.Ремчукова 等 2016）；分析了来源于圣经的俄语标语口号，指出圣经中宣扬平等、自我牺牲、集体主义、无私奉献等思想符合苏联意识形态（П.М.Костина2016；Н.А.Кузьмина2016）。Н.Н.Котельникова，О.А.Леонтович（2018）调查了中国现代城市交通、环保类带"文明"字样的语言景观，认为其反映了中国社会进程和民族文化。Е.В.Зенина（2011）认为"指令—指示型"语言景观是一种文化对象；Н.Н.Котельникова（2019）分析了中国城市招牌语言文化特征，认为，牌匾上使用具有民族特色的词语游戏、汉字和古诗是受文化传统、公民价值取向变化的影响。

稿2　**语言学视角**　符号景观研究的最基本领域是语言学，主要讨论了城市客体名称术语的界定、命名方式、原则；名称的结构、语义等；既有单语研究，也有双语乃至三语对比。1）单语分析，主要分析城市客体名称的构词方式、形式-语义结构和构词特征（Покровская 等 2011），探讨了城市商业机构名以及标语口号中的先例来源（Прокофьева2016；Ремчукова 等 2016；Костина2016；Кузьмина2016）。还有学者调查了中国现代城市交通、环保类带"文明"字样的符号景观（Котельникова，О.А.Леонтович2018），分析了中国城市招牌语言文化特征（Котельникова2019）。

　　稿1综述总体不错，既点明研究对象，多数还归纳了主要观点。比如段首总结了词汇—语法特点，共6点，这才是观点，其后"俄语中的'禁止'概念以直接言语行为模式为主，近年来出现了间接禁止类，缓和语气，展现民主化和对受众的尊敬"更是概括度较高的观点。"学者们还探讨了城市商业机构名以及标语口号中的先例来源"是总括句，但真正的观点引而未发，真正的研究结果则是四人的思想：即 Прокофьева 认为"城市客体名称源自古希腊罗马神话、斯拉夫和俄罗斯民间创作、欧洲神话、东方童话和印度神话"，Ремчукова

等认为"城市客体命名中的先例名集信息、指示、形象、概念和吸引功能于一体"，Костина 和 Кузьмина 认为"圣经中宣扬平等、自我牺牲、集体主义、无私奉献等思想符合苏联意识形态"。

稿 2 则主要交待了各人的研究对象，但观点基本删除了，不妥，可能是囿于"略"的要求。在此保留的"探讨了城市商业机构名以及标语口号中的先例来源"只表明了研究对象，而真正的观点是"认为……"的内容，这一丰富的思想内容却被误删。后面 4 位学者的研究动态也是如此，舍了主，取了次。

比较稿 2 与稿 1，更能发现 Зенина 的信息全删，Котельникова、Леонтович、Котельникова 三人的观点全无，只剩下了研究对象。稿 2 在观点化上尤其显弱，只是概括了研究对象，稿 20 直至终稿观点化程度依然不高，可参见第 250 问。

62. 综述时研究之"法"为何不可或缺？

研究之法在此指研究方法。当下的综述多指涉思想观点，而产生观点的方法极少涉及。

方法的综述常被忽略，几成盲区。其实，方法与思想是道与器的关系。目前学人综述时在器与道之间重器轻道，是总的现状；也有其道理，因为器常易见，道多藏匿。众多文献，明明白白写思想，而方法并不多见（只在学位论文开题时才专辟一小节讨论研究方法，这是规定动作），只有实证类研究常写明方法，多为实验程序，更多的文献是隐其方法，只呈现研究结果——思想，因此方法多半需要申请人自我总结和显化。

研究之道不可或缺。因为明乎众多文献的研究之道，可知本类课题的方法体系，从中可发现最佳方法，可以判定是否需要引入新法，是否要重新建立方法体系，以解决课题的主次问题，做到有理有据，有的放矢，研究工具信手拈来，进而提高研究的效率。

方法综述可以明说者，在此不必多言；更多时候是暗说、巧说，即暗含于其他内容的写作。如第 250 问 1.1.2 中的"'理论/策略/方法等+实例'的景观翻译研究范式已然形成"、1.2.1 中的"对比与文化分析较为典型，如对比了中俄城市招牌新词的结构—语义特点（Дубкова2018）"等，前者直接提及方法，后者暗含对比法、分析法。

63. 综述如何更广更高更精更前沿？层层提升？

　　综述，包括其他内容的修改，至少要追求"四更"——更广更高更精更前沿。请看下例：

稿3

　　1.2 国外学术史梳理及研究动态

　　西方符号景观研究始于 1959 年，目前多见于社会语言学领域，以 Landry & Bourhi 于 1997 年发表的论文为发端，定期召开符号景观专题国际会议，创办专刊，探讨符号景观中的多语制现象，其多语研究范式初步形成。**俄罗斯的符号景观**研究历史悠久，始于 1920 年代的城市语言研究，已形成研究特色，杰出代表是 Ларин 和 В.Н.Китайгородская。20 世纪 60 年代转向城市客体名称研究。学者们对符号景观的研究主要体现在语言学、语用学、符号学、社会语言学等领域，有关翻译研究文献未见。

稿13

　　1.2 国外研究动态

　　西方符号景观语言学研究始于 1959 年，目前多见于社会语言学领域，发端于 Landry & Bourhi1997 年发表的论文，定期召开符号景观专题国际会议，创办专刊，初步形成多语研究范式。俄罗斯的符号景观研究始于 1920 年代的城市语言研究，已形成特色。20 世纪 60 年代以降，主要取语言学、语用学、符号学、社会语言学等视角研究城市客体名称，有关翻译研究文献未见。

稿14

　　俄罗斯相关研究始于 1920 年代，盛于新世纪，主取语言学、符号学等展开比较，译制研究几乎未见。

稿22

　　1.2 国外研究动态 （始于 1920 年代，盛于当下，多由语学、符号学切入，译制研究几乎未见。）

　　1.2.1 双语及多语景观对比常见，文化分析渐增

　　众学者讨论了城市客体名称术语的界定……；Котельникова（2019）分析了中国城市招牌语言文化特征，Покровская（2011）认为"指示—禁止"类意、英符号景观表达较温和，俄语则较坚决。

　　上例反映了修改步步提升的思考归纳过程，也是层层提炼逐步深入的过程，仿佛打开了大脑的"黑匣子"。这一过程体现为"四更"。

　　更广　即覆盖面炼得更广，涉及作者及文献更多，时段长，间隔大。如第250 问 1.1.3 中的"俄语景观 10 年来渐受重视""探讨了海南……满洲里等……

南北景观……"等，前者以"10 年来"横向展示时段，后者用"南北"纵向丈量跨度。

更高 即视野、站位等更高，上升至理念、理论、学科等高度。如第 250 问 1.1.2 将稿20 的"'理论/策略/方法等+实例'的符号景观翻译研究套路已然形成"中的"套路"改为"范式"，不仅由俗变雅，更显规范化、学术化。

更精 即思想更精辟，语句更简短。如上例中稿3—22 就是国外研究进展提示语逐步思精语简的过程，稿 3、13、14、22 的字数分别为 198、154、43、33。

更前沿 即反映研究的最前沿，具体是文献最新，最好是新至评审的当下，因为在申报项目之时许多期刊已在公众号等平台发布最新的期刊目录与摘要，这些信息可入综述。比如上例中稿 22 的文献追至 2019 年，就有利于 2020 年的申报。再如，2025 年的文献可写至当年月刊第 5 期，双月刊第 3 期，季刊第 2 期，半年刊则为上半年期。

64. 点、线、面如何巧排凸显综述"红线"？红线如何观点化？

综述是整个活页第二大成片的文字森林，整体上分作国内与国外为好，构成两片思想之林，每棵树是单个学者的思想。"选题依据"为一级标题，从原提示语提炼出的"国内研究进展""国外研究进展"是二级标题，信息量不大，不专不特；而国内和国外进展之下可据真实成果汇成几大方向或方面，各方面需要安设标题，以引领阅读，这才是申请人真正出思想的地方，这类标题开始凸显"私有"。如：

> **1.1 国内研究进展** （始于 1934 年，兴于新世纪；论文居多，另散见于著作等）
> **1.1.1 视角由语学转向译学，应用发掘多于理论探讨**
> **1.1.2 理论、原则多为借鉴，以译法及误译分析为主**
> **1.1.3 汉俄语景观研究始受关注，出台了俄文译写规范**

请结合第 250 问活页完整的内容理解上例。在此仍保留三级标题的字体格式——楷体加粗，旨在凸显观点化的"红线"。

国内外进展各自提炼出的三级标题，要聚焦所表达的观点，起总括之用，让人一看即明，一想有内涵，更能显动态即进展。此类三级标题如同抽出的红线，更如众人思想之峰横于天际，汇成山峦，远望一线。综述之线正介于点面之间，将国内国外各自的综述连成一片。

读文献，吸收各篇观点，再合并同类项，形成较大的共性观点，各观点形成连贯性观点，可用长句或句群表达，进而形成小面——思想板块。观点化的"红线"用作各具体研究领域或方向（即各段）的标题，以动宾短语或成句的主谓短语表达，只是去掉了句末成句标点"。"。例中标题所用分句并不长，且可关联成复句，整个标题结构就是复句。

65. 点、线、面如何组配，确保综述立体式全覆盖？

综述本来就是点面结合式，点在面中，面是成片的思想荟萃，点是人、时间与观点。但是点与点可以连成线，几条线再展成面，如前一问所述，其中应有一条主线，像红线一样贯通整个面。为让评委看到这一思想脉络，有必要将其抽出，用作这一片思想的标题，如"1.1.2 理论、原则多为借鉴，以译法及误译分析为主"。

综述分几个板块，就有几个小面，几个小面又共构大面，各小面的主线构成几条平行线，将整个大面凸显出来，最终形成点、线、面共构的综述全景。如上所述，国内研究进展与国外研究进展可合并为整个项目的综述：

---

1. 选题依据（国内外相关研究的学术史梳理及研究进展〈略写〉；相对于已有研究特别是国家社科基金同类项目的独到学术价值和应用价值等。）
  1.1 国内研究进展（始于 1934 年，兴于新世纪；论文居多，另散见于著作等）
  1.2 国外研究进展（始于 1920 年代，当下多由语学、符号学切入，译制研究几乎未见）

上例是综述最大的面，国内外之下各分几点反映研究的进路，由内容炼出的线用作标题，用楷体加粗产生立体式浮雕感。如"1.1 国内研究进展"之下的第一个研究领域：

1.1.2 理论、原则多为借鉴，以译法及误译分析为主
  符号景观翻译研究形成了"理论/策略/方法+实例"范式，40 余种理论涉及符号景观的目的（张沉香 2008；肖姝 2014 等）、文化顺应（曾庆南 2012 等）、语篇关联（承云 2014 等）、语言生态（岳中生 2014 等）、变译（谢丹 2017 等）等；// 共提出 40 余项原则，以看易写（林克难 2003）、模仿—借用—创新（丁衡祁 2006）等为代表；//译法如借译、仿译、创译等，几乎囊括所有译法（牛新生 2008），探讨某一空间符号景观误译，分析大同小异。

上例是国内研究进展的某一小面，穿于其中的红线是"理论、原则多为借鉴，以译法及误译分析为主"，点缀于其他线条的各点则是"张沉香2008、肖姝2014、曾庆南2012、承云2014、岳中生2014、谢丹2017、林克难2003、丁衡祁2006、牛新生2008"等。这碗"小面"有三根"面线"（例中用两条斜杠相隔），线中有点，如图13所示。

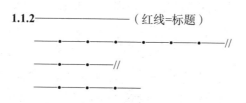

图13 点缀于线、线构成面的综述轮廓

66. 面中显点如何采用多样化手段呈现？"等"字用位有何差异？

思想观点合并成线再成面，在要求"略写"之后，人名与时间不可太多，也不能太集中，否则会形成人头攒动的画面。人名与时间要巧妙地点缀其间，与内容浑然天成。

既然是面中显点，就要多用"等"字省略更多的人、事、范围等。研究综述是众多文献内容的浓缩，要求"略写"则尽量少说个体，多说局部与整体。可见，善用"等"字很关键。一般不用一人一条式罗列。多用"半个世纪以降"之类的时段，适当使用"主持人2024"之类的时点。时间之后用"等"，指同一内容有多篇文献涉及；地名之后用"等"，指同一研究涉及多个地方；人名之后用"等"，指同一文献的研究者有多位。下例中"申请人等"指"等人"、"满洲里等"指"等地"、"王晓娟2014等"指"等文献"。

> **1.1.3 汉俄语景观研究始受关注，出台了俄文译写规范**
> 俄语景观10年来渐受重视。分析了我国符号景观俄译的区域特点及误译类型（王晓娟2011），探讨了海南（张俞2012；申请人等2020等）、满洲里等地（顾俊玲2013；姜雪华2017）南北景观汉俄误译及成因，总结了提示、禁止类汉俄景观的结构特点，定出了翻译原则（王晓娟2014等）；申请人2016年提炼出指示类等俄汉景观的句法模式。2018年国家颁布《公共服务领域俄文译写规范》，给出13大领域919条译文，类型繁多，行文复杂，却不敷使用。

时、地、人、关键词等构成研究事件，几大要素及其关系均可成为面中显点的多样化手段。因此，可以等人（如"黄忠廉等"），即作者不止一人；可以等时（如"2021、2024等"），即年份不止一年；可以等地（如"北、上、广等"），即地点不止一处；可以等词语（如"理论、方法、视角等"），即所涉对象不止一个；可以等文献（如"黄忠廉等2024等"），即多个作者的文献不止一篇，甚至还有其他作者的文献。

上例的"10年来"表示时段，且是概数，指10多年来；"（王晓娟2011）"等出处表明人与时间的关系，比"（王晓娟，2011）"等省了汉字空间；"海南"代表南方，"满洲里"代表北方，下文用"南北"概括，以展空间之广阔；"13大"显示领域之多，以衬托"919条译文"之少，形成对比；"申请人2016年"没再用"申请人（2016）"，活跃了呈现方式，"2018年国家颁布"亦是同理。

67. 综述分级标题改出动感，尤其要用好哪类动词？

既用"动态"，又用"梳理"，还用"进展"，无非是想展示历史研究发展的过程。因此，动态必有动感。综述的动态虽说融于综述正文，由时间前后贯通，但只有灵动的标题才是其窗口，门泊万里船是静，只有千帆窗前过才是动。因此，修改要用好动词，尤其是表示运动状态的动词。如：

> **1.2 国外研究进展** （始于1920年代，当下多由语学、符号学切入，译制研究几乎未见）
> **1.2.1 双语及多语景观对比常见，文化分析尤多**
> **1.2.2 引入非语言符号，与语言符号共构景观的文本意义**
> **1.2.3 关注语言政策与安全，城市标牌制作从单语转向多语**

为显示国外研究三大进展，特保留了三级标题楷体加粗的样态。众所周知，动词据语义特征可分六类，除表能够、愿意等义的能愿动词（如"会、能、可、须、应"）、表趋向等义的趋向动词（如"来、去、上、下、进、出、回"等）之外，能用于表综述动态的动词主要有四类。细察上例中三级标题，会发现采用了以下四类动词。

（1）动作动词　表日常发生的行为，如"引入、转向、见"等。

（2）存现动词　表存在、发展、变化、消失等，如"构"等。

（3）关系动词　表关系判断，连接两个及以上的事物，反映其间的关系，如"对比"等。

（4）心理动词　表认知心理活动，如"关注、认同"等。

四类之中，最能反映动态的应是表存在发展的动词。类似的动词还可参见表17。

表 17　综述常用表动态的动词及范例

类型	例词
动作	研究　探索　揭示　追求……
存现	在　有　存　现　呈　发生　出现　具有……
关系	是　变　像　属　属于　等于　成为　仿佛……
心理	喜　厌　尊　敬　重视　注重　了解　相信　信任　认同……

再请欣赏《筑牢强国建设民族复兴的文化根基——2024 年宣传思想文化事业展现新气象》一文综述所用的标题：加强理论建设　夯实思想基础；团结稳定鼓劲　凝聚精神力量；厚植文化自信　激扬创新活力；展现中国形象　推动文明对话。[1]

68. 综述的学术史或动态或进展可用哪些动词表达？

综述所指的学术史，或动态，或进展，均反映研究过程，具有动感，常涉及研究起始、发展、高潮、结束及其成果的状态，表现为词语则可能是起始、渐进、持续、推进、稳定、趋优、起讫、结果、程度、状态、肯定、形势、调研、试验、民意、策划、践行、实施等类型，具体词语如表18所示。

表 18　学术动态常用词语及类型

类型	词语						
渐进类	不断深入	不断深化	不断优化	不断壮大	不断增强	不断提高	不断坚定
	不断加强	不断改善	不断完善	不断巩固	不断彰显	不断涌现	不断扩大
	不断发展	不断提升	不断明晰	不断回响	不断健全	不断提升	不断加大
	不断规范	不断集聚	不断清晰	不断凸显	不断提高	日益规范	日益健全
	日益增进	日益成熟	日益浓厚	逐步完善	逐步扭转	逐步健全	

---

[1] https://www.gov.cn/yaowen/liebiao/202501/content_6995980.htm.

续表

类型	词语						
持续类	保持稳定 持续发展 持续优化 加快培育	保持优良 持续完善 持续释放 相继问世	保持低位 持续深化 持续繁荣 相继出台	保持平稳 持续增强 持续放大	持续改善 持续提升 持续下降	持续壮大 持续加大 加速形成	持续向好 持续加强 加速转换
推进类	扎实推进 统筹推进	纵深推进 有序推进	强力推进 有序实施	稳中有进	提速前进	互促共进	不断增进
趋优类	态势良好 继续改善 初具规模 殷实安康 健康发展 力度空前 创新推进 落地实施 激荡人心 活力释放 百舸争流 总体稳定 增势强劲 销售旺盛 初战告捷	开局良好 继续领先 进展顺利 卓有成效 形成品牌 举世瞩目 广泛弘扬 齐头并进 务实有力 守正出新 千帆竞发 跃然升华 依然强劲 加快构建 切实加强	生态向好 继续回暖 深刻转型 硕果累累 优化提升 作用明显 普遍增加 压茬拓展 较快增长 筑底企稳 敢动真格 愈加坚定 令人惊艳 有力实施 活力增强	抓牢织好 大幅提升 健全完善 富有成效 蔚然成形 空前高涨 胜利完成 次第展开 日渐洁净 转型加快 及时有力 日臻完善 再创佳绩 建成投用 后劲增强	点上出彩 大力实施 空前释放 普遍提高 同频共振 竞相迸发 顺利实施 扎下深根 愈益清朗 质量提升 高潮迭起 高位增长 连战连捷 走出低谷 力度加强	线上结果 相得益彰 步伐加快 丰富多彩 同步实施 名列前茅 焕然一新 撑出枝丫 砥砺奋进 深刻转型 渐成主流 保持低位 快速增长 走深走实	面上开花 多点开花 均衡普惠 频繁活跃 合拍共鸣 蓬勃发展 巩固发展 蔚然成林 民生改善 成为样板 切实维护 活跃有序 小幅增长 蓬勃发展
起讫类	从小到大	从弱到强	从有到优	初步形成	初步构建		
结果类	得到增强 取得突破 成效显著	得到提高 取得进展 成效明显	得到加强 取得实效 成效突出	得到改善 成果丰硕	顺利实施 成果突出	顺利完成 成果丰硕	

续表

类型	词语						
程度类	总体平稳	总体稳定	全面加强	全面提升	全面实施	全面扩大	全面深化
	全面进步	全面推进	全面展开	全面增强	全面增进	基本建立	基本实现
	基本形成	基本完成	基本刹住	基本平衡	深入推进	深入人心	深化拓展
	更趋完备	更趋协调	更趋合理	更为坚实	更趋稳健	更具活力	更加协调
	更多增进	更快提升	更加完善	更加凸显	更加巩固	更加彰显	更加坚定
	更加坚强	更加坚实	更加强劲	更加响亮	更加广泛	更加成熟	更加定型
	更加鲜明	更加多元	更加开阔	更加优化	更加壮大	更加美丽	更加改善
	更加和谐	更加强化	更加活跃	更加精细	更加便利	更加科学	更加聚神
	更加聚焦	更加聚力	更加晴朗	更加繁荣	更加友好	更加明确	更加丰富
	更加协调	更为坚实	更趋稳健	更具活力	更多增进	更快提升	明显提升
	明显提高	明显提质	明显增强	明显加强	明显好转	明显进步	明显改善
	明显推进	明显改观	明显优化	明显加快	显著增强	显著改观	显著提升
	显著提高	显著加大	显著改善	显著增进	显著完善	显著减少	
	跃升最快	效果最显	变化最新	受益最广	投入最多	发展最好	成效最优
	成果最丰	推进最实	力度最大				
状态类	同步推进	同步实施	同步进行	同步优化			
	稳步提升	稳步提高	稳步推进	稳步增长	稳步实施	稳中有进	稳中有升
	稳中有变	稳中向好	稳中优化	稳中突破	稳中提质	稳妥推进	稳定增长
	稳速保位	稳速升位					
肯定类	引航掌舵	把脉定向	把握方向	谋划全局	保障落实	登高望远	高屋建瓴
	高举旗帜	高瞻远瞩	高位引领	高位聚能	高位推进	居安思危	跟踪进度
	敲钟问响	扶危定倾	力挽狂澜	运筹帷幄	务实进取	立论定向	统揽全局
	协调各方	领袖风范	政治智慧	理论勇气	卓越才能	人格魅力	有效实施
	有效遏制	工作务实	过程扎实	效果真实			

续表

类型	词语						
形势类	察势者智	驭势者赢	人心思稳	人心思进	人心思富	常观大势	常思大局
	形势逼人	挑战逼人	使命逼人	因势而谋	因势而动	应势而动	顺势而为
	因势而进	分析形势	沟通思想	凝聚共识	谋划未来	拓宽视野	放眼世界
	找到坐标	找到定位	紧跟时代	把握潮流	胸怀全局	统筹全局	胸怀大局
	把握大势	着眼大事	厚植优势	自信坚定	瞄准靶向	赓续过往	立足当前
	着眼长远	具有优势	占据先机	得之如宝	失之不再	任务艰巨	道阻且长
	有待提高	任重道远	历史所鉴	事业所需	人心所向	众望所归	必然要求
	迫切需要	必由之路	滚石上山	爬坡过坎	逆水行舟	不进则退	精准识别
	科学应变	主动求变					
调研类	解剖麻雀	放下架子	迈开双腿	迈开步子	蹚出路子	扎下身子	沉到一线
	亲自察看	亲自体验	吃透两头	吃透上情	摸清下情	把握内情	了解外情
	听真声音	挖真问题	找真药方	心中有数	心中有谱	心中有招	揣着问题
	带着感情	躬身向下	深入基层	深入群众	深入一线	说走就走	随时可停
	关注终端	接触末梢					
试验类	深入探索	大胆尝试	经验复制				
民意类	了解民情	反映民意	集中民智	维护民利	凝聚民心	问政于民	问需于民
	问计于民	融入群众	融化冷漠	融通隔阂	为民履职	为民担责	为民服务
策划类	思深益远	谋定后动	稳中求进	以稳求进	以进固稳	定好盘子	理清路子
	开对方子	宏观运筹	整体设计	先谋于局	后谋于略	略从局出	举旗定向
	定向统领	统揽全局	多谋善断	凝魂聚力	摆兵布阵	谋篇共建	谋篇布局
	巨细靡遗	前瞻谋划	科学谋划	冲锋冲刺	决战决胜	站在高处	望着远处
	抢在前边	科学部署	一张蓝图	蓝图绘就	路标竖起	审时度势	精心谋划
	超前布局	力争主动	按时施工				

续表

类型	词语						
践行类	尽锐出战	真践实履	实干为要	不弃微末	不舍寸功	不受虚言	不听浮术
	不慕虚荣	不务虚功	不图虚名	务实重干	落在细上	落在小上	落在实上
	撸起袖子	扑下身子	不采华名	不兴伪事	强化落地	吹糠见米	盯住主业
	务实笃行	闻令而行	听令即行	立说立行	少说多干	真抓实干	求真务实
	持之以恒	横向到边	纵向到底	久久为功	一以贯之	一抓到底	推动落实
	重点落实	精准落实	深化落实	埋头真抓	撸袖实干		
实施类	多措并举	标本兼治	精准发力	立新除弊	兜底提标		

69. 如何用名、副、助三类词与动词搭配，以显动态？

表动态的动词与名词搭配，关键看使用的是及物动词还是不及物动词，如"由 A 转为 B""由 A 转向 B"，AB 多为名词，前者使用了及物动词，后者若无 B，"转向"便是不及物动词。又如第 250 问前稿国内外研究进展标题之后的提示语多次用了介词"于"，搭配而成"始于""兴于""盛于""止于"，其中"始""兴""盛""止"都是不及物动词。

表动态的动词与副词搭配，副词作状语，如"刚刚起步""逐渐攀升""日趋式微"等。又如下例所使用的"均"表明三位学者都讨论过影视翻译；两次用"渐"与"受"组合，表示逐步受到关注或渐渐得到重视，强调且描绘了动态的过程；"尚"则较书面化，意即"还"，表示系统研究需要等待。

> **1.2.3 影视翻译的符号表意行为开始引起关注**
>
> 符际表意涉及影视翻译本质。符号学者 Eco（2001）、Petrilli（2014）、Cobley（2017）均讨论过影视翻译。从符号学视角考察符际转换利于厘清影视翻译本质（Matamala & Orero, 2013）。语言、图像和声音在其意义生成中作用凸显（Díaz Cinta, 2009: Queiroz, 2013）。跨媒介表意引起学界重视，但系统性研究欠缺（Pérez-González, 2014）。格雷、佩特丽莉等从符号翻译学视角阐发过符际表意（Gorlée, 2015; Petrilli, 2015）。近年，视听跨媒介符际表意渐受关注，兼涉文学艺术、符际翻译、视觉图像、空间叙事、艺术学等领域（Betancourt, 2017; Elleström, 2019, 2021）。Campbell 等（2019）从多模态

接上页

> 和跨媒介叙述视角对其进行过考察。此外，语言、舞蹈、音乐间的符际意义转换渐受重视（Boria et. al., 2020）。总体上，视觉符号表意关注更多（Yi Jing, 2021）。语言符号、视觉和听觉符号间跨媒介符际表意尚待开展系统研究。

　　第67问所涉及的四类动词，尤其是动作动词与存现动词还常与"着""了""过"三个助词搭配，更为生动地反映研究的动态，或准确描绘研究的变化。如上例三次用"过"。

　　"着"反映动作或状态的持续，综述一般用得少，因为多数研究是已发生的，但在描写当下的研究现状时，不妨使用，如下例中"有着极高的吻合度"。"了"反映动作的实现或完成，常与结果补语、时量补语或动量补语连用，如下例中"探讨了""考察了"，又如"探索了30年，一致认为……"，"了"后用了时量补语"30年"。"过"反映曾发生的动作或曾有的性状，如下例中"产生过"表示曾经有过相应的性状。

> 　　近年来，符号景观研究以社会语言学视角探讨了城市空间语言的使用、政策、安全等问题。如 Пешкова（2017）认为符号景观中语言使用及排序能反映语言政策、民族认同；据 Садуов（2020），符号景观与语言政策有着极高的吻合度；Баранова 等（2017，2020，2021）考察了圣彼得堡标牌移民语言的演变，发现城市标牌语言由俄语单语转向多语，指出莫斯科、圣彼得堡等市标牌语言的可见性反映了族群地位的不平等。还有学者指出非官方标牌英语的泛滥对本国民众价值观产生过负面影响，进而影响国家安全（Михайлюкова 2019）。

70. 分级综述的标题是抓手，如何由短语改为判断句？

　　标题通常为短语，如偏正短语、动宾短语、主谓短语、联合短语等，正因为如此，不少综述的标题用的便是不见"动态"的短语。从见题明意或思想性看，用作申请书标题的短语顺序大致是：主谓短语＞动宾短语＞偏正短语＞联合短语……这也便成了修改优化的理据。请看下例：

> **稿1　翻译理论与实践。**符号景观翻译研究也形成了套路"理论+实例"，运用某种理论，如目的论（王宁武 2006；张沉香 2008 等）、模因论（田宁 2011 等）、顺应论（曾庆南 2012 等）、关联理论（邱芳 2009 等）、互文性（龙江华 2007 等）、符号学（吕旸 2009 等）、文本类型理论（赵伟丽 2009 等）、翻译美学（郭海霞 2011 等）、生态翻译学（王倩倩 2012 等）、接受理论（杨丽波 2007 等）、变译理论（王颖 2011；谢丹 2017 等）及其他翻译理论（万永坤 2015）等来分析某城市或某领域某机构某景点等的符号景观英译错误，分析大同小异。

接上页

> **翻译原则与方法。**对符号景观译写原则讨论很多，如规范性、准确性、可读性、得体性、可接受性等近 40 多个，较有影响的是看易写（林克难 2003）和模仿—借用—创新（丁衡祁 2006 等）原则，二者互为补充。讨论最多的是翻译方法，如借译、仿译、创译（牛新生 2008）、直译、意译、增译、减译、改译、缩译等，几乎囊括所有翻译方法。方法过多，则显得无方法。因此，符号景观特有的翻译原则、策略、方法待提炼。
>
> 稿 3 　**翻译理论、原则、方法运用多**　符号景观翻译研究形成了套路"理论+实例"，运用 40 多种理论，如目的论（王宁武 2006；张沉香 2008；肖姝 2014 等）、顺应论（曾庆南 2012 等）、关联理论（邱芳 2009；承云 2014 等）、生态翻译学（王倩倩 2012；王畅等 2018 等）、变译理论（王颖 2011；谢丹 2017 等）等分析某城市或某领域某机构某景点等的符号景观英译错误，分析大同小异。对符号景观译写原则讨论很多，如规范性、准确性、可读性、得体性、可接受性等近 40 多个，较有影响的是看易写（林克难 2003）和模仿—借用—创新（丁衡祁 2006 等）原则。讨论最多的是翻译方法，如借译、仿译、创译（牛新生 2008）、直译、意译、增译、减译、改译、缩译等，几乎囊括所有翻译方法。
>
> 稿 14 　**1.1.2 理论、原则多为借鉴，以译法及误译分析为主**
> 符号景观翻译研究形成了"理论/策略/方法+实例"套路，40 余种理论涉及符号景观的目的（王宁武 2006；张沉香 2008；肖姝 2014 等）、文化顺应（曾庆南 2012 等）、语篇的关联（邱芳 2009；承云 2014 等）、多语生态平衡（王倩倩 2012；王畅等 2018 等）、翻译的变通（王颖 2011；谢丹 2017 等）等，共提出了 40 余项原则，以看易写（林克难 2003）、模仿—借用—创新（丁衡祁 2006）等为代表，所用译法多样，如借译、仿译、创译（牛新生 2008）等，几乎囊括所有译法，探讨某一空间的符号景观误译，分析大同小异。

稿 1 分两段，两个标题均为联合短语，点明了方面，却未道出实义，还需评委钻进后面的文字，自己悟出。稿 3 将段落二合一，提炼出共同的核心之所在"翻译理论、原则、方法运用多"，形成了主谓短语，换言之，短语提升为单句，不带标点，终以短语呈现，但思想性更强了。稿 14 则更细致，将"理论、原则"与"译法及误译"分开陈述，得两个单句，二者组合成复句"理论、原则多为借鉴，以译法及误译分析为主"，思想更加丰富。

整个修改过程是：短语—单句—复句，内容渐丰。可用主谓句，也可用不带主语的动宾短语。名词短语加谓词，动词短语加或不加主词，成句但不见句号，实为更为复杂的短语。因判断由句子表达，那么偏正短语、联合短语等可以先改为单句，单句再组合成复句。

这一问也适用于研究框架（实为核心内容），甚至是整个申请书。

71. 分级综述的标题可用复句，多长为宜？关系几重为好？

综述的三级标题可用复句。复句表达的思想多半比单句丰富，虽说多用复杂单句，有时用复句也不错，只是其中每个单句不长；复句可是二三重关系，结构可能较复杂，但层次简明。如上一问稿14的标题"理论、原则多为借鉴，以译法及误译分析为主"为一重关系，也可优化为二重关系的"理论多演绎，原则多借鉴，译法及误译分析主导"。又如：

1.2.1 双语及多语景观常作对比，文化分析尤多

城市客体名称术语的界定、构词方式（Ремчукова2015）与特征（Канакина 2014 等）、标语口号特点（Федорова 2014）等得以探究。对比与文化分析较为典型，如对比了中俄城市招牌新词的结构—语义特点（Дубкова2018）、俄英告示与号召的文化特点（Тер-Минасова2000）、德英"禁止"类（Вежбицкая2001）与德俄以及俄英德"禁止"类（Медведева2005）符号景观的文化特点，Котельникова（2019）分析了中国城市招牌语言文化特征，Покровская（2011）认为"指示—禁止"类意、英符号景观语带温和，俄语较坚决。

综述不论是国内还是国外，只要文献众多、内容丰富，就需分类陈述。每一类一大片文字，不利于审读。为每片文字加标题，是常识也是常规。上例取自第250问，内容涉及双语和多语，但是双语占绝对优势。因此，标题至少可以改为"双语景观对比常见，多语次之，文化分析尤多"，复句结构关系由一重变为二重。

以一行40字为限，综述所用标题不宜过长，20字左右即可，15—25字为宜，最长不过30字，既丰又明，力求简洁凝练。因此复句式标题在此以一重关系为主，二重亦可，三重为限。

72. 时点、时段、空间如何组配以显研究动态？

一点一线构成面，更具概略性，撑起综合性。立于综述的全局，一点相当于某年，一线相当于某时期，所构成的面相当于研究历史局部。时间是综述或梳理学术史最明显最主要的抓手，因为历史以时间为测量工具，具体以时点与时段为基准，二者组配构成了研究发展的时间流。若将时间流置于某一空间，时空动态则浑然出现。

时点　即时间轴上某个特定的瞬间，一般指一天的某点、一月的某天等，在时间轴上呈现为一点，故称为"时点"。综述涉及的时间会是几年、十几年甚至是几十上百年，因此综述的时点主要指某年，如"黄忠廉（1999）"指黄忠廉 1999 年的研究文献，可见时点是综述主要使用的时间概念。

时段　即时间轴上一段特定的时间跨度，如早上 6—10 点、百年、半个世纪等。时段是时间的连续统，多用于描述工作时长、活动持续时间等。时段毕竟较长，综述要有，但不多，它最适用于概括某个时期研究的整体成就或特色。

空间　即综述所涉的物与物的位置差异，直言之，指不同地方的文献或文献所反映的不同地方的信息的差异，在此主要指物理空间。如下例中"西方""中国""国外""国内"，这些是明指空间，它们常常对应写出；还有暗指空间，即所涉文献关联到的相应空间，如张春柏、钱绍昌、董海雅学者等代表了南方，麻争旗、王建华等代表了北方，但综述并不是按南北集中陈述，往往是按时间先后或按观点逻辑归类写出。

1.1.2 成果引介引用与理论借鉴逐步增多

上世纪 90 年代起，影视翻译实践始受关注，迄今引介了大量西方影视翻译最新成果。张春柏（1998）、钱绍昌（2000）等基于翻译实践，较早讨论了影视翻译策略。麻争旗（1997、2005）系统梳理了中国影视译制基本原则。董海雅（2007）等较早引介了西方成果。影视翻译综述（王晨爽，2017）及对西方学者的系列访谈激发了中国学者视听翻译研究兴趣（张娟，2017；林娜等，2018；苗菊、侯强，2019）。2019《翻译界》设视听翻译专栏全面梳理了字幕翻译、口述影像研究。国外研究内容更广泛、多元，方法更重实证，国内仍以案例研究和理论演绎为主（王建华等，2019）。此外，国内"碎片化且重复较多，方法局限且缺少宏观框架式研究和实证研究，视角囿于语言学和跨文化层面"（傅敬民、张开植，2021：88）。

---

73. 数字、年份等何时何地如何巧用，以促行文多样化？

综述行文一定会涉及年份，涉及数量，尤其是以"点"出现的文献作者与发表时间，常见的方式是"张三（2019）"式，但不能满幅都千篇一律，宜多样化，讲究篇章修辞。

以数字出现的概括用语，要实事求是，不能过于夸张，如：

稿 23	符号景观翻译研究形成了"理论/策略/方法+实例"套路,40 余种理论涉及符号景观的目的。
稿 24	"理论/策略/方法等+实例"的符号景观翻译研究范式已悄然形成,接受美学等 40 余种理论涉及符号景观的目的。

稿 23 若还想写得生动具体一点,可举出典型的理论名称,让数字的概括性与个体的具体性结合,行文就实在得多,如稿 24。

时段较少有绝对准确的跨度,常用约数,如"约、余、多、来、左右、大约、大概、估计、大致、基本上"等,若用"来"与数字搭配表示概数,要注意其在句中的位置。如:

稿 15	10 年来,俄语景观渐受重视。
稿 18	俄语景观渐受重视已 10 来年。
稿 21	俄语景观渐受重视已 10 余年。
稿 24	俄语景观 10 年来渐受重视。

稿 15 的"10 年来"作为独立成分,用于句首,有凸显时段之效。稿 18 的"10 来年"则用于句末,成为焦点。稿 21 用"余"替代"来",更书面化。稿 24 将时段居中,以"渐受重视"收尾,显示了动态。此外,能用阿拉伯数字就不用汉语数字,更不用汉语数词。如"10 年来"比"十年来"易被关注,因为阿拉伯数字于汉字丛中是外来的文字。

数字的游戏与活用,平时不妨练练手。每年元旦,笔者给友人发的祝福从不下载,也不老套,而是不断求异(见表 19)。

表 19 笔者所发元旦祝福

2023 元旦贺辞	2024 元旦贺辞	2025 元旦贺辞
兔年 two 鞠躬! too 康 too 安! 顺意 too 成 two! 失意都 tu tu!	24=12×2,恭祝: 每天活出两天! 每月活成两月!! 一年活得双倍人生!!!	2025 年, 奉上《250》, 顺颂 520, 附赠 502—— 将未来的幸福幸运粘在一起!

2023 年元旦贺辞有多解,其一如"兔年两鞠躬!既康又安!顺意也成双!

失意都突突！"，其中"突突"是象声词，亦可作动词，如"要是有枪，早就把敌人突突了"。2024 年元旦贺辞巧用 24 是 12 的倍数，再按日、月、年引申开去。2025 年元旦贺辞则与本书的缩略"250"相关，几个数字组合或圆润，或谐音，或寓意，集合了吉祥之意。

（二）简　　评

74. 简评顺综述而单写，显化什么？其标题与提示语如何多样化？

简评应有，可不受"1. 选题依据"中"国内外相关研究的学术史梳理及研究进展"的影响，可结合 2008 年活页中"本课题国内外研究现状述评"的要求，在综述之后加简评。如：

> **1.3　国内外研究简评**　（依符号循机制，揭规律建话语）
> 　**1）符号学视角影视外译研究待拓展**　以翻译学、语言学、媒介学等视角为主，翻译学、多模态、各符号学分支如文化符号学、哲学符号学等跨学科研究需加强。
> 　**2）符际表意与传播效能关系待探寻**　中国影视海外传播效果受重视。然而，译中符际意义再生与变异及其与译后传播效能效果之间的深层关系待探寻。
> 　**3）多模态符号整体重构规律待揭示**　语言符号表意受关注，图文、文图、图文声共构的多模态符号整体重构规律待揭示，跨媒介符号表意行为待厘清。
> 　**4）影视翻译符际表意机制亟待重构**　从语言学视角考察字幕、配音聚焦语言符号，语言与非语言符号间的跨文化、跨媒介符际表意机制待创建。

由上例可见，"简评"宜单列，不与综述混填。凸显"评"，是为其后的价值奠基。评不足，明方向，看清未来研究之所缺、所无、所困……，才知未来之所需、所求、所待……上例简评了国内外研究，为助评委明其就里，特加了提示语"依符号循机制，揭规律建话语"，简明扼要，也不妨改作"依符号，循机制，揭规律，建话语"。此类提示语还有：

稿 1	1.3　国内外综评
稿 2	1.3　国内外研究总评　（评价过往，展望未来）
稿 3	1.3　国内外研究概评　（针对国内外共性问题，简述未来趋势）
稿 24	1.3　国内外研究合评　（针对共性问题，简述趋势）

稿 1 是最简方案，采用的是"综合评价"。稿 2 加"研究"二字，更为完

整；"研究"还可换作"进展""动态"等；可替代的提示语还有"忆往昔，展未来""以未来之眼，看研究之往""察古今之变，明未来所缺"等。

稿3吸收了国家社科基金重大项目和教育部项目的写法，添加了提示语"针对国内外共性问题，简述未来趋势"，问题是批评的抓手，未来趋势是解决问题所形成的方向，一正一反，合二为一，交待了评价的写作视角。稿24是对稿3的简化，稿3中"国内外"重复，可删，趋势不要"未来"也明了。

75. 总评如何统起？分评如何分化？简评如何至简？

评价可以国内外综评，也可分评。综评和分评，各有功效，各有优劣。综评，是将评价同置一处，加提示语即说明，如"国内外综评"，归纳性强，方便评委懂您。"综"还可用"简、合、总、概、通、共"等替代。分评，即紧随国内综述之后（有时另起一行）就作评价，国外也是如此。其长处是评随述走，不足是内外之评分居两地，难以形成整体印象。国内外研究分评分三种。

国内外总分总式 即国内一段，国外一段，各自内部分点，设标题，加或不加序号，最后一段为总结。如下例稿1用了总—分—总的评价模式，国内外先总汇于一起，再各一段，国内下分四点评价，国外下分三点评价；第三段为总评，也分三点，且加序号，指明趋势。这是初稿，草成而已。

稿1　**1.3　国内外研究简评**

　　国内　实用性强　学科有侧重 研究服务于国家、外国客人等。以翻译学、语言学研究见多，分析指示、提示、限制、禁止、警示等功能的语言特点，讨论符号景观的外译，尤其是英译；社会语言学角度刚起步，介绍国外的理论或用国外的理论分析某个地区，主要是少数民族地区的符号景观多语特征。**方法运用多　小语种待加强** 使用调查法、观察法，偶见语料库法和结点分析法，未见多模态语料库法；以汉英研究为主、汉俄、汉日等双语研究待加强。**全译多变译少　二者未结合** 翻译研究多为全译视角，变译涉及少，融合全译、变译的未见。**翻译研究多　尚需理论提升** 以多种翻译理论、原则为指导，分析某地某领域符号景观外译（主要是英译）错误、误因及翻译策略并进行改正，有见地的不多，且不仅分散，需系统化与理论提升。

　　国外　重学术轻实用 大多研究纯为学术而做，偏重语言与文化，讨论指示（主要是地名、城市客体名称）、禁止类以及标语口号等的特点；现转向社会语言学视角，探讨少数民族区域语言政策、大城市移民语言以及语言安全问题。**方法单一　语种较多** 使用调查法、观察法，未见语料库法。以俄、英、德、法单语研究见多，偶见汉语，也见俄英、德俄双语乃至俄英德、俄意英三语对比。**非语符受关注** 开始从符号学角度进行研究，讨论图像、色彩、字体字号等非语言符号对文本意义建构的作用。

接上页

国内外成果为本课题的研究奠定了基础，但尚需拓展：**1）整合学科视角，引入新的学科** 国内外主要取单学科视角，且各有侧重，可整合国内外研究之优长，引入如景观学、设计学、空间理论等新学科，合力探讨符号景观的译写与构型。**2）融合全译与变译理论，构建符号景观译写原理** 国内英译研究成果丰硕，但重复研究多；翻译研究多取全译单视角，原则多难操作，译法杂无定法。因此，需结合全译与变译探究符号景观特有的译写原则、策略与方法。**3）深化已有研究，开拓新领域** 国内外较少或未涉及如危机管理、安检防恐、应急救助等方面的研究，需加强；已有研究从单学科视角以有限语料分析不同功能的符号景观，其结构模式有待提炼；译写与制作是符号景观的一体两面，目前国内外对后者的研究未见，值得全面探讨。

稿 15　**1.3 国内外研究简评**

1）文理学科需视域融合　研究以译学、语学为多，分析指示、提示、限制、禁止、警示等功能的语言特点及其外译，社会语言学视角刚起步，需加强符号学，新增景观学、设计学、空间理论等研究视角。

2）非语符景观有待生发　我国尚未、而俄罗斯开始关注非语言符号景观研究，基于语言符号，融合非语言符号，全面揭示符号景观的属性。

3）汉俄全译宜融会变译　此前研究多涉汉英全译，原则多难操作，译法杂无定法，且多重复；汉俄变译研究未见，因此需基于全译，加强变译研究，探究符号景观特有的译写原则、策略与方法。

4）拓新领域以揭示机理　较少或未涉及如危机管理、安检防恐、应急救助等方面的研究，对该类重要领域进行对比，提炼汉俄撰写模式和构型模式，挖掘汉俄互译机理和空间组构机理。

5）译写与制作亟待协同　译与制是符际景观的一体两面，对后者国内外未见研究，值得全面协同考察；现有规范仍难满足现时急需，已颁国标较为简单，仍处操作层面，有待完善与补充，尤需理论提升。

国内外二分式　即国内一段，国外一段，各自内部分点，设标题，加或不加序号。如上例稿 11 去掉最后一段的总结，剩下的就是国内外二分式评价，若想更加条理化，不妨改为（所列为标题，所以用了楷体加粗）：

国内　实用性强　学科有侧重 ……（2行）

方法运用多　小语种待加强 ……（2行）

全译多变译少　二者未结合 ……（2行）

翻译研究多　尚需理论提升 ……（2行）

国外　重学术轻实用 ……（2行）

方法单一　语种较多 ……（2行）

国内外成果为本课题的研究奠定了基础，但尚需拓展：

1）整合学科视角，引入新的学科 ……（2行）

2）融合全译与变译理论，构建符号景观译写原理 ……（2行）

3）深化已有研究，开拓新领域 ……（2行）

这一修改只是更条理化了，但仍较长，不略。若能总评与分评合二为一，似乎更好，如：

稿 11	稿 15
1.3 国内外研究综评 （国内 1—4；国外 4—7）	**1.3 国内外研究简评**
1）实用性强 学科有侧重 ……（2行）	1）文理学科需视域融合
2）方法运用多 小语种待加强 ……（2行）	2）非语符景观有待生发
3）全译多变译少 二者未结合 ……（2行）	3）汉俄全译宜融会变译
4）翻译研究多 尚需理论提升 ……（2行）	4）拓新领域以揭示机理
5）重学术轻实用 ……（2行）	5）译写与制作亟待协同
6）方法单一 语种较多 ……（2行）	
7）非语符受关注 开拓新领域 ……（2行）	

稿15仍有修改空间，以第一条简评为例，"分析"改为"多集于"；"功能"更正为"类型"；"语言"的特点是不言而喻的，可舍；"社会语言学"直说成"社会学"，视角更广；"空间理论"可归入"设计学"，不再那么具体，也省去不少字。这样一改，就更简明了。稿15其他评价点的修改同理，如利用单音化可将"译写""制作"合为"译制"；利用上位概念，可将"全译""变译"合为"译"；"文理学科"简为"文理"，更加短语化。最终可得第250问的活页。

76. 简评如何虚实互转、精泛互化？

目前常见的简评用语不多，多为表否定、表负面意义的贬义词，如"不、否、少、欠"等，过于模式化，或是过虚。

虚实互转，就是把抽象变为具体，把虚的写得真实可感，或相反。化虚为实，可用下位概念替代更空泛的上位概念，变模糊为明晰；化实为虚，可能是将具体的概念概括为较为抽象的概念。如：

稿2　**2）学科视角丰富有偏向，研究热点露头有迹象。**<u>国内外均有从语言学、语用学、社会语言学角度的研究。</u>目前，社会语言学角度的研究已成为国内外热点，国内主要介绍国外的理论或用国外的理论分析某个地区，主要是少数民族地区的符号景观特征，国外既有少数民族区域，也有大城市移民的语言问题；国内更多是从翻译学角度，讨论符号景观的外译问题，尤其是英译；俄罗斯主要从语用、文化、符号学等角度分析符号景观的体裁、文本构成、语言符号与非语言符号的作用、符号景观中的先例现象等。<u>符号学视角在俄罗斯已启动，在我国将成为学者们的关注点。</u>

稿14　1）文理学科需视域融合　研究以译学、语学为多，常分析指示、提示、限制、禁止、警示等功能的语言特点及其外译，社会语言学角度刚起步，急需增加符号学、景观学、设计学、空间理论等研究视角。

稿24　1）文理学科需视域融合　研究以译学、语学为主，多集于指示、提示、限制、禁止等类型的特点及其外译分析；社会学视角刚起步，需加强符号学，新增景观学、设计学等视角。

上例所评以国际（以俄罗斯为主）为背景，主要指出国内研究的长短，综合指明未来的趋势。稿2涉及较多，稿14只抓住研究较多的学科，不再涉及具体的其他语种，统括为外语，这是由实转虚。

精泛互化，可以由长至短、由粗而精，或相反。如上例稿14中"译学""语学"因文学而类比简略，一般能理解，可以说，更加术语化了。又如稿14社会语言学"刚起步"，至稿24去了"语言"，用其上位概念，更"虚"。再如，跨学科研究过泛，如何跨，加强什么学科，增加什么学科，不妨说具体而显生动，稿24将稿14的"急需增加符号学、景观学、设计学、空间理论等研究视角"分为两句，"需加强符号学"单独说，由广泛到具体，"新增景观学、设计学等视角"去掉了"空间理论"，将其融入"设计学"，避重，所用概念更广，视角向宏观延伸。

化虚为实、化泛为精的方法有很多，除上述将抽象概念具体化，还有将概括叙述细节化，即将评价表达得较为详细，以免过于概括；以及观察角度多样化，即同一综述可从多角度评价。

相对而言，简评的化虚为实较多，也较适宜。因为评价本来就抽象，将抽象的评价写得具体，叫人能由实悟虚，更好地知道申请人的态度。现在流行评价过泛，不具体，若能将不具体的评价具体化、实化，更便于理解，更具实在的灵魂。概念越大越高越宽泛评价就越虚，越小越低越精准评价则越实。总体而言，大小、高低、宽窄等相济则相宜，甚至是往小、低、窄方向靠近，就会给人以实在感。这一道理也适用于其他各处。

77. 如何确保简评既含"私"想又引而不发？

项目综述之后的简评是对前述国内外动态发表议论，是有感而发，也要直抒己见，但又不能全是新见，不然与其后的"创新之处"可能相重。因此简评观点相对出新，而非全新。多半表示未来的趋势或可做的内容。

设综述为 A；要研究的内容为 B，评价则是由 A 生 B 的中间站，可命为 A_B，不全写出 B，要为后面的论证"留一手"，为自己留下思考空间，以确保整个申请书前后内容浑然一体，各得其所，构成有机体。简评的性质可谓是引而不发，宛如射箭，拉满了弓，箭在弦上，但不立即射出。引而不发之功在于对综述内容作出褒贬，且主要是"贬"，为正式研究做好充分准备，以创造成熟的条件。

因此简评要有思想，捎带"私"货，而不能全盘托出。它具备"诱"的作用，既诱出随后而上的"研究价值"，又启动对"研究内容"的思考。如：

> 4）拓新领域以揭示机理　较少或未涉及危机管理、安检防恐、应急救助等的研究，可对比该类重要领域，提炼汉俄撰写模式与构型模式，挖掘汉俄互译机理和空间组构机理。

该评价并不长，却"私"想丰富：

（1）"较少或未涉"说明同质性，直指后面"危机管理、安检防恐、应急救助等"的研究不足；

（2）"重要"点明上述方面研究的性质与地位；

（3）"提炼"具有创新之意，"挖掘"更能显"新"；

（4）由"俄汉撰写模式"到"汉俄互译"，反映了国家外译的急需；

（5）由"构型模式"到"空间组构"，与"互译"直接结合，扣住选题的"译""制"；

（6）为译制揭示机理，更呼应了带观点的小标题"拓新领域以揭示机理"。

78. 简评态度何时模糊中含鲜明？分寸如何拿捏？

简评需要基于过去、立于当下谈未来，而未来只可预见，所以话不能说满，得留点空间，用词就需模糊一点，在分寸把握中态度尽量鲜明。

评价以指明不足为主，可将其归为以下两类。

（1）鲜明的负面评价语，是直接评价语，即带有负面情感色彩的词语，表达不满、批评或贬低，所有反义词可供借鉴，可因题制宜，适境而选。如：

> 5）译写与制作亟待协同　译与制是符际景观的一体两面，对后者国内外未见研究，值得全面协同考察；已颁规范较为简单，难以满足现时急需，有待完善与补充，尤需理论提升。

上述评价态度鲜明，用了"未、简单、难以"等词语，同时"值得、全面、急需、有待、完善、补充、需、提升"都从正面说了反话，反向说明此前研究不全面、未能满足需求、留有空间、不完善、有空缺、理论水准不高，等等。正反之间，也在准确与模糊间留有空白。

（2）中性或模糊的评价语，指不带明显褒贬色彩的用语，比较客观、公正地作出评价，相对中立，如"一定、相当、比较、较为、有待、略微、稍欠、需要"等。又如"需加强、待探寻、待厘清、亟待重构、待创建"就是典型用语。再如：

> 4）译传差异研究待理论化　此前研究多以变通翻译策略视角切入，探讨文本差异，鲜论译传主体（媒体）、受众维度的意义生成和识解差异，译传差异有待系统研究，尤需理论提升。
> 5）俄媒涉华译传亟待重视　俄媒涉华报道多为新闻学传播学视角的宏观研究，语学、译学视角的微观研究不足，对翻译与传播中要素差异和流变现象关注不够，国之急需，待系统专论。

用语模糊，是因为难以做到绝对的鲜明，有时得把握分寸，如"好、坏"等，有时需保持中立又含倾向。这类具体的评价用语还有"可、须、应、宜、需、待、求、要、消、欲、用、得、待、亟须、急需、较为、有待、需要、要求、索要、亟待、内需、特需"等。

简评因面向未来，顺及目标，也常会用到"以、以求、以便、以免"之类的用语。

79. 评价语常用否定词或负面词？更可反话正说？

综述主要为已有研究表功，基本是肯定的，因此简评不再重复，或总括一下，一句带过。评，人们通常或首选否定词或负面词，自在情理中。

从目前来看，评价语多用表否定或负面的词语，如：

鄙视、犹豫、式微、排挤、世俗、迷惑、尴尬、无解、擅自、拒绝、欠妥、盲目、逆反、荒谬、耗尽、激化、虚荣、下滑、敏感、双标、勉强、压抑、焦虑、困难、悲观、危机、消极、抵制、纠结、失控、操控、反对、自卑、恐慌、低落、极端、伤害、肤浅、质疑、污染、侵犯、施压、破坏、疲倦、缺点、造谣、误解、发泄、控制、麻烦、功利、障碍、封闭、忽视、威胁、无能、冲突、失落、无助、怪异、浪费……

在此不妨再次强调，评价主要指不足，明方向，展未来，汉语语境下不妨反话正说。所谓反话正说，指表面陈述某种意思，实际传达完全相反的意思。其修辞作用在于增强表达效果，语气更强烈，情感更充沛，印象更深刻。请看报业界的写法：《南方都市报》2025年1月3日A12-13版的《互联网平台入局凶猛抢食 免费微短剧将成市场主流》，回顾部分的标题是"微短剧行业监管方向趋严趋细"，展望部分的标题是"强化精品化趋势，题材日益多元""免费微短剧将成市场主流，重塑商业模式""互联网大厂'凶猛'抢食，或改变市场格局"。

综上，常见评价语及其衍生模式见表20。

表20　常用评价语及其衍生模式

类型	案例及模式
表贬义的字	欠 缺 不 无 微 弱……
表贬义的词语	不足 失误 阴暗 分裂 难X 费X 不X……
反话正说词语	宜 应 需 将 或 有待 宜X 应X 需X 有待X……

反话正说，既包含了对过去的不满，又表明了对未来的期许。第250问活页的题解中反话正说也得到了鲜明的体现，如"在文化更需西渐的当下，译写需全面考察与理论提升"，"更需"表明以前中学西渐做得不够，"全面"反向理解为此前研究不太全面，"提升"反向理解为此前理论水准较低。

80. 评价语如何与另外两类词相融？

具体的简评内容可称作"评语"，由评价用语与评价所涉内容组织而成。评语常用到评价语、关键词、学术用语。后二者在此不多言，重在选好评价语。

评价语指表示评价的词语，可与课题的关键词和学术用语组构表达评价的语句；若有必要，更可组构简明的标题，置于语句之首，与后文以空格相隔。常见评价语及衍生模式见上一问，另见《300 问》，也可查关于现代汉语义类的词典等，更在于平时积累。

以 X、Y、Z 三轴构成的三维坐标系更能直观显示评价语、关键词、学术用语三者的组配关系（见图 14），三轴设点置入重点用三类词语。基于此，还可上下左右前后放大坐标系，填入更多的相近词语，在纸上两两画线组配，从中可以发现更多的评价视角，有助于展开评价。如图 14 中"机理"可与"拓展""揭示"构成"拓新领域以揭示机理"，"译写""制作"可与"亟待"构成"译写与制作亟待协同"，等等。

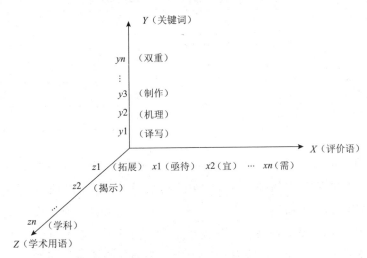

图 14　评价语及其组配坐标

三者相融形成的评语多为复句，偶有句群，往往以小段呈现，一小段为一评价；分点评价比含多层意义的一大段评价要清晰，易被辨识。如第 250 问的评价 1）分有两层，其标题不过 9 字，却能高度概括小段的意旨，点面结合，点评切中。

（三）同 比 价 值

81. 有关价值的要求如何理解更好？解构之后如何再优构？

据 2024 年国家社科年度项目的活页，"1. 选题依据"有关价值的要求是

"相对于已有研究特别是国家社科基金同类项目的独到学术价值和应用价值"，可切分为 A "已有研究"、B "特别是国家社科基金同类项目"、C "独到学术价值和应用价值"。

其中，C 可分为 C_1 "学术价值" 与 C_2 "应用价值"。A "已有研究" 指 "国内外相关研究的学术史梳理及研究进展"，已由前面的述评完成，为已然；而 B "特别是国家社科基金同类项目" 则待写，属未然。

如何理解并优化三者的关系？据价值的要求，B "特别是国家社科基金同类项目" 的 "特别" 二字就得特别对待，需单列显 "要"。如表 21 所示。

表 21　价值要求决定写作的解构与重构

解构与撰写		重组结构	
		"同类项目" 前置式	"同类项目" 后置式
A	已撰	A（一句交待）	A（一句交待）
B	待撰	B	C
C	待撰	C	B

解构价值的要求，可得两大策略：其一，将已有研究与同类项目合并，但分别交待，此策略较为烦琐。其二，分头写，或写于价值之前，如第 250 问的活页，或在价值后 "特别" 交待，如下例。"同类项目" 前置式更好，更显浑然，A 与 B 毕竟是铺垫与背景，且占比不多，由其引出两大价值，也是水到渠成。"同类项目" 后置式则因 B 在 C 之后，稍有续貂之感。当然，也可见仁见智。如：

1.4.1 学术价值（破壁垒、建机制、融范式）

1.4.2 应用价值（出方案、献决策、塑形象）

1.4.3 项目同比新进展

同类项目已立 3 项：1）中国电影外译史研究；2）基于国家形象构建的主旋律影视剧海外传播研究；3）中国影视海外传播与国家形象塑造研究。前者梳理勾勒了中国影视外译史概貌，后两者均聚焦影视外译助力国家形象建构。本课题有如下四大进展：

　1）立足符际意义再生与变异，探影视外译与国际传播效力间交互影响机制，为国献策；

　2）从符号学视角考察文图、图文、文图声等多模态符号整体，拓影视翻译新思路；

　3）聚焦符际表意主线，重构符际意义再生与变异机制，创影视外译新话语；

　4）建影视外译语料库，析多模态话语，助力思政育才与文化传播基地建设。

---

82. 价值要求的偏部与正部各占比几何？其结构如何优化？

据上一问对 "价值"的切分，"相对于已有研究特别是国家社科基金同类项目的独到学术价值和应用价值"可得结构：$_{A+B}+C（C_1+C_2）$，其结构关系为偏正式：

正部 独到学术价值和应用价值=$C（C_1+C_2）$，下分"学术价值""应用价值"。

偏部 已有研究+特别是国家社科基金同类项目=A+B，A 主 B 次。A 已写，如面；B 未写，如点。二者关系是面中缀点，呈点缀关系。如：

> **1.4 独特价值**（已有研究见上，同类项目如下）
>
> 同类已立 2 项：1）新疆公示语翻译现状调查与对策研究；2）"一带一路"语言景观汉俄比译模式化研究。与其相比，本课题的价值更偏重：
>
> **1.4.1 学术价值**（涉及理论、学科、本体等）
>
> **1.4.2 应用价值**（涉及国策、外宣、智库等）

上例为第 250 问活页的前稿。由上例可知，价值要求的关系是偏正关系，正部重要，占幅要大；偏部次要，占幅要小。偏部中的 B 即"特别是国家社科基金同类项目"是偏中之偏，占比应更小才是。A"已有研究"是"国内外相关研究的学术史梳理及研究进展"，约 1000 字，占 7000 字的约 1/7。因不能重写，最佳处理方式是：

第 1 步，用语篇指代手段，交待 A"已有研究"，如上例的"已有研究见上"，或"已有研究见前""见国内外综述"等。

第 2 步，既用语篇指代手段交待 B"特别是国家社科基金同类项目"，如上例的"同类项目如下"，也在价值书写之首加一段，列出相应最相关的项目。

第 3 步，分别撰写本项目的独特价值，详见下述各问。

83. 分级增设价值提示语为哪般？何时何处如何增设？

据前述两问的分析，价值要求看似简单，实则复杂。若将其分解用作标题，担心标题过简成简陋，便需增设提示语。提示语添加可分以下三层。

（1）加给一级标题 在此"一级标题"指"1.选题依据"，一般不动其提示语，守规。

（2）加给二级标题 一级标题拆出的标题不太明晰，或想特别表达申请人的用意，此时可加提示语，如上一问用例的"已有研究见上，同类项目如下"，以明撰写思路。

（3）加给三级标题　将拟写内容要点化与具体化，以便评委更加明了。如上一问用例三级标题"1.4.1 学术价值"的提示语"涉及理论、学科、本体等"，其中最重要的是关键词的提炼与提取。提取是直接摘用，如 1.4.1 三个"学术价值"分涉"理论、学科、本体"三个概念，直接摘选或完形后填入标题后的括号，反映了研究的学术性。提炼则要概括，如 1.4.2 三个"应用价值"，"营造五通语境"反映了国家战略，"正面宣介中国"即对外宣传介绍中国，"可供多方参省"有智库之效，分别提炼为"国策、外宣、智库"，能反映研究的现实性。

84. 同类项目如何求"大同"？检索理据有何误区？如何走出？

"相对于已有研究特别是国家社科基金同类项目的独到学术价值和应用价值"中，"同类项目"意求大同，而非小同。

申报数据表要求填 3 个关键词，申请人检索已立项目时则不能限于 3 个，至少得 5 个。以 5 个关键词为例，以其中任何 1 个关键词检索所得的项目与所报项目是远相关，2 个则是微相关，3 个是较相关，4 个才最相关。请看下例：

方案 1

国家社科基金项目数据库中与本课题有**间接**关联的课题主要分为两类。第一类为文学中视觉现象的研究，多以英国维多利亚小说、浪漫主义诗歌以及法国小说等文学流派的视觉现象特征为研究对象，或是以狄更斯（Charles Dickens）、桑塔格、让·艾什诺兹（Jean Echenoz）等个体作家作品中的视觉叙事为研究对象。第二类是跨媒介文学研究，分别为美国文学和英国小说的跨媒介经典构建为研究对象。

而与本课题有**直接**关联的产出成果来看，周宪教授在其课题"当代视觉文化与美学转型"的成果《视觉文化的转向》及曾军教授在其课题"欧洲左翼文论中的中文问题研究"的成果《观看的文化分析》中都对伯格的视觉理论进行过详细的梳理；两位学者细致而深入的研究加深了学界对伯格视觉文化理论的认知。但在数据库及其成果中还未有伯格或是现实主义文学的跨媒介视觉化文学创作相关的专题性项目研究。

方案 2

1）相对于国家社科基金已立项有关中国文学外译与传播类课题，本课题可弥补目前尚无专题研究聚焦加拿大学界的英译中国文学经典建构图景的缺憾。

2）课题拟将文学翻译与翻译文学接受的文学批评与经典建构功能有机结合考察民族文学的域外经典建构现象，打破了翻译与文学间的学科壁垒；英译中国文学经典建构话语体系构建是本研究的另一贡献。

接上页

> 方案3
>
> 　　同类项目主要有两方面：①稻作文化研究共有3项，主要针对稻作文化本身，如2013年的侗族稻作文化研究；②中国东盟文化交流方面约有9项，其中4项针对体育文化，1项针对中国东盟那文化交往范式。本研究新进展：
>
> 　　**（1）研究对象新。**目前尚未有针对稻作文化助推中国东盟民心相通及交流合作的系统研究。中国与东盟的稻作文化有着深厚的历史渊源，加强其研究能促进文化包容共生，凝聚共识，扩大认同，为合作夯实基础，服务国家战略需求。
>
> 　　**（2）内容体系新。**目前传统文化交流互鉴的价值实现机制尚不明确。本项目运用统计学、管理学等学科方法，通过大数据分析掌握文化现象的本质，通过结构方程模型了解影响路径，通过信息计量学揭示内在规律，并剖析价值实现机制，为其他中华文化的交流传播提供借鉴。

　　方案1上一段过于铺陈，下一段仍较长，不如直接点题，明其优劣，以衬托自己的选题。方案2未见已立项目，信息不明，可比对象不显，再怎么强调自身价值，也不足信。方案3写法基本正确，但据其选题判定，仅涉及稻作文化研究的3项课题才是真正的"同类"，后面9项是远相关，9+3=12，总量不少，全写于己不利。两点新进展略微冗余，还可凝练。

　　若有项目能覆盖所定的5个关键词，则表明所拟项目失败，或为重复性研究。以任一关键词检索，显示已立项目很多，虽然相关，但却远淡，似乎出了"五服"，上例方案3的陈述可能帮倒忙：如此之多，您做何用？！

　　3个关键词同检所得项目的相关度虽有增加，但有时数量嫌多，算不上最相关。用组合关系 C_5^4 大浪淘沙所得的结果5才属最相关，即5个关键词任选4个加以组合检索，可得5种。这才是相对正确的寻觅同类项目的归宗法。

85. 项目同比的时空检索背景有多大？优先选填什么？

　　"价值"要求与此前同类项目进行比较，主要是让学者自查，避免重复研究。相对于国家社科基金同类项目，拟报选题有无独特价值可查全国哲学社会科学办公室网站，也可查中国知网、各公共网站、图书系统等。若是申报国家社科基金年度项目，其检索时间是1992年至今；空间上，各地方社科基金项目均可取同样方式检索。

　　设项目关键词为5（而非规定所填的3个），在相应网站检索，若是按 C_5^5 组合关系检索，有相重者，说明做过，属于雷同或重复研究，赶紧刹车，另寻出路。再往下按 C_5^4 检索，若无，则按 C_5^3 检索，依次按 C_5^2 检索。C_5^1 即用 5 个中的任一关键词检索，会出现较多的选题，其相关度不大，结果无价值。

可选填的检索结果多出现于 C_5^4 — C_5^3 区间，一般按相关度排序为 5、4、3、2、1。因相关度不同，6 个及以上相关项目关联性逐渐显弱，1 个相关项目又显过少。因此，可以取最相关的前 5 项，逐步末位淘汰，最终保留 2—3 个最相关者入文即可。

此外，同等情况下尽量选用精短的项目。如第 250 问活页前稿查得已立同类项目有"1）构建和谐民族地域文化与奥运背景下的新疆公示语翻译现状调查与对策研究；2）'一带一路'语言景观汉俄比译模式化研究；3）'一带一路'背景下西藏自治区语言景观规范化建设研究"，中间的项目可用"一带一路"，前者的"构建和谐民族地域文化与奥运背景下"与后者的"一带一路"均属多余，尤其是前者限定过长，导致项目名称长达 33 字。同等情况下，可舍字数多者，选短者。鉴于此，命题时要力求简明，于己于人双赢。

86. 拟报项目的价值欲求超胜，优选哪些视角的词语？

拟报项目欲超胜以往，在比较同类项目之后应关注 3 个视角及相应的词语：比较用语、比较点用语、结果用语。

（1）比较用语　即表比较级的用语，如更、比较、技高一筹、稍胜一筹、棋高一着、略高一筹。包括表"稍微"义的正向词语，如"一点、稍微、有点、略微"等。表示"……得多""更……"的词，如"更、更加、远远、大大、多多、好多"等；表示"甚至""仍然"的词语，如"还、仍然、甚至"等；表"高"的词语，如"很高、甚高、特高、超高、极高、最高"等；表"新增、添加、更、较、进一步"的词语，如"加大、加强、加深、加 X、X 化"等同义词或近义词；此外，还用表"新"的近义词，如"始、初、鲜"等。

（2）比较点用语　比较点是比较或被比的对象，这个因学科或选题而定，如第 250 问活页的 1.4.1 第一个比较点是理论，所以价值标题拟为"助建译制论"，段末焦点本是"共建符号景观译制理论"，也不错，点明了从"译""制"两个角度共同创建，最终优化为"新建景观译制理论"，在价值中更突出创新价值。

（3）结果用语　指比较后得出的结果，许多结果直接以句子形式呈现为独特价值，如第 250 问活页 1.4.1 中第 2 个学术价值从本体与领域出发，合并了两方面的学术价值，前者深入发掘，后者新增内涵，跨学科探索机理，学术含量显得较高，因此以"固本辟新域"为题，展开为"整合国内外符号学、语学、译学等的成果，继续深挖与提升；新增空间景观制作，融合语符与非语符，整合译与制，展开系统对比、模式提炼与机理探幽"。

87. 除学术与应用价值外，社会价值如何向下分化分流？

价值要分层，分层才可具体化，这是价值分类和具体化的良方。理论上，价值可一分为三，学术价值与应用价值之外，还有社会价值，即对整个社会的方方面面有何意义、作用等，所取视角是其功能。按层级，价值可分如上3层，填报时也可按此序排列。若是严格按所定的学术价值与应用价值填报，也可将社会价值先分化，一分为二再分流，或入学术价值，或入应用价值。

社会价值最常见于综合类研究项目，高立于战略，这类项目重全局性，多具前瞻性，视野兼有综合性与交叉性，突出对经济建设的贡献、促进社会发展等，服务且造福于社会，因此更多的时候属于应用价值，多半并入应用价值。

社会价值可高可低，完全取决于项目本身。高位价值可：

（1）促进社会进步 考量项目是否推动了社会的进步与发展，是否改善了人们的生活条件与质量等。

（2）增进人类认识 考量项目是否拓展了人类的认知边界，是否更深地理解了人文社科的本质，是否增强了人类的自我认识与文化自信等。

（3）推动人类文明 考量项目是否推动了人类文明的进步与发展，是否激发了人类的创造性与创新精神，是否推动了相应领域的发展等。

取"高"视角者较多，有时也可取"低"视角，主要在于能否解决实际问题，能否为人类的生存与发展提供支持与保障，不过这更近于应用价值。比如第250问活页1.4.2的3个应用价值，既是社会价值，更是应用价值，所以最终归入了应用价值。

88. 价值何以"瓮中捉鳖"？价值系统如何依需而排？

整个"价值"宜系统化思考，可分3层，写作时可归结为2层，具体详见上一问。

社会价值、学术价值与应用价值构成项目的独特价值体系。第1层是社会价值，可分10多种，详见下一问；第2层是学术价值，可分10多种，详见第90问；第3层是应用价值，可分10多种，详见第91问。3层价值如网，若有遗漏，至多也是"小虾"；更是如瓷，大小之"鳖"插翅难逃。剩余部分便是优选或优配的问题。

每类具体价值自身又是小系统，同样可以系统化。有时，分得太清，或自以为清，不一定为他人认同，可能不利于获得共情。如第250问活页的"1.4.1学术价值"，此前共分"1）助建译制论、2）融会文理两科、3）固本体辟新域"3个学术价值。可由低向高，排如3）、1）、2），反映本体、理论、学科的价值递增过程；或由高向低，排如2）、1）、3），反映学科、理论、本体的价值递减过程。可是，为什么没有选这2种方式？因为所报课题重在理论创新，所以排作1）、2）、3），所循的规则是理论、学科、本体的价值混杂过程，这就是一种突出所报课题特性的排序方式。后又觉得学科价值太高，较虚，便删除了，只呈现目前的2点价值。

89. 优化价值应取哪些社会视角？如何从排序中作出优选？

选题价值可取社会视角，具体可涉政治、战略、国是、国事、国策、利益、文化、作用、经济、发展、道德、历史、社会等方面。这些视角均可呈现出人文社科研究对社会发展所作的贡献。如：

> **1.4.1 学术价值**（破壁垒、建机制、融范式）
> **1.4.2 应用价值**（出方案、献决策、塑形象）
> **出方案供参考** 探寻中国影视外译与国际传播效能深层关系，为文化、宣传和教育等各级政府部门提供决策参考，为翻译学、符号学、国际传播等研究提供案例支撑。
> **育新人助传播** 成果用于思政教育与"三进"教育基地与中国文化国际传播文化工程建设，为提升中国大学生中华文化立场、影视翻译与国际能力提供决策参考。
> **促外宣塑形象** 借影视外译向西方展示真实、立体的中国形象，以提升世界文化理解力、文明融通力，为文化共同体建设提供中国方案与中国学者智慧。

社会价值，或具战略意义，或有文化意义，或具历史作用，或产生道德影响等。社会价值较多时，可按其价值大小排序。而价值大小判定又取决于项目的性质，换言之，要先判断项目内容与哪些价值相关，再按相关性排序。据社会价值与学术价值、应用价值的比例，从中选出前1—3个价值。社会价值需与另两个价值平行设置时，可单列；不需时，可分别并入其一或其二。上例的应用价值就含有社会价值，如应用价值1瞄准国内各级各领域对外传播的战略；应用价值2观照课程思政与文化传播；应用价值3定位于形塑中国，共建人类命运共同体。

90. 优化学术价值可从哪些范畴切入？

学术价值多见于基础性研究，重视基础性，趋向理论突破；彰显开拓性，深入思想创新；强调原创性，彰显科学进步。当然，其他类研究也具有学术价值，只是程度不同而已。

切入学术价值的范畴有科学、学科、理论、思想、本体、本质、原则、规律、机理、类型、机制、理据、范式、方法论等。面对众多的学术价值，先作整体性判断，确立宏观的学术价值，再依据上述范畴对项目逐一思考，按与项目的相关度排出学术价值的顺序。如：

稿8

1.4.1 学术价值

助建译论　基于汉俄符号景观对比提炼出撰写模式，结合全译/变译理论探其译写原则、策略、方法并作理论提升，可深化全译认识，促进变译探索，助力符号景观翻译理论的构建。

融会文理　对比中俄符号景观构型格局，可发现文字、图像、色彩、字号字体、排版等方面差异，深化对汉俄民族的认识，促进符号学、语言学、景观学、设计学、空间理论等的交融。

辩证思维　符号景观研究必然走向学理化、系统化，将其语言符号与非语言符号、译写与制作视为一体，借语言学、翻译学、社会符号学、景观学等多科展开研究，对其认识形成辩证观和全面观。

固本拓新　整合国内语言学、翻译学与俄罗斯语用学、文化学、符号学等方面的研究，继续深挖与提升；新增中俄符号景观制作及译与制一体化研究，进行系统对比、模式提炼与机理构建。

稿22

1.4.1 学术价值

助建译制理论　基于汉俄符号景观对比提炼撰写与构型模式；结合全译与变译理论探其译写机制，作理论提升；融合符号学、设计学等讨论空间组构机理，共建符号景观译制理论。

融会文理两科　对比汉俄符号景观结构特点，可发现语言以及文字、图形、色彩等及其组合差异，深入了解汉俄民族，促进语学、译学、符号学、社会学、设计学等相互交融。

固本辟新域　整合国内外语学、译学、语用学、符号学等的成果，继续深挖与提升；新增符号景观制作，融合语符与非语符，整合译与制，进行系统对比、模式提炼与机理探幽。

稿 8 经过十几次的修改至稿 22，不仅形式更优美，学术用语也更准确，内容提炼得更简洁，比如稿 22 将稿 8 的"融会文理"与"辩证思维"合并，舍弃了后者不太相关的内容。与内容的凝练相反，各点学术价值的标题则反向扩充，如"助建译论"过泛，加上"译制"成为稿 22 的"助建译制理论"，还真成了学术创新，更显学术价值；又如四字格"固本拓新"几成熟语，扩为稿 22 的"固本体辟新域"，虽未含项目关键词，但非常具体且带新意。

学术价值可以顶天，如科学价值，考量项目是否探索了人文社科现象的本质和规律，是否揭示了事物的真相和本质，总之是否探索了真理，少数项目会涉及此类价值。还可体现在学科层面，如第 250 问活页的 1.4.1 本含"融会文理两科"，讨论学科层的跨科问题，后删了。学术价值也可以立地，是最具体的学术价值，如上例中"助建译制理论"，要创建具体的理论。

91. 应用范畴如何彰显选题价值？

应用价值强调解决各种实际问题，对策性、预测性、时效性是其首选，多涉及社会现实与生活，触角很多，因学科而不同。它既可是已有理论成果应用于实践，也可是实践本身的规律探索。涉及实践、实用、实战、实际、实用、经济、运营、效益、战术、方法、技术、操作等范畴。如：

稿 9

1.4.2 应用价值

开渠辟流 对比中俄符号景观，构造国际化、标准化、规范化的符际图景，为中国文化走出去开渠辟流，为本土、域外、对象国、第三国打造良好的语言环境，营造文明互鉴的语境和文化交流的场所。

消除误解 根据外国人的需要而译制的符号景观是向世界讲好中国故事的最有效手段，使来华外国客人通过符号景观了解真实的中国，可消除妖魔化中国的西方媒体报道对中国的误读。

提供借鉴 构建中俄符号景观译制机理，为国家、政府制定相关政策、规划符号景观译制提供宏观理论参考，为各类符号景观的译制提供具有普适性、可操作性的指导，为翻译教学、辞书编纂等提供丰富的语料。

稿 13

1.4.2 应用价值

营造五通环境 对比中俄符号景观，构造国际化、标准化、规范化的符际图景，为中国文化走出去开渠辟流，为本土、域外、对象国、第三国打造良好的语言环境，营造文明互鉴的语境和文化交流的场所。

接上页

> **消除他人误解** 根据外国人的需要而译制的符号景观是向世界讲好中国故事的最有效手段，使来华外国客人通过符号景观了解真实的、立体的中国，可消除妖魔化中国的西方媒体报道对中国的误读。
>
> **提供多方借鉴** 构建译制机理，为国家、政府制定相关政策、规划符号景观译制提供宏观参考，为各类符号景观的译制提供具有普适性、可操作性的指导，为汉俄对比与互译、辞书编纂等提供丰富的语料。
>
> 稿23
>
> **1.4.2 应用价值**（涉及国策、外宣、智库等）
>
> 1）营造五通语境　对比汉俄符号景观，构造国际化的符际图景，为文化走出去开渠辟流，为本土、域外"一带一路"打造良好的双语环境，积极营造文化交流场所与文明互鉴氛围。
>
> 2）正面宣介中国　据俄语国家所需而译制的符号景观是向俄语世界讲好中国故事的有效手段，使其民众通过符号景观了解真实立体的中国，从细微处预防西方媒体对中国妖魔化。
>
> 3）可供多方参省　构建译制机理，为国家和政府规划符号景观译制提供宏观参考，为文旅部门符号景观译制提供可操作性指导，为汉俄比译、教学、辞书编纂等提供丰富的语料。

　　稿13与稿9较近，修改量较小，至稿23则修改量大，优化程度更高，仅标题就能见微知著。如稿9的"开渠辟流"改至稿13的"营造五通环境"，一是具体化，二是高端化。稿13只是在稿9的"消除误解"中加入了"他人"，作用不大，无非是凑成了六言格式，而稿23用"正面宣介中国"则提升至国家层面，于国有大用。稿9的"提供借鉴"太大众，稿13加入"多方"凸显了量，稿23用"参省"代替高频的"借鉴"，虽不太准确，却略带新意。

　　涉及价值较多时，排序并取其前列。如稿23的1.4.2，除1）、2）两点是社会价值转入应用价值外，3）也分三层，即国家—部门—业内：国家层"构建译制机理，为国家和政府规划符号景观译制提供宏观参考"，是政策性参考；部门层"为文旅部门符号景观译制提供可操作性指导"是操作性指导；业内层"为汉俄比译、教学、辞书编纂等提供丰富的语料"是材料性借鉴。

　　若是申报其他级别的课题，稿23应用价值的"业内层"还可进一步细分如下，只不过限于篇幅，申请人做了取舍，本专业内统而言之，汇成应用价值3）)。

　　1）为汉俄翻译提供汉语模式俄语模式及比较与翻译；

　　2）为汉俄双语教学提……；

3）为汉俄单语、双语辞书编纂……；

……

优化应用价值时，应多联系社会背景、生产实践、实际生活等，察其用处，包括直接或间接的效益。应用价值要向实处追，紧抓针对性、实证性、对策性等，最好落于具体问题，考量能为哪些方面提供指导、给予支持、落实保障等。

92. 价值用语如何与另两类词语配用？

价值用语是表明项目价值的词或短语，与其配用的是关键词与学术用语，前述各例可见一斑。价值用语常用一些表示价值的动词，如提高、增强、改善、完善、促进、强化、加强、助推等。总体而言，学术价值用语相对较少，应用价值用语则多得多，部分词语在价值用语、关键词、学术用语之间存在交叉。

常用词语及其价值大小排序或许是：动词＞形容词＞副词＞名词。见表22。

表22　常见价值用语及其衍生模式

词类	用语	案例及模式
动词	价值用语	助　创　推　供　固　融……
	衍生模式	助 X 建 X 创 X　X 助 X 建……
形容词	价值用语	优　好　佳　实……
	衍生模式	优 X 好 X 助 X　X 建 X 实……
副词	价值用语	快　缓　甚　弥　颇　极　最　至　更……
	衍生模式	颇 X 至 X 极 X　X 极 X 少……
名词	价值用语	水平　能力　智慧　战略……
	衍生模式	水 X 能 X 战 X　X 化 X 性……

若有必要，除了组织价值表述外，价值用语、关键词、学术用语更可组构简明的标题，置于价值表述之首，与后文以空格相隔。更多词语详见《300问》，更可查关于现代汉语义类的词典等，关键在于自己平时的积累。

价值往往具有倾向性，多用褒义型价值用语，三类词配用，可以构成句子，呈现为主谓短语，带宾语。后者较前者更常用，如上一问用例中的三稿。主谓短语的主语往往是"本课题""本项目""主持人""申请者"之类，此类主语常因语境而省略，带宾语的主谓短语便简化为动宾短语。

以 X、Y、Z 三轴构成的三维坐标系更能直观显示价值用语、关键词、学术用语三者的组配关系（见图 15）。您更可上下左右前后放大坐标系，填入更多的三类词语，在纸上两两画线组配，从中可以发现更多的价值表述视角。如图 15 中"助建"可与"译制"构成"助建译制理论"，"融会"可与"学科"构成"融会文理两科"，"营造"可与"五通"构成"营造五通语境"，等等。

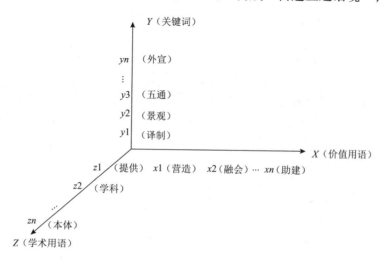

图 15 价值用语及其组配坐标

五、研究内容优化

93. 对象、思路、框架、纲目如何同讲"研究内容"的故事？

研究即讲述学术的故事。项目申请书仿佛是剧本，有其情节要求。申报高手应会看门道，门道又分大道与小道。

2024 年国家社科基金年度项目活页对研究内容的要求为"本课题的研究对象、主要目标、重点难点、研究计划及其可行性等。（框架思路要列出提纲或目录）"。以后若一仍其旧，则有几处要优化，首先，"框架思路"至少可还原至目标或重难点的前面，再将"提纲或目录"简化为"纲目"，与框架思路逻辑上归拢，成为"思路框架及纲目"，可得"2. 研究内容"的前四个要素——对象、思路、框架、纲目。这几个关键词可演绎出活页硬核——"研究内容"的故事：

某户生有五子，父母要为五子各找一个对象（此处"对象"是喻称，活页的对象并非仅限于人，详见第 96 问）。五子成人成家时，父母开始筹划，五子何以立业，又如何再生五子，裂变式扩大家庭与家业，子子孙孙无穷尽也。父母年近百岁时，已是四世同堂，却分不清家族亲人关系，于是他们要老大修一份家谱。试比照苏氏家谱（图 16）。

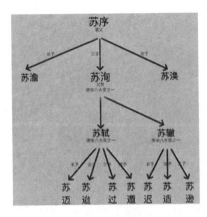

图 16　苏氏家谱

在这个"研究内容"的故事中，对象如同项目研究对象，兴旺家族的思路如同项目思路，五子各自分立门户如同框架之下的子课题，后来所修的家谱如同纲目。这一脉络或能形象地说明研究内容"对象、思路、框架、纲目"四要素的关系。

94. 方法为何不可或缺？即便不作要求，内容何处巧涉及？

项目有了研究对象与思路，如何完成一项项内容，便成了关键，因此研究方法甚为重要，理不当删。即便某些项目不要求写，不少人有意无意间也常将方法写出，更何况是专门提示了申请人要写方法创新呢。究其因，"创新不是别的，是发现了一个新的方法。能否提出有价值的问题、进行创造，取决于方法的突破"[1]。

任何学科都有自己的研究方法，彼此之间不尽相同，如物理学有观察法、光学检验法等，化学有显色法、结晶法、燃烧法等，逻辑学有演绎推理法、归纳推理法、直接证明法、反证法、排除法等[2]。"比起方法和技巧，'思维方式'才真正决定一切"，"二流人士追求'做事方法'，一流人士认清'思维方式'"[3]。

即便项目不要求填写方法，纵使创新并非方法创新，仍有几处可以带出方法，只不过无须展开而已，只提及用"何法"，如题解、研究计划等处，详见第 250 问，现引其二处，列入表 23。

表 23　题解、研究计划等涉及方法案例

出处	内容	说明
题解	基于……多模态语料库，就汉俄符号景观的对比、转化与变通机理发微探赜……	用了语料库方法、对比法
研究计划	增容至 8 个多模态库，…… 对比汉俄景观的特点和文、图、形、色等及其组合双文化的异同……	用了语料库方法、对比法

① 李之群. 距离论探索：从另一个视角看世界[M]. 武汉：武汉大学出版社，2014：序 1.

② 李文. 矛盾哲学[M]. 北京：知识产权出版社，2013：10.

③ 〔日〕高桥政史. 聪明人极简图表工作法[M]. 易哲译. 长沙：湖南文艺出版社，2018：1-2.

95. "研究内容"该在何处显影？若"隐"，该如何"显化"？

2021年国家社科基金年度项目活页中的"研究内容"涉及"本课题的研究对象、框架思路、重点难点、主要目标、研究计划及其可行性等。（框架思路要列出研究提纲或目录）"。教育部人文社科研究项目B表第二部分是"本课题的研究目标、研究内容、拟突破的重点和难点"，说明研究内容与目标、重点难点并列。请看国家社科年度项目活页"研究内容"提示语20余年来的变化（见表24）。

表24　活页"研究内容"提示语20余年的嬗变

年份	"研究内容"的提示语
2002	本课题研究的基本思路和方法；主要观点
2007	研究的主要内容
2015	本课题的研究对象、总体框架、重点难点、主要目标等
2021	本课题的研究对象、框架思路、重点难点、主要目标、研究计划及其可行性等。（框架思路要列出研究提纲或目录）
2024	本课题的研究对象、主要目标、重点难点、研究计划及其可行性等。（框架思路要列出提纲或目录）

读罢2021年、2024年活页对"研究内容"的要求，只见标题含"内容"，提示语却不见其踪影。内容似乎被溶解了，容易引发误解。2021年国家社科基金年度项目活页改革以来，不少人就不知如何区分内容与框架。怎么办？总不至于凉拌——将内容晾在一边吧！？还真有人只列框，不填内容，结果整个活页成了"空壳"。

核心研究内容才是整个申报的硬核，是活页的轴心，占幅也最大。按最新版国家社科基金年度项目活页的量化分配，活页7000字，研究内容权重为5，应为3500字，核心内容约为1760字，约占研究内容的一半。

若是"研究内容"提示语不再出现"内容"字样，可找最相关的部分为其确定归宿。如2024年后国家社科基金年度项目活页的"框架"即是最相关的内容去处。被"隐"的研究内容再次现身或显化的方法就是设立最大的"框架"，即几个子课题标题搭起框架，框架之下再填内容。具体的填法，详见以下各问。

（一）对　象

96. 项目难，难在找"对象"？衍生于问题的对象可分哪些类？

对象定错了，影响研究，甚至是一生，可见物色对象宜慎之又慎。所以，项目难，难在找"对象"。确立研究对象的语言形式（如复杂短语）并不难，难的是短语背后的思想，这一思想又产生于真正的问题，即值得研究的问题。反言之，对象最终衍生于问题。

譬如，第 30 问用例的选题背景是：中国壮侗族把水稻栽培技术带到东南亚，中国与东盟有着深厚的历史渊源。从现实角度看，壮侗语将水田称为"那"，在多个地区稻作文化也称"那"文化，中国和东盟散布着几千个带"那"字的地名。中国和东盟多国的国徽都有稻穗元素，东盟的标志就是十根稻穗，东盟以大米为主食的人口有几亿，稻作文化可成为"民相亲""心相近"的重要载体。遗憾的是，中国对"那"文化的研究尚未形成体系，专门研究"那"文化外宣翻译的文献更是几乎未见，这与中国的战略发展需要严重不符。申请人以此为基，提出选题，反复炼题，最终获批。这是由语言学成功改报新闻学与传播学的典型案例，也是选题逐步改得精准化的范例。

2024 年活页最具改革意识之处在于突出了"问题意识"（详见第 42 问等）。在此之前，《300 问》中活页样本开篇的题解第一段就突出了问题意识。问题如何转为选题，再落实为标题又见第 24 问。问题转为选题后，常涉及研究对象。正如"X 研究"研究的就是 X。X 至少可以涉及人、物、行为及其关系几大类型，其类型及衍生模式详见表 25，不赘。

表 25　常见对象类型及衍生模式

类型	衍生模式及例证
表人	关键词+学术用语+表人词语 不婚不育青年高知研究
表物	关键词+学术用语+表物词语 汉语人类学百年学术史及理论回顾
表行为	关键词+学术用语+表行为的词语 农村儿童的早期暴力伤害与循证家庭干预研究

续表

类型		衍生模式及例证
表关系	人与行为	关键词+学术用语+表人与行为关系的词语 数字平台履责与推进农村农民共同富裕的耦合机制研究
	物与行为	关键词+学术用语+表物与行为关系的词语 "两个结合"与铸牢中华民族共同体意识研究
	人与人	关键词+学术用语+表人与人关系的词语 毛泽东论青年研究
	物与物	关键词+学术用语+表物与物关系的词语 中国式现代化进程中的公平与效率关系研究
	人与物	关键词+学术用语+表人与物关系的词语 人与自然和谐共生现代化的测度及影响因素研究

97. 对象提示语涉及哪些要素？设在何处为好？方案如何优化？

有人虽将对象总分，但仍写作一段，前一部分为总对象，分出的四五个具体对象紧随总对象之后；也有人总分对象各一段，分对象下含几点，各占一行，如下例的方案 1。不论何种方式，或有必要交待对象的内容与内部逻辑，以及对象的由来，这便是对象可加提示语的原因。

有人将提示语单设一段，如下，若版面够，也无妨，反之则反。

本项目根据总问题确定总对象，下设 5 个分对象，具体如下：

对象提示语实可简明扼要，置入标题"研究对象"之后的括号，比正文字体小半号，用楷体。其作用是交待对象由选题衍生，下分为若干分对象，整体上呈现总分对象关系，等等。如：

方案1　**2.1 研究对象**（对象衍生于选题，又细分为5，构成了总分对象体系）

总对象　中国与"一带一路"俄语段际景观变化机理、符际空间制作机理及其双重融会。

分对象　1）汉俄景观语符与非语符、转换与变通、译与写、译与制等要素关系的厘清；

2）符号景观汉俄对比及撰写模式的提炼，全译转化机理与变译变通机理的融通；

3）汉俄景观语符与非语符空间组构特点对比、构型模式的提炼及制作机理揭示；

4）按设置主体、功能类型的汉俄符号景观译写与制作的优构机理与协同机理并举。

接上页

方案2	**2.1 研究对象**（总对象细分为5，构成总分对象体系）
方案3	**2.1 研究对象**（选题转为总对象，细化为5个分对象）
方案4	**2.1 研究对象**（课题分解为总、分对象系统）
方案5	**2.1 研究对象**（依选题，构建总分对象系统）
方案6	**2.1 研究对象**（问题导向，厘定对象）

98. "X研究"即研究X？研究对象X如何名词化？

项目研究对象与项目选题密切相关，明其奥理，方可填写对象。

"X研究"即研究X，是标准的选题模式。若是简问速答，"X研究"研究的是什么，最简答复是"X"。换言之，X是研究的对象。再回看X作为短语的性质，据《300问》，X多为名词短语，较少为动词短语；又据X中人、事、物及其关系，即便是动宾短语偶见人用，也可改为或优化为名词性短语，如"提高中国出生率研究"可优化为"中国出生率提高研究"，后者才是更为地道的标题。

倘若遇到兼作及物与不及物的动词构成动宾短语，这一选题模式还会滋生不严谨感。如第250问选题名称中"融会"的使用。该词有二义，义项取"融合会通"时，多半是不及物，即后面不带宾语，如"他们大家不懂得'文化'这样抽象的名词，然而却有中俄文化融会的实效"（瞿秋白《饿乡纪程》七）。义项取"融会贯通"时，极有可能是及物动词，可带宾语，如"再一事，就是客中的心情，似乎更容易融会诗句"（冰心《寄小读者》通讯十六）。准此，"融会'译+制'双重机理研究"就不如"'译+制'双重机理融会研究"规范化学术化，前者偏描写性与生动性，后者重名词化，更为术语化。

名词化是研究内容对象化的最佳手段，请再看几例的优化：

原题	提升新就业群体党建质量研究
改题	新就业群体党建质量提升研究

接上页

原题	边疆民族地区高校加强民族意识研究
改题	边疆民族地区高校民族意识增强研究
原题	"一把手"责任追究问题研究
改题	"一把手"责任追究研究

99. 选题名称扩为总对象的最简方案如何呈现?

选题名称要扩为总对象，以求简而明、详而尽，则一要切分好标题，二要明确扩充机理。可分4步走。

（1）切分选题名称，即解构——解析其构成，切出最佳单位。标题通常是复杂的短语，向下切分，可得较为简单的短语，进而是词，直至字。如第250问的选题名称可分3层：较简短语或最简短语、词、字，为下一步扩充或重组备好原料。

中俄符号景观"译+制"双重机理融会研究

中俄　符号景观　"译+制"　双重机理　融会　研究

中 俄 符号景观　译 制　　双重 机理 融会 研究

（2）扩充之前，首先要明白哪些词或最简短语不必扩充，如上例中的"符号景观""双重""融会"，本来"融会"可扩充为"融合会通"，但为与不作改动的"双重"组合为四音节，也为保证最终选题名称在一行之内，便不再扩充。

（3）扩充机理，指对切分后的各单位进行增容、增加关系的过程及原理，又分两类。其一，直接揭示单字单词或最简短语的内涵，如中——中国、俄——俄国或俄语国家、译——符际变化、制——制作等，其中"俄"还可提升为"'一带一路'俄语段"，甚至是更广义更简洁的"丝路"（改案见第250问）。其二，相关单元的重新组合，反映所要研究的内容，如单字的"译"与"制"扩充，与"符号景观"组成"符际变化""符际空间制作"。基于前二者的扩充，加上关联词"及其""机理"，再与"双重融会"组合为"符际景观变化机理、符际空间制作机理及其双重融会"。

（4）按选题名称的语序将各扩成的结果前后缀连，即得最终的总对象：

中国与"丝路"俄语段符际景观变化机理、符际空间制作机理及其双重融会

100. 对象如何总分体系化？如何前承选题、后启内容（框架）？

研究对象的一种写法是一段话，有人从头至尾就是一个复句；好一点的是句群，内分层次；再好一点的则是分层并有语篇标记，如用分号，辅以"首先、其次、再次"之类的衔接手段；更出色者则直接用"1）、2）、3）"等。

本书认为，一个重要且内容丰富的项目，其研究对象可内分出多个分对象，形成总分对象系统。总分时则宜分头分层分行表达，有标记，有序号，以标点相隔，语义词汇呼应成系统。研究对象体系化，前后内容受其近管远控，可以保障前后内容自洽。

总对象本来可以是"X 研究"中的 X，但不可直用，一是避重，为语篇修辞所忌；二是 X 因炼题过简过精，往往不易为人所懂，需略作扩充（详见上一问），所以总对象对选题具有"前承"作用。

有什么样的研究对象，就会扩展成什么样的内容（框架），每个分对象再细说，即可成为研究内容的几个子课题，因此分对象对研究内容有"后启"作用。一般而言，有几个分对象，就对应几个子课题，可相差 1 个，不可相差 2 个。请比较第 250 问的对象与子课题，一看即明。

101. 选题名称扩为"总"对象大约要扩大多少倍？

项目对象若作总分，对象与选题名称呈倍数关系，前者是对后者的扩充或分解。

项目一般不为选题名称定长短，若定其长短，旨在促其简明。项目名称冗长，难免啰嗦，缠绕不清。选题名称定长短，只限其长，不超 40 字，40 字是极限。本书提倡最长不过 20 字，最佳不过 15 字。题长 25、30 余字，总对象的扩充余地很小，请看表 26。

表 26　选题名称与总对象的倍数关系

标题字数	倍数	总对象字数
15	2.4	36
20	1.7	34
25	1.4	35
30	1.2	36

若以题长不过 20 字、最佳不过 15 字为准，总对象便可以 1.7—2.4 倍进行扩充。题长 20 字左右，总对象最好扩充 1.7 倍，34 字左右，加上"总对象"三字与相应的空白，约占 1 行。题长 15 字左右，总对象最好扩充 2.4 倍，36 字，加上"总对象"三字与相应的空白，约占 1 行。实在不行才写至 2 行。

如第 250 问所用之例的标题（含符号）共为 19 字，总对象为 34 字，扩充倍数约为 1.7，比较恰当。

102. 分对象由何而来？其数量是选题名称的几倍？有何理据？

分对象即具体对象，是项目的承重墙，是选题或总对象的进一步细分，同时也与框架相应。

分对象从根本上讲是对选题的细分。前面已将选题扩充为总对象，总对象是对选题的第一次扩充，可认为分对象是对选题的第二次扩充甚至是分解。如前所述，总对象在量上是选题名称的 1.2—2.4 倍，那么分对象总体上应是总对象的 4—5 倍，是选题名称的 5—12 倍，只是分对象要分点分行细细陈列而已。

分对象与选题是承前关系，其与子课题逻辑上还存在蒙后关系，"后"即指研究内容的子课题。以国家社科基金年度项目为例，子课题一般可设 4—6 个，最佳数为 5 个；可以旁证的是国家社科基金重大项目原则上均设 5 个子课题，由此反观年度项目，其分对象与子课题逻辑上相呼应，简言之，有几个分对象，就有几个子课题。

第 250 问活页的分对象为 4 个，若取最佳方案为 5，则可将 4 扩充为 5。

103. 对象绝非所"恋"，可呈多样化？如何优选"对象"的观测点？

时至今日，仍有人将生活与学问相混，将生活中恋爱的"对象"比作研究对象，不论选题是否涉及人，总往人上扯（所"恋"之人）。这必将窄化研究对象，其实研究对象可含人、物、行为及其间的关系，详见第 96 问。

为选题定"对象"，如何选择观测点或立足点？一般而言，对象结构中的 X 呈偏正结构，可按其偏正式关系层层向前查找"偏"部，如图 17 所示。

1　中俄符号景观"译+制"双重机理融会研究

2　中俄符号景观"译+制"双重机理融会

3　中俄符号景观"译+制"双重机理

4　中俄符号景观"译+制"双重

5　中俄符号景观"译+制"

6　中俄符号景观

7　中俄符号

8　中俄

图 17　研究对象的观测点层层捕捉

第 1 层是原题;第 2 层去掉正部"研究"即标题用语,剩下的是偏部,也是对象;第 3 层,去掉偏部的"融会",继续向前找立足点;第 4—8 层如此类推向前找,不断地锁定对象的必备要素。结果切分出多个选题要素:

中俄　符号　景观　"译+制"　双重　机理　融会

再将多个选题要素进行相应的逻辑化组合,通过两两、三三,甚至是 *NN* 排列构成不同的分对象。详见表 27。

表 27　由观测点组成的分对象

观测点	分对象
1 厘清关系	1)汉俄景观语符与非语符、转换与变通、译与写、译与制等要素关系的厘清;
2 译的机理	2)符号景观汉俄对比及撰写模式的提炼,全译转化机理与变译变通机理的融通;
3 制的机理	3)汉俄景观语符与非语符空间组构特点对比、构型模式的提炼及制作机理揭示;
4 双重融会	4)按设置主体、功能类型的汉俄符号景观译写与制作的优构机理与协同机理并举。

观测点 1 基于分解出的选题要素,找到 4 对以上两两相关的要素,厘清其间的关系。观测点 2 涉及汉俄双语对比及其模式,揭示其间翻译的机理。观测点 3 跃升至符际,揭示其间制作的机理。观测点 4 将上述两大机理融会贯通,形成新的研究亮点,终于探清了总对象。

104. 对象如何呈现才更清晰?分层排列更显质与量?

对象写法大致分 3 类:1 段式、2 段式、多段式,其优化是渐次的。

1 段式 对象不论有无总分之别，均用一段表达，有的还内分数点，标以"1）、2）、3）"，或用分号相隔，其特点是集中但不那么分明，不利于一眼看明。如：

稿2 **2.1 研究对象**

研究对象是中俄符号景观（中国的中文、少数民族，维、韩、俄语，俄语国家的俄语、汉语、哈、乌、白、吉、等语言，多语种俄语以及中俄两国的少数民族）为研究对象，具体对象包括：构建符号景观译制机理；发掘符号景观全译机制；构建符号景观变译机制；提炼中俄功能类型译制模式；建立多模态语料库。

稿 2 一看便知是草稿，连语言都还不顺畅，如首句，只点明了具体的研究客体，申请人的初心是想交待总对象，因为后面列出 4 个具体对象，只不过不能全算作对象，如建语料库。

2 段式 分长短 2 段，对应总分对象。第 1 段总说，较短，第 2 段分说，稍长。2 段式比 1 段式进了一步，有总有分，但内分层次因连排不易一眼全览，可见文字之林会遮住些许目光。如：

稿3 **2.1 研究对象**

总对象 中俄符号景观的译写与制作一体化

分对象 1）符号景观译写原则与方法梳理　2）汉俄符号景观全译/变译原理提炼
　　　　　3）中俄符号景观空间配置的对比　4）汉俄符号景观译写与制作模型构建

稿6 **2.1 研究对象**

总对象 中俄符号景观的译写与制作一体；译写、制作以及译与制双重融会

分对象 1）符号景观语符与非语符、译与制、译与写三对关系的厘定
　　　　　2）中俄符号景观全译之转化、变译之变通原理炼制
　　　　　3）中俄符号景观空间构型对比与制作原理研制
　　　　　4）中俄符号景观译写与制作原理融会

稿 3 的总对象与分对象采用两段显示，更清晰。总对象虽开始揭示核心思想，但过短，长度还不及另两个分对象，显得体量不足，逻辑上欠缺考虑。稿 6 则解决了稿 3 暴露的问题，增长总对象，扩充分对象，从总到分还特意设计成倒梯形；不过，后面的分对象因形害义，内涵越来越显单薄。

多段式 实为 2 段式的优化，总分共计 5—6 段，总对象 1 段，分对象 4—5 段，只不过分对象又相对构成整体，总体上，总对象与分对象两大块。

多段式分列法有质有量。其质优，优在能清晰显示对象的名词性属性，如上例所示。其量足，总对象 1 个，分对象 4—5 个，自下而上，由分到总，汇成研究对象体系；从上至下，层层下分，步步扩充，散成具体内容。如下例：

稿 8　　**2.1 研究对象**
　　总对象　语学、译学、符号学、景观学等多科联袂，中俄符号景观译写与制作以及译与制双重融会
　　分对象　1）符号景观语言符号与非语言符号、译写与制作、译与写三对关系的厘定
　　　　　　　2）中俄符号景观撰写对比及模式提炼，全译之转化、变译之变通原理炼制
　　　　　　　3）中俄符号景观语符与非语符空间构型对比与模式提炼以及制作原理构建
　　　　　　　4）按设置主体、分功能类型的中俄符号景观的译写与制作一体化对比研究

稿 14　**总对象**　中国与"一带一路"俄语国家中符号景观汉俄变化机理、符际空间制作机理及其双重融会。
　　　　分对象　1）符号景观语符与非语符、汉俄符号景观、景观译写与制作等方面区别与联系的厘定；
　　　　　　　　　2）符号景观撰写特点汉俄对比及结构模式的提炼，全译之转化机理与变译之变通机理；
　　　　　　　　　3）汉俄符号景观语符与非语符空间组构特点对比，以及构型模式提炼和制作机理揭示；
　　　　　　　　　4）按设置主体、分五大功能类型的汉俄符号景观译写与制作的优化机理与协同机理。

　　稿至第 8，日渐成形，总对象已是满行，分对象一般长，只是少了标点，显不出平行的关系。中经 6 次修改，至稿 14 已基本定型，请与第 250 问对比。

105. 对象用语常用哪些？如何优选优用？

　　对象用语指表示对象的词语，是可与课题的关键词和学术用语组构以表达选题对象的复杂短语。对象用语多且具体，若从范畴角度分，涉及 8 类，可见第 96 问。

　　以 X、Y、Z 三轴构成的三维坐标系更能直观显示对象用语、关键词、学术用语三者的组配关系（见图 18）。您更可上下左右前后放大坐标系，填入更多的三类词语，在纸上两两画线组配，从中可以发现更多的对象选取视角。如图 18 中"机理"可与"协同"构成"协同机理"，与"揭示"构成"机理揭示"；"译""制"可与"关系""厘清"构成"译与制关系厘清"；等等。

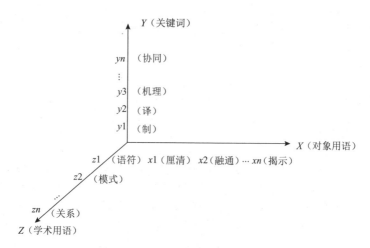

图 18　对象用语及其组配坐标

（二）基　本　思　路

106. 思路框架如何用提示语描绘研究内容的肌理？

思想、框架、纲目三者之间关系比较暧昧，需提示才能定其轮廓。

思路框架，以国家社科基金年度项目为例，2015 年是"主要研究内容"，2021 年增为"本课题的研究对象、框架思路、重点难点、主要目标、研究计划及其可行性等。（框架思路要列出研究提纲或目录）"，框架思路分居两地；"框架思路"重复，2024 年本想去冗，结果去前留后，且"框架思路"仍留守在题末的括号内。理应前置，随对象而设。

不管将来如何变化，要弄清思路、框架与纲目三者的关系，均应按事物的底层逻辑行事。思路，即思考的条理脉络，在此指盘算项目的想法。框架实指主要研究内容，千万别受"框架"二字的字面义影响，不然整个"研究内容"就无"内"可容了。纲目即提纲或目录的简称，更是框架的简图。如：

2.[研究内容]　本课题的研究对象、主要目标、重点难点、研究计划及其可行性等。（框架思路要列出提纲或目录）
2. 研究内容　（本课题研究对象、框架思路及纲目、主要目标、重点难点、研究计划及其可行性等）
2.1 研究对象
2.2 框架与思路　（附设纲目）

明白了思路、框架及纲目，尤其是厘清思路、框架与纲目的肌理，其间关系便了然于心，这对讲清其间故事大有裨益。由上例可知，申请人自己知晓，还只是自知，若想让评委也心中有数，不妨将"框架思路要列出提纲或目录"简称为"框架思路及纲目"，放入"研究内容"。将其设为二级标题时，再改为"2.2 框架与思路（附设纲目）"，以此点明三者的先后关系，加"与"以区分"框架"与"思路"，用"附设"显示纲目是内容框架的附属。列为二级标题时，再将纲目置于其后括号内，更进一步补述其性质。

107. 思路非框架，为何要线路化与步骤化？

上文特别说明：在"思路框架"中间要加"与"字，意在区分二者，且将二者换位。思路未与框架并列时，偶见有人混淆；二者并列时，更是容易混淆，甚至将二者合一，且倾向于只搭框架。究其实，思路虽与框架并列，却仍有别，如"咱爹咱妈"一样，是两个人物间的并列关系，不可将思路当框架，或将框架当思路。换言之，思路并非框架。

有的项目申报规定写技术路线，这完全是受理工类项目影响。某些社科项目管理部门发现了问题，多有改正，改为研究思路，不再暗示申请人画图扯线了。如：

2.2 思路与框架（列出研究提纲或目录）

2.2.1 研究思路（依对象，先勾勒研究路线）

1）建库透析矛盾 分建多模态语料库，厘清译与制、译与写、全译与变译等几对关系；

2）对比异同奠基 对比汉俄符号景观的结构特点，找出异同，为符号景观译与制奠基；

3）揭示译写机理 融会全译与变译理论，提炼景观译写原则与策略，揭示译写机理；

4）构建制作机理 基于空间组构模式，以符号学、设计学等为据，构建符际构型机理；

5）融合译制机理 多科聚焦汉俄符号景观，融会译与制原理，绘制双重机理融会示意图。

思路即步骤，是项目完成的程序，可以形象地解释为"思考的路线"。既然是路线就有起点，有方向，有标志，有划分，有步骤等等，是从研究之始到研究之终的线段。设计思路常绘出路线，为研究提供所遵循的途径，以免走弯路，节省研究时间。由此可见，思路与研究内容密切相关，思路是完成研究内容（框架）的总体步骤，甚至比后者更重要。将其放在内容框架之前思考，旨在为研究内容制定方针或准则，可以说是研究的蓝图，具体内容详见以下两问。

思路要求简明，每步一行、行首加标题是一种极苛的要求，更多情况下是直描思路，因此上例还可改为下例，只不过因删除了标题，每行内容还可略扩。

> **2.2 思路与框架**（附设纲目）
>
> **2.2.1 研究思路**（依对象与内容框架，勾勒思路）
>
> 1）分建多模态语料库，厘清译与制、译与写、全译与变译等几对关系，透析矛盾；
>
> 2）对比汉俄符号景观的结构特点，找出异同，为符号景观翻译与制作奠定基础；
>
> 3）融会全译理论与变译理论，提炼符号景观译写原则与策略，揭示译写机理；
>
> 4）基于空间组构模式，以符号学、设计学、景观学等为据，构建符际构型机理；
>
> 5）多科聚焦汉俄符号景观，融会翻译与制作的原理，绘制双重机理融会示意图。

108. 如何呈现思路的有序感？碎步抑或阔步，优化向哪步？

"瞄准天空的人总比瞄准树梢的人要射得高。不要制订微不足道的计划，因为它没有使人热血沸腾的魅力。"[①]这话有哲理，一者道明了思路与计划的高低之别，二者指明了思路在计划之先，更在内容研究之前。三者之间自分步骤，可见，思路也自带节奏。

即使认清了思路的步骤性，写法也分高低。常见思路分几步走，也见为各步加序号的，如第250问的活页。本书建议分步骤，每步1段，1段1行为佳。思路大致有6类序列排布方式，详见表28。

表28　思路标序方式

第1类	第2类	第3类	第4类	第5类	第6类
首先	第一	甲	第1步	第1	1）
其次	第二	乙	第2步	第2	2）
再次	第三	丙	第3步	第3	3）
又次	第四	丁	第4步	第4	4）
最后	第五	戊	第5步	第5	5）

由表28可知，第1类纯用汉字表序列，易混于后面内容的文字，识别率不高。第2类优劣同前。第3类简略一些，但不常用。第4类汉字与阿拉伯数字混用，进了一步。第5类少了汉字"步"，更精简，缺点同前，听着略带口语化，看着不如"第一"之类规范。第6类全用阿拉伯数字，最为简洁，也最具区分力，一目了然。

思路分步走，几步为宜？思路至多可分6步，通常四五步。过多（6步以上），则可能成碎步，如猫步，频率高而步履小；过少（3步及以下），则可

---

① 闻柳. 思路决定出路——谈勇气，谈想像，谈积累[M]. 重庆：重庆出版社，2005：77.

能成大阔步，如象步，频率低而步履缓。据实际经验总结，思路分 4—6 步较好，遵守了逻辑的一致性，最佳是 5 步，也与 5 个分对象、5 个分目标，尤其是 5 个子课题数相呼应。

109. 思路是内容框架搭建的蓝图？

通常说思路要清晰，这是对项目设计的基本定位。思路要开阔，它能决定方向与出路，方向决定成败。成功总是属于思路常新、不落俗套者，好思路仿佛画出了一张极诱人的"项目饼"。

思路也常与"总体、大致、敏捷、开阔、清晰、言简意赅、直奔主题"等搭配，或显示轮廓，或反映整体，或表迅速灵活，或描绘视野不拘常规，或说明有逻辑，或赞其简洁性，或夸其明确性，等等。

思路就是做事的方向、方案等，因而不具象，不是方法，不是具体计划。思路顺对象而列，是为研究内容设计预案，更是蓝图、规划，可与对象一一呼应，更需与研究内容的子课题彼此大致对应。思路指导研究内容的展开与完成，研究内容的子课题的修改又反作用于思路的完善。整体看，思路与内容的子课题形成对应关系，多数项目均是如此。但二者也可错位对应（见表 29），错位的数量至多 1 个，更多则不妥。

表 29　思路与子课题的前后关系

研究思路	子课题结构（内容框架）	关系
1）建库透析矛盾 2）对比异同奠基	1）跨文化供需动因：符号景观汉俄文化差异驱动及其"译""制"矛盾	因或根由
3）揭示俄译机理	2）符际变化机理：汉俄符号景观全译"转化"与变译"变通"相济	果或目标
4）构建制作机理	3）符号景观构型机理：境内外汉俄符号景观的符号解构与组构	
5）融合译制机理	4）译制优构机理：汉俄符号景观"译+制"多模态符号的优选与重组	
	5）译制协同机理：汉俄符号景观"译+制"聚合、组合及其整合成形	

通常，思路以流程划分时间，按项目全程分段；内容的子课题以逻辑为主，突出平行间的主次、因果等关系。两相比较，仅看表 29 二者的标题，思路用语比子课题用语更具概括性，试比较思路"3）揭示俄译机理"与子课题"2）符际变化机理：汉俄符号景观全译'转化'与变译'变通'相济"，其繁简程度与概括力度一清二楚。

110. 如何简绘"思"之路？图表化并不适宜？

思路具有步骤性与方向性，每步内容若长至2行，则需加标题，以求点化，以点代线代面，以标题引领思路。

有人将思路用语言描写一通，再用图表呈现，形式不重，内容却重了；在活页寸土寸金之地，容不下任何冗余。社科领域，如经济学、管理学等采用自科方法多于人文学科，可适当运用，同行专家也易读懂。语言能说清且篇幅少于精于图表时，还是不画图表为好。

每步思路可据要做的研究而简述，因思路是方向性表达，不宜过长，2行都显多，1行为宜。以小四号1行40字计，若能为其前缀1个4—8字的标题，则可达到段首表达段旨的妙用。段旨凝练方式有三。

（1）直取式 即直接从每步内容提取关键短语，甚至是句子，如第107问的思路3）直接将"揭示译写机理"取出作标题。此类少用为好。

（2）析取式 即从思路每步内容提取分散于不同语句中的字词，再予组合，如第107问的思路2）从第1句提取"对比"，由第2句提取"异同"，由第3句提取"奠基"，最终合成"对比异同奠基"。思路5）同理。此类多用。

（3）提炼式 即提取某些字词，再将某些句子或短语概括为词，最后二合一或多合一，得到最终的短语，如第107问的思路4）将"符际构型"概括为"制作"，再与提取的"构建""机理"合为"构建制作机理"。此类最妙。

111. 思路用语如何与哪两类词语配用？

思路还可称思绪，特指思考的线索或头绪；有时雅称"文思"，即思考的条理脉络；有时甚至滑向俗称"套路"。

思路用语指标记思路的词语，可与关键词和学术用语组构描写思路的语句；若是思路写成2行及以上，则有必要添加简明的短语级标题，置于语句之首，与后文以空格相隔。最明显的思路用语，能起标引序号、标记思路的步骤的作用。

将框架的内容以"是什么""怎么样""为什么"提出，有时不妨以极简图表梳理，有利于扩大思路、理清关系、产生视觉冲击。运用思维导图，关键是要找准思路用语、关键词、学术用语，画出其相互隶属与相关的层级图，以明晰其间的关系。

以X、Y、Z三轴构成的三维坐标系更能直观显示思路用语、关键词、学术用语三者的组配关系（见图19）。您更可上下左右前后放大坐标系，填入更多的三类词语，在纸上两两画线组配，描绘最佳的研究思路。如图19中"机理"可与"制作"构成"构建制作机理"，"对比"可与"异同"构成"对比异同奠基"，等等。

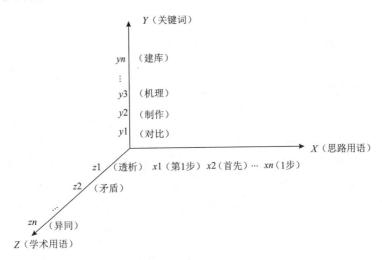

图 19　思路用语及其组配坐标

（三）基本内容（总体框架）

112. 内容框架何时需用提示语？有何功能？如何彰显逻辑关系？

常见有人在内容框架之首写上一段话，仿佛为内容作引，这一段若是 2 行以上就显多了，建议 1 行为好。若是单独 1 行，又能高度炼成提示语，不超过 20 字，则完全可以利用标题"主要内容"（内容框架）之后的空白，再加以括号，既省版面，又有提醒之用。

为内容框架添加的提示语，功能不外乎有三：

（1）呈现与上文的关系；

（2）交待内容几个板块；

（3）展示各板块之间的关系。

以前二者为主，第三者能点出为妙。提示语在此相当于写作思路，向评委告白为何这样写，为评委提供思维向导，有助于评委明其究里。这一写作思路或填写原理原本揣在申请人心里，若盼评委共情，就得交待，以提示语的方式亮相于标题"2.2.2 内容框架"之后，字略小半号，且以楷体呈现。如下例所示的是"中俄符号景观'译+制'双重机理融会研究"的几个提示语方案：

方案 1　**2.2.2　内容框架**

方案 2　**2.2.2　内容框架**　（循思路搭建内容框架）

方案 3　**2.2.2　内容框架**　（循思路，搭建内容框架）

方案 4　**2.2.2　内容框架**　（循思路，搭建"因果关系"的内容框架）

方案 5　**2.2.2　内容框架**　（循思路，搭建"一因四果"的内容框架）

方案 6　**2.2.2　内容框架**　（循思路，搭建"1因4果"的内容框架）

方案 1，是从原有提示语"框架思路"中提取"框架"后，再附加"内容"，赋予其真正的内涵，以便评委知晓。方案 2，添加"循思路搭建内容框架"，旨在点明思路与框架分开后的关系，进一步揭示前后的逻辑。方案 3，将方案 2 的添加语拦腰截断为"循思路，搭建内容框架"，形成语流暂停，更与前面"2.2.1 研究思路"的"依对象，先勾勒研究思路"形成语篇相呼应。

方案 4，囿于方案 3 未揭示内容框架的语义结构，不妨将思路逐步扩为内容框架的逻辑关系高度概括为"因果关系"，放入提示语，提示语则更能"水落石出"。方案 4 虽明确了内容框架 5 个子课题的关系，但若能给出因与果各自的数量，岂不更为明白于学界？所以，"因果关系"优化为"一因四果"，可得方案 5。方案 5 的"一因四果"用汉语数字表示因与果的数量，用得地道；此时此地快速审读中，阿拉伯数字的辨识率会高于混用于汉字的汉语数字，不妨改为方案 6。

113. 内容框架化与框架内容化，区别何在？内容如何入"框"？

常见的与框架的搭配有：理论框架、逻辑框架、概念框架、基本框架、分析框架、网络框架、全书框架、认知框架等，可见框架是结构性的，而非实体性或内容性的。若是规定写框架，又想展示内容（因为无内容，又担忧评委暗生不满），就有必要将二者强行捏合，这只是临时性的，期待更优化。

框架兼有工具性。具体来说"框架是指整理信息的大致架构，假设是指制订战略的方法。以制作家具为例，框架和假设就相当于锯子、锤子等工具"[①]。因此，框架要含内容，标题带"框架"字样的项目，一定要多问一句：框架之下

---

① 〔日〕河濑诚. 新企业经营战略：激发企业活力的"三步走+行动"战略[M]. 李爱文译. 北京：科学出版社，2012：32.

要不要写内容？仿佛建了框架的建筑，里边再进人、装设备等，后者均属于内容。

内容框架化，即将整个内容板块化，分为子课题，为每个子课题设标题，构成标题系统与纲目系统，这就是框架，仿佛是大厦的钢筋混凝土所铸造的框架。框架内容化，则是将所有内容分类、分大小、分层次，逐步置入框架，填充各级标题所形成的框架空间。二者结合才是有框有架有内容、更具学术生命力的有机体。

譬如第 250 问的活页前稿，将"序章"与"尾章"掐头去尾，申请人拟定的未来书稿的正文有八章，构成八大内容：厘清语言景观及其相关概念、所采用的理论基础、语言景观中译与写的矛盾催生了翻译变化观、集中揭示其全译转化机理与变译变通机理、语言景观的制作机理。初纲详见表 30（因较长，只列出其第六章）。

表 30　未来书稿向框架的转化

草拟未来书稿目录	由目录转为内容的初稿
第六章　中俄语言景观全译之转化机理 **第一节　原作转化论** 一、语内转化缘由 二、趋近中介艺术 三、原作语内八类转化 **第二节　语际/思维转化机理** 一、思维变化概说 二、对应机理 三、增减机理 四、分合机理 五、移换机理 **第三节　译语转化论** 一、译语语内转化目的 二、译语同义选择艺术 三、译语语内八类转化	**1.6 中俄语言景观转化机理** 　　语言景观翻译变化机理研究中，语际转化研究固然重要，原作和译语的语内变化也不可或缺，其背后深层的思维转化机理更不容忽视，亟待探究： 　　1）原作变化机理　原作变化的基础是完全理解原作，即使因供需矛盾而要变化，也须基于原作概貌式了解。原理理解依赖于原作语内转化机理，是原文"义一形多"的同义转化机理，即原语形式转化为内容继而由内容转化为其他同义表达形式。 　　2）语际转化机理　是立于语言景观文字语表形式考察双语间连通理解与表达的转化机理，是需要描写显性机理，包括双语间词素、词、语、小句、复句和句群之间的语际对应机理、语际扩充机理、语际压缩机理、语际移换机理与语际分合机理。 　　3）语际思维转化机理　是翻译思维的主要机理，可从思维科学、认知科学、心理科学等出发实现语义转移。该机理基于人脑存有与生俱来或后天发育的能完成任何双语之间思维转化的假说，涉及抽象思维、形象思维和直觉思维。全译思维是语际转化思维，三种思维形式各单位之间的转化、语际转化中理解与表达的思维过程、全译的转化思维过程应是未来着力研究的对象和突破点。 　　4）译语变化机理　译语语内变化机理主要考察内容变化为中介语之后如何呈现为更地道的译语语表形式，使译语形式更符合译语规范，更易于接受。译语表达需多次转化，同样体现了"义一形多"的特点。

成熟的申请人胸中预设书稿雏形，至少有细至三级标题的纲目，先将纲目中的章转为框架的子课题，再将节转为框架的孙课题，节之下各三级标题略略地扩充为一二句，孙课题的内容便自然生成了。如表30中"第二节 语际/思维转化机理"分解为"语际转化机理""语际思维转化机理"，"语际转化机理"用语言单位词素、词、语、小句、复句、句群与对应机理、语际扩充机理、语际压缩机理、语际移换机理、语际分合机理合成内容。"语际思维转化机理"也有类似的生成内容的过程。

当然，表30中所呈现的只是初稿，先形成雏形，再慢慢修改。

114. 可否循思路，逐步深扩思想、搭建内容框架？如何给人"提示"？

好的申请书应该从前至后环环相扣，优秀的填报也应如此。既然"研究思路"是"依对象"而勾勒的，那么研究内容的框架自然也应"循思路"而搭建。换言之，内容框架是顺着思路对学术思想的深入与扩充、细化与铺陈。

如前所述，思路并非框架，却可以框架化；基于上述认识，框架搭建的机理就是思路扩大化，一条条思路可以一步步扩成一个个子课题，子课题放大成为内容框架的一个个板块。如同一把雨伞，最主要的是伞柄、伞骨、伞面（见图20），一一对应选题、思路、内容（框架）。

图20 选题、思路、内容框架喻指

思路有几条，内容框架也应含有几个子课题，但实际上并非完全一一对应，可据研究重心或逻辑做小调整，详见第109问。由表29可知，第1栏与第2栏各有5行内容，左右并不对应，除思路3）、4）与子课题2）、3）对应外，首尾略有出入。具体表现为：思路1）"建库透析矛盾"和思路2）"对比异同奠基"共同成为研究的动因，它是符号景观汉俄文化差异研究的内驱，也是由汉向俄"译"与"制"的矛盾，总体上是课题研究的因或根由，成为内容框架的子课题1）。思路5）"融合译制机理"分解为内容框架的子课题4）、5），究其因，毕竟课题名称压轴的关键词是"双重机理融会"，理论上和实践中均应给予更大的比例与篇幅，子课题数自然要显多。

115. 内容框架如何向下分层？几层几段几行才能更好呈现内容？

内容框架如同楼房，往往是一复杂系统（见图21），要分层，分侧面。内容框架一般可分一层或二层，一层可分出子课题，二层可分出孙课题，双层结构与课题名称构成了二级或三级体系。

图21　内容框架系统喻指

内容框架分层再纳入整个活页，层次会有变化。以国家社科基金年度项目为例，到内容框架时已是三级标题，即"2.2.2 内容框架"，在其下再分一二级，就会产生四五级标题。以第250问的活页为例，其前稿24的标题层级可见表31。

表31　活页与选题层级切分对比

层级	活页标题层级	选题切分层级
1	**2.研究内容**	一级标题
2	**2.2 思路框架**	二级标题
3	**2.2.2 内容框架**	三级标题
4	**1）跨文化供需动因：符号景观汉俄文化差异驱动及其"译""制"矛盾**	四级标题
5	**形与义：符号景观的全译矛盾** **供与需：符号景观的变译矛盾** **译与制：符际景观运作的两面**	五级标题

由表31可知，研究框架分层，若以第3层的"内容框架"为起点，至第5层为宜，第4层对应子课题，第5层对应孙课题。标题若设第6层及以上就碎片化了，过散，说明概括不力。若是各个子课题均设至四级标题，说明已达核心内容；但核心内容又不能过多，对于比较丰富的子课题，还可分出孙课题，这是核心内部的切分。正因有了切分，才可更清晰地反映子课题的结构，形成第5层级。

内容分级会决定内容段落的多少与长短。若是子课题仅为1段，建议内容在3—5行；若是内容达6行以上，建议分出2—3个孙课题，每个孙课题2—4行。整个项目无论子课题或是孙课题，2行的段落不宜过多，否则显得形式单薄，思想贫瘠。终稿请看第250问。

116. 内容框架如何自下而上提炼提升？如何成系统？

任何课题的核心研究内容都可以自上而下去分流，更可自下而上去提炼，前者主要靠想象力与学术功力，后者主要靠基本功与前期的研究基础。二者结合自然最好，前期基础的已然+未来梦想的应然=项目内容框架的实然。

现取自下而上这一构建方向为例。自下而上，逐步向上，不断提炼思想的硬核，心里会更踏实，更易出洞见，如此而成的系统更稳定。如第250问前稿"2.2.2 内容框架"子课题1）的提炼提升过程（图22）。

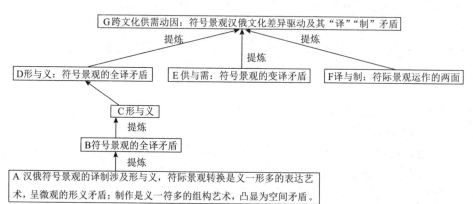

图22　孙课题自下而上提炼提升为子课题的过程

图22中，A—D为孙课题自下而上提炼提升过程，D—G为子课题自下而上提炼提升过程。A是孙课题的具体内容，占两行。B是对A的提炼，用作标

题；C"形与义"又是对 B 的提炼，体现为"矛盾"。A—C 提炼出 D，E 与 F 也经同理提炼（可见第 250 问）。D、E、F 三个孙课题再共炼可得子课题 G"跨文化供需动因：符号景观汉俄文化差异驱动及其'译''制'矛盾"。

117. 内容（框架）如何既能分段化，又防碎片化？

核心研究内容，必是连贯性表达，还要能显出"框架"，需用心设计，既见内容的逻辑切分，又显方便可视的结构。

内容（框架）的切分不能过于细碎，过短过小则碎片化，分段之后就是一片碎银或一地鸡毛。内容应是观点、判断、思想的集合，申请人撰写框架时一般都胸有成"书"，设计了未来书稿趋近完整的章节目录，呈现出来，同时便于评委审读，但是内容不宜章节纲目化，不宜过于条目化。

内容段落化便于思想成片，段落不能过长过短，或过大过小，否则分段等于未分，效果难以达到。章节化换作段落化，有助于展现整个研究将按几大主题或问题展开。

一般项目宜设 5 大板块，即 5 个子课题，呈现为 5 个意义段。每段标题 30 字左右，单占一行。每段内容 2—7 行，每个板块超过 7 行则过量过长，宜分出 2 小段，内容宜分至孙课题，整体观之，子课题与孙课题分段可仿报纸。段更长时可分出 3 小段，相当于 3 个孙课题，每小段 2—3 行。如第 250 问题的活页，2 行一段的孙课题适当控制，长短相宜，便于快速浏览。

118. 框架的内容渊源有自？如何分清主流与支流、优化合流？

项目的研究内容是依旧出新、继往开来的。旧，始于前人时贤，也含自己的积累；新，集中学界对未来的展望以及自己的研究梦想。统言之，内容有三大来源：1/3 他人思想+1/3 自己的思想+1/3 未来的思想。其中，自己为主，他人为次；往日为主，未来为次，偶尔相反。这样为内容（框架）逻辑求源，有根据，有来头，更有根底。

基于上述精神，内容思想源泉的分与合按以下三步走。

（1）分出基于已有的主流思想 主流思想包括：①他人已有成果 A_1，②自己已有成果 A_2，③自己对他人成果的批判 A_3。

（2）**写出自己未来的支流思想**　即未发表的新思想，简称为 B。

（3）**主流与支流合流入大框**　入框方式依具体学科与选题而定，其一可按既往与未来顺序组织，如 A_1、A_2、A_3、B，这种方式不常见，没有那么巧的自然相连而成的内容板块；其二，A_1+A_2，A_3+B，按旧和新两大视角组织子课题，各自产生 2—3 个子课题，最终定为 5 个；其三，最佳方式是分主支流，汇成新选题后，将 A、B 打散，按新选题的加工重组，产生 5 个子课题。只不过这个过程许多申请人浑然不知，细细分析，则会更有理据，做到理论自信、选题自信。

119. 内容框架整体优化如何轮廓化？

综观内容框架，一要见整体轮廓，二要明晰逻辑关系。前者若以 5 个子课题整体呈现，轮廓则浑然而出。后者需用语言说明，并放在适当的地方，向评委明示。内容框架的整体布局大致可分 5 种。

（1）**常规推进式**　即按问题的提出、分析、解决等顺序一一展示。若重在解决问题，可按 1∶1∶3 依次分配子课题；也可按第 250 问的活页分配推进比例，如表 32。在第 250 问的活页中，子课题 1）对应问题的提出与分析，而解决问题对应子课题 2）—5）。

表 32　内容框架整体轮廓化

子课题	1）		2）		3）		4）		5）		
孙课题	1	2	1	2	1	2	1	2	1	2	3

（2）**平行并进式**　如选题涉及 5 个左右具体问题，正好可以平行列出，平行中若有主次，则采用"主次突出式"布局法。如"中国与中亚五国合作'双向推进'研究"可平行分布中国与五国相应的双向合作推进的研究。又如第 250 问的活页中，子课题 2）与子课题 3）平行，子课题 4）与子课题 5）平行。

（3）**前后递进式**　内容的几个方面若前后形成了递进关系，可以顺其推进，渐次提升或增进，推动研究走向深入。如第 250 问的活页，5 个子课题内含递进关系：1）→2）—3）→4）—5），子课题 1）是因，子课题 2）—3）分说译的机理与制的机理，子课题 4）—5）先说译制优构机理，后说译制融会机理，由因至果，由分说至合说，直至汇总终得正果。子课题 5）既是最后一个，也是收官之题，仿佛是"重点往往出现在漫长对话结束时。伟大的真理临到门口才说"[①]。

（4）主次突出式　5 个子课题总有核心问题与边缘问题，基于五者的逻辑关系确保主要问题篇幅大，孙课题多，甚至是给主要问题分配 2—3 个子课题。如第 250 问的活页，子课题 2）—4）均含 2 个孙课题，三者合为核心问题。子课题 1）、5）原来均含 3 个孙课题，后因字数受限子课题 1）的孙课题压缩至2 个。如此设计的初心是，子课题 1）奠基，需要较多的孙课题；子课题 5）殿后，也是译制双重机理融会之处，也很重要。

（5）因果推论式　几个子课题有时呈现为因果关系，一般是前因后果，形成推理过程，也符合研究的范式。如第 250 问的活页，子课题 1）是析因，子课题 2）—5）是结果。

内容框架优化的结果最好能以语言提示，比如在子课题分述之前交待一句，以反映内容整体或各子课题之间的逻辑关系，占一行即可，见下例方案 1。或是在"内容框架"标题之后的括号内增添提示语，交待同样的关系，见下例方案 2。

方案 1
2.2.2　内容框架
循思路，5 个子课题共建"一因四果"的内容框架。
1）跨文化供需动因：符号景观汉俄文化差异驱动及其"译""制"矛盾

方案 2
2.2.2　内容框架　（循思路，搭建"一因四果"的内容框架）
1）跨文化供需动因：符号景观汉俄文化差异驱动及其"译""制"矛盾

---

120. 内容大小段落数多少为宜？如何优化出"五性"？

内容框架或框架中的内容，像综述一样有赖于成片的文字反映集中的思想，成片就是成段，那么段的大小会影响阅读，最终会影响获批。

---

① 〔法〕齐奥朗. 供词与放逐[M]. 赵苓岑译. 桂林：广西师范大学出版社，2023：46.

认知科学表明，记忆与神奇的 7 相关，一般人只能记住 7（±2）个单位，人脑"内存"处理信息有极限。人是按组块记忆的，而非一个个的字。一个个信息块自然不能太长，即不超过 7±2，区间为 5—9。为此，内容段落优化可突出"五性"。

（1）单一性 即保持段落单一，每段有明确的主题或观点，段内各句绕之展开，以免段落混杂多个不相关的内容。以第 250 问的活页前稿为例，共分 5 个子课题与 11 个孙课题，实际就是 5 个分论点与 11 个更小的论点，所研究的内容都相对聚焦集中（见表 33）。

表 33　内容大小段系统及小句数

大段（对应子课题）及标题	小段（对应孙课题）及标题	小句数
1）跨文化供需动因：符号景观汉俄文化差异驱动及其"译""制"矛盾	1 变与化：符际翻译的矛盾二分	4
	2 译与制：符际景观操作的两面	3
2）符际变化机理：汉俄符号景观全译"转化"与变译"变通"相济	3 符际景观转化机理	3
	4 符际景观变通机理	5
3）符号景观构型机理：境内外汉俄符号景观的符号解构与组构	5 空间符号解构	7
	6 空间符号组构	6
4）译制优构机理：汉俄符号景观"译+制"多模态符号的优选与重组	7 多模态符号优选	5
	8 多模态符号重构	6
5）译制协同机理：汉俄符号景观"译+制"聚合、组合及其整合成形	9 符号景观译制自组织系统	5
	10"译+制"聚合与组合关系	5
	11"译+制"整合机理图绘制	5

注：小句在此指单句与构成复句的分句。

（2）完整性 即确保段落完整，每段应表达相对完整的意思，以助评委理解段落之义，不能一个意思未说完就换段。表 33 中各段均相对完整，均有中心意思。

（3）适当性 即段落长短适当，段落不宜过长或过短。过长，评委难抓要点；过短，可能无法充分表达完整之义。几个句子共一二百字，至多三四百字，构成长短合适的段落。表 33 第 5 小段句子最多，达 7 句，但都短小，带标点内容也才 78 字。

（4）**关联性**　即前后各段之间内在关联，用关键词、代词、关联词语等反映段落之间的逻辑性，以助评委更好地理解内容的结构与思路。表33中子课题1）分出2个孙课题，彼此之间不仅意义相关，连形式都相呼应。

（5）**合理性**　即整个版面设计长短、比例、字体等彼此协调合理，能激发评委的阅读兴趣，使其徜徉于"秀外慧中"的信息。表33的5个子课题结构一致，均为"A：B"式，长度相差无几；大段之下小段均为2—3个，3行一小段者2个，2行一小段者9个。

121. 子课题如何构建严密的逻辑关系？如何整体显示中心议题？

国家社科基金年度项目强调项目的"母子"关系。项目的母子关系从结构上讲是整体与部分的关系。国家社科基金年度项目是较大的项目，研究较重要的问题，重点项目更甚更大，重大项目最重最大。重要、更重、最重仿佛是比较级至最高级，级级提升；项目得级级向下切分，大题化小，小题化了，将大课题分解成N个子课题，逐一完成，大课题才能最终完成，可以说"母以子贵"。

子课题在此至多出二级，即一级子课题、二级子课题，二级子课题是一级子课题的子课题，可形象地称作母课题的"孙课题"。再往下分就不适用于年度项目了，只有重大项目才有设三级乃至四级子课题的资格。

与第119问整体轮廓化相应，本问重在优化项目子课题之间的内在逻辑关系，力求凸显其中心议题或议题重心。子课题是对主题的深化和细化。主题即思考的母课题。母课题的作用在于将所有思考的枝节归向一个大的基调，形成"家族"，呈现为"母慈子孝"关系。

项目的核心研究内容是申请人学术思想逻辑化的有机体，有机体的根本性构成有4—6个子课题，最好是5个。即便是最普通最初级的项目，也需要按子课题方式思考。因为任何问题都可以分为几个小问题，任何论点都会有几个分论点。若以板块划分，研究内容有几个板块就有几个子课题，反言之，几个子课题又按逻辑关系支撑起（母）课题！所以，子课题在内容与方向上要严扣母课题，须与母课题严格一致，既是母课题的向下细分，也可反向支撑母课题。最典型的就是各级标题要采用上下位关键词或术语贯通母子关系，在血脉或基因上固本、守纯。关键词的贯通详见表34，仅将子课题、孙课题的标题左右一比，便十分明了，不赘。在此补谈子课题的逻辑关系。

子课题之间的关系林林总总，譬如，可能是同义或近义关系，如阐释关系、平行关系；也可能是上下义关系与共同下义关系；更可能是因果关系。第250问所示的选题就是最后一种，其前稿子课题间的逻辑关系见表34。

表34 子课题之间的逻辑关系

子课题	逻辑关系
1）跨文化供需动因：符号景观汉俄文化差异驱动及其"译""制"矛盾	译制的驱动内因
2）符际变化机理：汉俄符号景观全译"转化"与变译"变通"相济	符际翻译的机理
3）符号景观构型机理：境内外汉俄符号景观的符号解构与组构	符际制作的机理
4）译制优构机理：汉俄符号景观"译+制"多模态符号的优选与重组	译与制优化机理
5）译制协同机理：汉俄符号景观"译+制"聚合、组合及其整合成形	译制机理融会贯通

母课题是"中俄符号景观'译+制'双重机理融会研究"，去"研究"所剩"中俄符号景观'译+制'双重机理融会"，仍是偏正结构，正部为"融会"，由其构成的子课题5）应是中心议题，放在最后成为压轴戏，可见中心议题不一定在正中央，可能在头，也可能在尾。再向前追溯，完成中心议题之前，要对"中俄符号景观'译+制'双重机理"中译的机理与制的机理二者如何优选、如何重组予以考察，这成为次中心议题。察清二者之前，须探明"翻译机理"与"制作机理"，这是机理融合的前提。再向前追，汉俄符号景观比较及其差异是跨文化传播的根本性原因——内因。回头看，"跨文化差异"是驱动译制需求的内在动因，而"符号景观翻译/制作机理"是由这一内因所衍生的逻辑结果，因此整个子课题系统形成了清晰的"因→果"主线：先探明差异（因），再阐述机理（果），最终实现机理融合与应用落地。两个机理及其优构与融会均是内因产生的结果，整个子课题系统的逻辑关系便是再简单不过的因果关系。

122. 内容框架内各段如何改得文题相应？

"文题相应"，狭义上指文章内容与标题一致，据此评委才能由题解意，准确理解文章内容。整体上讲，框架与选题相应，框架之内各大小段，即子课题、孙课题要与母课题相应。在此仅讨论子课题标题内部，尤其是孙课题与内容的相应问题。如：

> **2.2 框架思路** （框架思路要列出研究提纲或目录）
>
> **2.2.2 内容框架** （循思路，搭建内容框架）
>
> **2）符际变化机理：汉俄符号景观全译"转化"与变译"变通"相济**
>
> **符际景观转化机理**　汉俄符号景观的转化涉及原作和译语的语内转化、符际转化和思维转化。理解与表达有赖于原作和译符的符内转化机理，是"义一形多"的同义转化。符际转化机理立于文字、图形等，包括语符及非语符的符际对应、增减、移换、分合四大机理。
>
> **符际景观变通机理**　原作依赖符内变通机理，是原作"义同形异"的同义变通。译符内部变通机理考察获取原作信息后采用各类宏观形式的变通机理。符际变通机理是形式、语义、语用三者相异的不守恒机理，涉及增、减、编、述、缩、并、改、仿等。

本例是第 250 问前稿的子课题 2），标题是"符际变化机理：汉俄符号景观全译'转化'与变译'变通'相济"，其内容包括两小块，分两个孙课题，孙课题又分标题与内容。

就标题自身而言，它要准确反映子课题的内容，即汉俄符际变与化的机理，两个孙课题正好一个揭示全译转化机理，一个揭示变译变通机理，扣题紧密。就内部自洽而言，A：B 结构中，A 又是对 B 的提炼，凸显观点"符际存在变化机理"，"符际"与 B 中"汉俄符号"对应，"变"与 B 中变译的"变通"对应，"化"与 B 中全译的"转化"对应，丝丝相扣，只是分了先后。二者并列，用"相济"，产生关联但不重复；且将"转化"与"变通"加引号，表"特殊的"，引起关注。

再看两个孙课题的文题相应。两个孙课题分头写，将子课题 2）一分为二，即"变"与"化"的机理，孙课题 1 是"符际景观转化机理"，聚焦于"化"之理，后面正文一一展开。汉俄符号景观翻译中原作的语内转化—符际转化和思维转化—译语的语内转化，分别对应于全译的本体：理解—转化—表达。理解与表达是"义一形多"的同义转化，转化是符际对应、增减、移换、分合四大转化；反过来看，后面的多种化呼应了前面"化"的精髓。整个变通过程是使符际信息守恒。

孙课题 2 是"符际景观变通机理"，聚焦于"变"之理，后面正文同样一一展开。与全译不同之处在于：变译的本体为理解—变通—表达，前者与全译相同，要求完全理解，理解之后应译语读者的需求开始变通，既变义更变形，施为手段有增、减、编、述、缩、并、改、仿等，表达也不同于全译，表达单位有别于全译，所得译品也不等同于原作。无论从信息量还是信息形式看，整个变通过程是使符际信息失恒。

123. 子课题是内容大厦的"承重墙"？几堵为宜？

课题仿佛一幢大厦，需要有墙支撑，课题的子课题就是课题的承重墙，喻指子课题能支撑起整个课题，缺之不可，否则课题不成形，立得不稳，难以获批。由此可见，子课题的设计仅次于母课题，这一点也往往为申请人所忽视。

重要课题不像单层房屋那样，只需一二堵承重墙即可。一般或重点项目颇似多层房屋，每层都有承重墙，常常位于房屋中央与四周，因此以第一层的子课题为参照，4 个应是基数，5 个是正常数，6 个以上为少，7 个以上等于无数。

3 个子课题构成面，是少的上限，多的开始，有临界点之意，有人会嫌少。4 个象征着四平八稳，过得去。唯有 5 个子课题才比较适合。因为，中国文化中有五行：金、木、水、火、土。五行学说认为，这 5 种元素相互作用，构成万物的本源。"五"与人类息息相关，如"五指、五感、五脏、五官、五味、五岳、五谷、五音、五金、五行、五更、五服"等，"远取诸物，近取诸身"，构成了我们的感知世界，自然也成了子课题选定的指南。

设计子课题时，同道们喜欢始于三，终于五。3 个子课题可再分，重中之重的子课题可以一分为二或为三，并行重要的子课题可以一分为二。若是"胡思乱想"之后子课题众多，则可以合并同类项，将属性相同或相近者归为同一类，尽量向四五个集中。

几个子课题如同几堵承重墙可归入同一系统，它们分布于空间的不同位置。前后表现出的同一性或相关性，使其彼此呼应关联，构成"间性"关系，进而构成新的结构分配逻辑[①]。如上一问用例所示的四大机理产生对比统一的关联，整体协调之下构筑了子课题的空间抽象关系。

124. 子课题与思路是何关系？何时微调以求和谐？

撰文、著书、报项以及报告，无一不强调扣题。否则报告会满嘴跑火车，

---

① 叶铮. 空间思哲：空间本体与载体的抽象关系[M]. 沈阳：辽宁科学技术出版社，2020：136.

撰文会信马由缰，著书会废话连篇；报项，则会东拉西扯，摸不着边。

以此为戒，思路规划宜紧扣选题；而总体框架即核心研究内容又是思路的展开，展开之中要搭建子课题框架，可以说子课题是思路的具体化，思路通过子课题沿波讨源，直扣选题。统言之，子课题与思路是顺承关系。如图 23 所示。

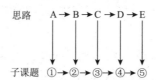

图 23　子课题与思路的形式呼应

如图 23 所示，思路以整体性逻辑串联研究环节，子课题则一一对应或部分对应地承接各环节。子课题可将抽象思路分解为若干可操作的研究任务，确保每一步都紧扣选题的核心目标，沿波讨源、层层推进。总体上，子课题与思路大致是呼应关系。具体见表 35。

表 35　子课题与思路的内容呼应

子课题	思路
1）跨文化供需动因：符号景观汉俄文化差异驱动及其"译""制"矛盾	1）建库透析矛盾
2）符际变化机理：汉俄符号景观全译"转化"与变译"变通"相济	2）对比异同奠基
3）符号景观构型机理：境内外汉俄符号景观的符号解构与组构	3）揭示译写机理
4）译制优构机理：汉俄符号景观"译+制"多模态符号的优选与重组	4）构建制作机理
5）译制协同机理：汉俄符号景观"译+制"聚合、组合及其整合成形	5）融合译制机理

子课题与思路是呼应关系，而非一一对应关系，但整体上是匹配关系，是语义的逻辑对应，属于隐形对应，而非语形的文字对应，不属于显性对应。大致对应中有错位是常态，即整体是对应的，内部要素错位，又分 3 种：

一对一，如子课题 2）对应思路 3）、子课题 3）对应思路 4），这仍是对应的主体；

二对一，如子课题 4）、5）对应思路 5）；

一对二，如子课题 1）对应思路 1）、2）。

后两种是对应的次体。当出现上述"错位"时，需要根据研究内容实际情况进行"微调"，使子课题的顺序或侧重点与思路保持相对一致。通常的微调时机包括：

深化研究阶段：研究进展中发现思路某一环节很复杂，需将子课题适度细分或调至后面展开；

交叉融合阶段：若两个子课题内容存在较强交集或相互依赖，应考虑合并或调整前后顺序；

最后整合阶段：在成稿形成前，对子课题进行检查，确保所有阶段、环节与研究思路相吻合，避免论文/项目"头重脚轻"或"虎头蛇尾"。

125. 子、孙课题标题如何出"私"想，以求观点化与多样化？

研究内容各子课题与综述一样，其标题宜带"私"想，表达思想的多是陈述句，只是不带成句的标记——句号。

选题含观点，至少是暗含观点，子课题标题更应含观点，即强调选题的"私"想性与具体化。要敢于"亮剑"，仿佛个个都是李云龙，赋予每个具体的研究对象以鲜明的观点，让人觉得您是"思想者"，像哲学家那样善于思考。

内容框架是活页的硬核，是整个报告最见"私"想之处，要彰显研究的梦想，要以思想动人。因此，宜含观点，甚至是观点化——将标题以观点形式呈现，换言之，标题可由短语转化为句子，由复杂概念转化为判断，包括简单判断与复合判断。

项目申报能出思想的标题主要有两种，即 A：B 式结构与复句式结构。A：B 式标题往往由 A 表观点或话题，B 作出解释；复句式标题则反映了复合判断式的观点，思想分层次，有二重与多重。试比较：

A：B 式结构
1）跨文化供需动因：符号景观汉俄文化差异驱动及其"译""制"矛盾
2）符际变化机理：汉俄符号景观全译"转化"与变译"变通"相济
3）符号景观构型机理：境内外汉俄符号景观的符号解构与组构
4）译制优构机理：汉俄符号景观"译+制"多模态符号的优选与重组
5）译制协同机理：汉俄符号景观"译+制"聚合、组合及其整合成形

接上页

复句式结构

1）符号景观汉俄文化差异系根本性矛盾，驱动着跨文化"译""制"

2）汉俄符号景观全译重"转化"，变译重"变通"，共同揭示翻译机理

3）境内外汉俄符号景观先解构，再组构，研究符号景观构型机理

4）优选多模态符号，重组汉俄符号景观"译""制"，催生译制优构机理

5）汉俄符号景观"译+制"聚合且组合进而整合，直至耦合为译制协同机理

整体上看，A：B 式标题结构借助冒号的停顿与间隔，以话题前置方式突出主旨，标题更显概括凝练，表意明确醒目，可让评委快速领会意旨。如上例中前 5 个子课题均为 A：B 结构，形成了平行关系，每个子课题均是话题与研究内容前后相继，本可写成长句的标题，却全转为两个短语，主题更突出，内涵更清晰，更易于感知。可见 A：B 式标题更简明新颖，话题 A 并不长，解释、说明、补充的 B 较长，包含很大的信息量[①]。

A：B 式标题毕竟难以提炼，而复句式标题才是主流，所以子课题的标题也可由 A：B 式转为复句式，以求文简、事简、意明、信息量大而丰富，它概括正文的内容，偶带评价，吸引或更便于评委阅读。如上例中后 5 个子课题的 1）、5）是一重复句，子课题 2）—4）是二重复句，由一重至二重，越来越紧凑，思想密度加大。

子课题标题思想来自内容，内容若还要细分为孙课题，孙课题可从子课题出标题。不仅子课题标题带思想，孙课题标题也带思想，也可暗含思想而以短语出现。如第 250 问子课题 5）有 3 个孙课题，对应 3 个五级标题，即"景观译制自组织系统""'译+制'聚合与组合关系""'译+制'耦合机理图绘制"，分别列出所要做的领域。

126. 选题如何逻辑化导出子课题系统？以解课题母子不"亲"之惑？

经常遇到母课题与子课题关系不密切，甚至是不严密的选题。究其因，主要是其中的脉络未能相承，这种血脉靠关键词贯通母课题与子课题，尤其是彰显于标题。如：

---

① 鞠衍清、王芳．"A：B"型论文标题：使用频度及分类——对《新华文摘》的调查[J]. 辽东学院学报（社会科学版），2014（6）：146-150.

"一带一路"语言景观汉俄比译模式化研究

"一带一路"是背景，入母、子课题者不多；"语言景观"自然是所谈的前提，少不了；原题最后剩下 6 个关键词——"汉、俄、比、译、模式、化"，其逻辑性组配可以催生几个子课题。下面将几个关键词或术语分出等级，再一一组织成对象，转为各子课题（见表 36）。

表 36　术语系统及其构成子课题的思路

先导术语	核心术语	主体术语	术语组成子课题的思路	子课题
汉俄语言景观	比译模式化	比较翻译模式化	A 汉语景观模式、B 俄语景观模式	1
			A 与 B 比较过程的模式化	2
			A 与 B 比较结果的模式化	3
			A 与 B 翻译过程的模式化	4
			A 与 B 翻译结果的模式化	5

先导术语是大家都用的术语，成为常识，如表 36 中的"汉、俄、语言、景观"等；核心术语是所拟课题关键词中的关键，是本题区别于他题的硬核，如"比译""模式化"；主体术语是支撑或构成核心术语的词，也可能是普通的词，但组织起来就颇具新术语的性质，如"比较""翻译"缩略为核心术语"比译"就有了陌生感。

为显示一脉相传，可将核心术语分解为主体术语，再由主体术语与先导术语组织成较复杂的短语，表达子课题最基本的思想。如子课题 1 是两种语言景观的模式描写，模式与模式比较过程的模式化可成子课题 2，模式与模式比较的结果可成子课题 3，模式与模式翻译过程的模式化可成子课题 4，模式与模式翻译结果的模式化可成子课题 5。这 5 条设子课题的思路可以产生多个子课题的框架，《300 问》第 349 问只是其方案之一。

127. 观点化子课题标题多长为宜？几重复句显"丰"度？

标题的"丰"度，指丰富的程度，即丰盈度。国内外综述之下各点标题平均长约 20 字，内容框架是项目活页的原子核，其内容彰显度宜高，每点标题拟定 30 字左右，左右空间为 5，即 25—35 字。

观点化子课题的标题可用单句或复句，单句则是一个极简复杂单句。一般建议用复句，关系为一至三重，以二重为多，这更取决于分句长短与思想的饱和度。如：

子课题标题

1）建多模态库：多模态影视外译案例分析

中方视角：中华文化"走出去" ……

西方视角：中华文化"走进去" ……

中西视角：中华文化"融进去" ……

2）符际意义再生机制：多模态符号整体的跨媒介意义再生

文图与文图符际表意机制 ……

图文声符际表意机制 ……

3）符际意义转换与变通机制：兼顾全译转换与变译变通译策

文图与图文间的全译转换与变译变通机制 ……

图文声全译转换与变译变通机制 ……

4）符际意义变异机制：全面考察译文传播效能与影响效果

符号变形与意义变异机制 ……

从变形变异反观传播效果 ……

5）中国影视外译理论话语体系重构

对话：符际意义再生与变异融通……

互鉴：影视外译理论话语重构……

复句式子课题标题

1）多模态库创建，助中华文化走出，走进西方，中西文化融会贯通

2）文图符际双重表意，图文声符际多重表意，驱动整体跨媒意义再生机制

3）图文声双符或三符全译聚焦转化，变译聚焦变通，共筑符际意义变化机制

4）符号变形，意义变异，变形变异反观传播效果，融铸符际意义变异机制

5）符际意义再生与变异，聚焦"三重"意义，重建中国影视外译话语体系

　　上例上半部分对《300 问》模仿中有超越，现在完全可以优化为复句式结构，如下半部分。子课题 2）、3）、5）的标题为二重复句，子课题 1）、4）为三重复句，整个修改更便于思想的传达，比上半部分 A：B 结构更能凸显思想。

　　A：B 式标题书面化风格浓厚，虽说提高了文章学术性，尤其是丰富了

标题的内涵，但只因打破了常规的完整句式，也减少了流畅性，尤其是延缓了理解过程。因为打破常规，评委要分清 A 与 B 的内涵，理出逻辑关系，定出是多种语义关系中的哪一种，再回到常规的句子状态。如此一来，加大了评委快速理解您的难度。在此情况下，作为子课题的标题，还是回到复句式结构为好，让观点化标题直抒思想。上例上半部分改为下半部分，效果则更优。

128. 子课题内容前后应如何照应，形成语义闭环？

子课题的标题与正文要相应，其内部若是前后照应，形成语义闭环，或可成为让人心动的必杀技。语义上的呼应可产生自圆其说的效果。

子课题的标题与其下文相应的方式主要是提取式或析取式，即标题的关键词取自后面的内容，反言之，子课题正文内容是其标题的徐徐延展；子课题之下若设孙课题，也是同理。如：

1）符号景观汉俄文化差异系根本性矛盾，驱动跨文化"译""制"

变与化：符际翻译的矛盾二分　汉俄符号景观的微观转化涉及形义矛盾，反映了义一形多的表达艺术；其宏观变通则反映原语文化与译语受众的供需矛盾，是更深刻的翻译动因。

译与制：符际景观操作的两面　据需求可分为"全译+制作""变译+制作"。文字、图形等符号组构的变化制约译写的内容、策略与方法，译写内容变化又反制符号的空间组构。

符号景观是贯穿整个项目的前提，而 a 汉俄文化差异及其产生的 b 矛盾体现在内容中，解决矛盾得靠"c 译"与"d 制"，呈现了标题内部前后及之间自洽的逻辑关系：（a→b）→（c+d）。下设的两个孙课题正好应对子课题的标题内涵，"变与化：符际翻译的矛盾二分""译与制：符际景观操作的两面"的标题结构"A：B"中，A 直接以"X 与 Y"的格式呈现，仿佛是矛盾的双方，而且 A 中"变与化"是"译"的语义轴心，"译与制"正是传统之译与新增之"制"的联合，二者不是矛盾的双方，用"操作的两面"也与子课题标题形成呼应。

再以第二个孙课题为例，分析最基础的内容如何做到语义闭环。翻译包括全译与变译，因此"译与制"可分解为"全译+制作"与"变译+制作"，"译写"再次回应了"文字、图形等符号组构"对应"制"；译与制之间存在制约与反制关系，合而言之，就是"符际景观操作的两面"。

这种严丝合缝的语义闭环确保了内容的严整，其实这种严密推敲可用于全稿的运思。

129. 子课题标题如何具体优化为内容，前后一致？

标题向内切分其逻辑结构，以便展开为后面的内容。切分出的元件，可以重新组构。子课题内容若是一段，可内分；若是丰富，可细分为多个孙课题，则求孙课题的标题与内容进一步细分。以第 250 问活页前稿的子课题 4）及其孙课题 1 为例，析其六次细化为内容的过程：

> **4）译制优构机理：汉俄符号景观"译+制"多模态符号的优选与重组**
>
> **多模态符号优选** 文字、图形、色彩等组成多模态，色彩、图形通常无须翻译；//文字译写需兼顾图文关系、空间容量，////优选原作内容，///决定译写策略。/制作时原语优先，/////译译次之，////综合图形、色彩等，///决定版式；//符号及其组合的译与制遵循信息价值、突显与分格三原则。

例中以"/"的多少表示细化的层次。孙课题经历了六次细化：

一次细化 优构分为"优选""重组"。

二次细化 译+制，受子课题标题制约，译制优构机理含译与制。

三次细化 "译"的细化，文字符号与非文字符号共同取多模态符号视角；"制"的细化，分作符号制作优选的版式关系与符号译制的原则。

四次细化 "译"中符号优选与译写策略关系；"制"中符号优选与版式关系。

五次细化 "译"中内容与形式的关系；"制"中语言与非语言的关系。

六次细化 仅涉及"制"中的语际关系，即原语与译语的主次关系。

130. 几个子课题何处且如何"显志"？各有何优势？

子课题一般 4—6 个，以 5 个为佳。以其为准，可从 5 个方面优化显志。"志"，即行文的主题或中心，恰当运用，可增内容的结构美、感染力以及深刻性，颇具"画龙点睛"之效。

核心显志 按选题中关键词所构成的语义核心结构，整个内容靠子课题结构逐步显形。如第 250 问活页的子课题逐步走向核心，显出选题全貌。

居中显志 5个子课题，前2后2，居中的一个子课题即为重点。

按比显志 5个子课题彼此之间的比例可为3：2、2：3、1：4、1：2：2、2：1：2等。如第250问活页的比例是1：2：2，即原因1个，机制2）—3）共2个，机制关系4）—5）共2个。

顺序显志 按问题的提出、描写、分析、解决、解释的顺序显示要研究的对象及其内容。如第250问活页也是顺序显志，逻辑上呈因果关系，1）为析因，2）—5）为结果。

卒章显志 语篇之末用一两句话点明项目的主题。如第250问活页的最后一个子课题是"汉俄符号景观'译+制'聚合且组合进而整合，直至耦合为译制协同机理"，最后一个孙课题是"'译+制'耦合机理图绘制"，"可绘景观译制机理图"首先是孙课题的末尾句，继而是子课题标题的压轴，更是整个内容框架乃至整个选题的压台。

131. 子课题内容多长为宜？何时分出"孙"课题？几个为好？

子课题的长短以及是否分出孙课题，内容上取决于语义关系，形式上取决于语篇结构。

子课题内容以1段为例，小四号1行约40字，同时以报纸阅读为参照，一段3—4行为宜，5行则为上限，这样的子课题不宜过多，如3个以上，宜控制在3个以内，否则，过长成大片的文字之林不易穿行。

若是5行以上，尤其是6—8行成段时，建议分段。或3段，即2：2：2行，或2段，即3：4行，只是不宜4段，即2：2：2：2行，偶见分作2段，如3：5行。

分子课题的理据主要是意群之下又含小意群。句群过长，不易分头阅读，因此要分清子课题是否只有一层意思。一层意思高度集中，聚焦于一点，只有一小段，便无孙课题。若是意思丰富，内部分层，最好是分出孙课题，如第250问活页的子课题2）分出2个孙课题，子课题5）分出3个孙课题。

132. 子课题或孙课题内容如何依其标题展开，彰显逻辑力量？

填表过程看似依题展开，其实是先将初步想法据内容浓缩提炼，拟出题目，再反向释放铺陈为内容。前者是步步提升如结绳，后者是级级"下凡"接地气。

请看表 37。

表 37　标题级次与展开的标题

级次	相应的序号与标题
一	**2. 研究内容**
二	2.2 思路与框架　（框架思路要列出研究提纲或目录）
三	**2.2.2 内容框架**　（循思路，搭建"一因四果"的内容框架）
四	**1）跨文化交流动因：符号景观汉俄文化差异驱动及其"译""制"矛盾**
五	*形与义：符号景观完整译制矛盾*　汉俄符号景观的译制涉及形与义，符际景观转换是义一形多的表达艺术，呈微观的形义矛盾；制作是义一符多的组构艺术，凸显为空间矛盾。 *供与需：符号景观变通译制矛盾*　原语文化与译语受众的供需关系以及空间决定着增、减、编、述、缩、并、改、仿等变通艺术，彰显宏观的供需矛盾，是更深刻的翻译动因。 *译与制：符号景观运作的两面*　译与制是符号景观的一体两面；据受众需求可分为"不译不制"（景观不变）和"全译/变译+制作"。需求决定符号景观的变化，文字、图形等符号组构的变化制约译写的内容、策略与方法，译写内容的变化又反制符号的空间组构。

　　四级标题本可顺 2.2.2 向下列出 2.2.2.1 之类，但因数字过密，有碍观瞻，此时子课题不如用"1）"之类标示更悦目。其实，四五两级标题才是申请人自己的"私"想，五级标题之后的内容才是最底层的思想。不妨以表 37 用例的子课题 2）为例，再次单独展示子孙课题的前后逻辑关系（见表 38）。

表 38　子课题与孙课题关系呈现

级次	四级标题	五级标题
标题内容	2）符际变化机理：汉俄符号景观全译"转化"与变译"变通"相济	符际景观转化机理
		符际景观变通机理

　　如表 38 所示，四级标题反映了符际变化机理，"变化"分解为"转化"与"变通"，因转化属于全译，变通属于变译，二者相并立，因此分出了两个五级标题："符际景观转化机理""符际景观变通机理"，展开成两个孙课题。

133. 孙课题与子课题的标题异同何在？长短如何相宜？

孙课题与子课题相比，二者的标题丰简不一，长短不一。内容上，子课题标题宜丰富，体量大，孙课题宜简略，体量小，尤其是孙课题与相邻子课题相比时。形式上，子课题宜长，孙课题宜短。以表37用例的子课题3）、4）为例，孙课题与子课题标题异同见表39。

表39 孙课题与子课题标题长短比较

标题类型	子课题标题	孙课题标题
标题内容	3）符号景观构型机理：境内外汉俄符号景观的符号解构与组构	空间符号解构
		空间符号组构
	4）译制优构机理：汉俄符号景观"译+制"多模态符号的优选与重组	多模态符号优选
		多模态符号重构

子课题标题丰且长，25—35字；孙课题标题简且短，10字左右，左右是5字，即5—15。由表39可知，孙课题与子课题二者的标题关系大体上是：孙课题是子课题的分解，子课题标题中的术语可分流，分别用入孙课题。如子课题4）的"优构"分解为"优选+重构"，二者是上位概念与下位概念关系。"优选"用入孙课题标题，可得"多模态符号优选"；"重构"用入孙课题标题，可得"多模态符号重构"。

子课题标题以内容为主，不刻意追求字数等量，孙课题亦如此。但相差不宜过大，比如多于5个字，因为孙课题不长，其标题上下一眼扫尽，相差较大时视觉效果不佳。

134. 孙课题与子课题如何环环相扣，层级关系分隐显？

内容（框架）无论怎样切分，都受制于总课题。

一般而言，4000—5000字的项目申请书只分子课题即可，偶见孙课题，而5000字以上的申请书，只要设置核心研究内容，就应适当增设孙课题，以便意义成网，思想成脉，内容分段，结构分层，让人读着赏心。好比切瓜，先纵横两刀四分，再各自一切，共分八片。如表40所示。

表 40　子课题与孙课题分层关系

分层	一	二	三
各级标题	因	1）跨文化供需动因：符号景观汉俄文化差异驱动及其"译""制"矛盾	形与义：符号景观的全译矛盾
			供与需：符号景观的变译矛盾
			译与制：符际景观运作的两面
	果	2）符际变化机理：汉俄符号景观全译"转化"与变译"变通"相济	符际景观转化机理
			符际景观变通机理
		3）符号景观构型机理：境内外汉俄符号景观的符号解构与组构	空间符号解构
			空间符号组构
		4）译制优构机理：汉俄符号景观"译+制"多模态符号的优选与重组	多模态符号优选
			多模态符号重构
		5）译制协同机理：汉俄符号景观"译+制"聚合、组合及其整合成形	符号景观译制自组织系统
			"译+制"聚合与组合关系
			"译+制"整合机理图绘制

　　依上述切瓜之理，表 40 子课题一分为五，又一分为二、一分为三，子、孙课题环环相扣，且分明环与暗环。整个课题"中俄符号景观'译+制'双重机理融会研究"隐性划分内容的标准是前因后果，这是一个"暗环"，只有从逻辑上才能判定；也可对其作一说明，如用提示语"（以'因果关系'搭建框架）"，可参见第 250 问。将"因"设为子课题 1），毕竟它只是驱动的原因；将"果"再分为 4 个机理，对应 4 个子课题，即子课题 2）—5）。每个子课题再分为 2—3 个孙课题。5 个子课题的分出是显性的，以序号为标记，且将子课题标题楷体加粗，再次彰显，形成了"明环"。

　　每个孙课题的划分又是隐显齐用，如子课题 5）之下的三分："符号景观译制自组织系统"是从系统总说译与制的自组织关系，对应子课题标题的"译制协同机理"。"'译+制'聚合与组合关系"是从关系类型分说两种机理及其关系，对应子课题标题的"'译+制'聚合、组合"。"'译+制'整合机理图绘制"则从结果分说两种关系的整合，且以示意图方式呈现，对应于子课题的"整合成形"。3 个孙课题又形成了环环相扣的顺序，仅读标题，便形成一种内容实、语气紧的流畅语势。所得 3 个孙课题的标题再用楷体，标题之后空一格，均为显性设置；而三者之间的逻辑关系则是隐性的。隐显相济，才有利于陈述严谨，更有利于评委抓要。

135. 若需分出孙课题，其数量因何而定？如何协调？

孙课题若需列出，总原则是实事求是，依内容详略而定。更具体而言，是较重的子课题才设孙课题，如核心议题、归结性子课题、占比最大的子课题、体量较大的子课题，等等。

同样是取决于子课题的分量与体量、质量，孙课题宜分二三个，4 个是上限，超过 4 个则为子课题难以承受之多之重，宜分为 2 个子课题。

二三个孙课题构成的子课题除了因内容而分轻重、繁简之外，还要讲究整体数量的平衡协调，不可四五个子课题均设 3 个孙课题，更不可均设为 2 个（每个子课题均等重者除外，一般少见）。如第 250 问活页中 5 个子课题的关系是"一因四果"，第 2—5 子课题均为不断产生的果，也是不断完成的子课题，但子课题 5）是压台，卒章显志，因而分出 3 个子课题，而子课题 1）是 4 个结果的总原因，分量重，开门显"重"，也可分出 3 个孙课题，当然也可压缩为 2 个。

以 7000 字活页为例，子课题单列时，5 行为其上限。子课题之下的孙课题每个 2—3 行为宜。

（四）研 究 纲 目

136. 提纲或目录选哪种为好？如何整合优化？

项目若是要求"框架思路要列出研究提纲或目录"，其中"或"是选择关系，不像曾经的"学术史梳理和研究动态"、现行的"学术史梳理及研究进展"，其中"和""及"为并列关系，不少人曾经或正将"A 与 B""A 及 B"中的A、B 均写一通，区别仅在于前者是平行关系中含平等，后者兼含主次，只是 A、B 的分量有所不同而已。

既然"提纲或目录"使用了"或"，那么，既可选"提纲"，也可选"目录"。实践中常见目录分"第一章、第一节、一"三层，也常见提纲的模样"1、1.1、1.1.1"或"一、（一）、1."，所以存在多选。"或"在此有点"惑"人，很是闹心！因为申请人有偏好，评委也有偏好，或好提纲，或好目录。还有第三条出路，整合优化为"纲目"。四者关系见图24。

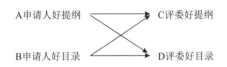

图 24　申请人与评委对提纲或目录的偏好关系

面对窘境，申请人犯难。无论选哪种，都会失算 50%，叫人揪心不已。由图 24 可知，AC、BD 因申请人与评委二者对脾气，容易胜出，AD、BC 则不对付，容易失马。为此，要么选择精准，只定提纲或目录，不含糊；要么干脆含糊，模糊到家，只是用"纲目"。这样申请人与评委均守中庸之道，大家心知肚明，因为报、批双方均在中文语境下。

137. "研究纲目"信息在何处显示更能沟通报评双方？

"框架思路要列出研究提纲或目录"可简化为"研究纲目"，对整个"研究"的硬核——核心研究内容（即框架）提纲挈领，再次勾勒，再次显化。这是纲目与框架的关系。

2021 年以降，活页改革"框架思路"，已明文规定提纲或目录是为框架思路而设的，因此应紧随其后。可是，相关内容分居两地（见表41），不仅部分重叠，且前后断续，有违和之嫌。

2024 年，活页又改革（见表41），对纲目同样明文规定"（框架思路要列出提纲或目录）"，但仍在整个研究内容之后。"框架思路"本应在对象之后，不应删除，该删的是后面括号内的"框架思路"；前面的"框架思路"若删，后面的"（框架思路要列出提纲或目录）"将无归宿。

表 41　纲目的最佳去处

年份	所在位置	优劣说明
2021	2. [研究内容] 本课题的研究对象、框架思路、重点难点、主要目标、研究计划及其可行性等。（框架思路要列出研究提纲或目录）	框架思路前后相重，纲目远离了前者
2024	2. [研究内容] 本课题的研究对象、主要目标、重点难点、研究计划及其可行性等。（框架思路要列出提纲或目录）	内容可求简明，不能游离体外

续表

年份	所在位置	优劣说明
未来	**2. 研究内容** （本课题研究对象、框架思路及纲目、主要目标、重点难点、研究计划及其可行性等）	回归，在对象之后，在目标之前或之后
	2. 研究内容 （本课题研究对象、主要目标、框架思路及纲目、重点难点、研究计划及其可行性等）	

如第 93 问所述，从对象到纲目构成了相对完整的研究"故事"，故事的情节是：思路在前，框架是思路的实体化，因此纲目宜在框架之后，以便评委一目十行，对框架丰富的内容一"纲"打尽！这样或能反映命题者的初心，方便报评双方沟通。因此，纲目设置可以优化，两种优化方案详见表 41。

138. 纲目填报"要求"应如何优化为提示语，以利评审？

未来若是仍然要求编织纲目，可按表 41 予以优化，还可将其要求转为适当的提示语，分次呈现，以利评审。以 2024 年的活页为例，纲目要求"框架思路要列出提纲或目录"转为提示语的过程如表 42 所示，请与表 41 对比。

表 42　纲目要求三次转为提示语

步骤	标题层级	提示语三次细化
1	一	**2. 研究内容** 本课题研究对象、框架思路（列出研究提纲或目录）、主要目标、重点难点、研究计划及其可行性等
2	二	**2.2 思路与框架**（附设研究纲目）
3	三	**2.2.3 附设纲目** （据内容框架而拟）

之所以作了三次设置，究其实，无非是要在思路之后搭框架，或将研究思路扩张为内容的框架，框架之后附上纲目。为此，特立"不动至大动原则"，相应推进三次优化程序，逐渐揭晓设题者的真意。

（1）小改，看透不做透　即不动要求，保留原提示语，但整体移入一级标题，以免评委批评您破坏题设。本次优化表现为不动声色，优化活动于一级标题。

（2）回归底层逻辑　即只是物理性移动，并略加分解：思路框架是主，用作标题，而将纲目降维作为其附属品，放入标题之后的括号。本次优化展开于二级标题。

（3）小改不动筋骨　直接点明纲目的附属性，且转为三级标题"2.2.3 附设纲目"，在其后加上提示语，道明它顺承前述思路框架的逻辑关系，如"（据内容框架而拟）"之类。评委已大致明白您是明白人，这种小改一般不出大乱，他们不会苛求您。本次优化展开于三级标题。其修改优化理据详见下一问。

139. 纲目及其提示语应含哪些要素？如何提示才妥当？

自要求列出纲目以来，已有几次变更，还在完善中。

按常理，纲目对论文、图书或内容有挈领之用，以显其经络，是思想之网。以国家社科基金年度项目为例，研究内容所含甚广，如本课题研究对象、框架、思路、纲目、主要目标、重点难点、研究计划、可行性等，显然纲目与对象、目标、重难点、计划、可行性无直接联系，即使与"框架思路"指定性或规定性相关，就目前可见，列纲至少涉及框架与思路，但与后者近，与前者远。

由上可知，纲目近涉框架，远涉思路，为显现这一关系，在标题各级相应之处宜作交待，以告白写作目的或是申请人的理解，至少是填写的理据（见表43）。

表 43　纲目与框架、思路关系提示法

方案	与框架、思路的关系提示
1	**2.2.3 附设研究纲目**（提纲或目录）
2	**2.2.3 附纲目**（据内容框架而拟）
3	**2.2.3 拟定纲目**（据框架而拟，分8章24节）

方案1顺规定而拟。方案2按比较实在的理解而拟，内容可留可去。方案3基于方案2，增添"8章24节"之类，便于评委整体上把握，至少不用让他去数数。在"纲目"前可加彰显其价值的定位词，以示自己的理解，也让评委更懂咱们。此类词包括：附、拟定、下附、下设、所拟、暂定等。

140. 为何不主张以纲目代框架？二者是何关系？

一般而言，5000字以下的申请书有内容，更有层层关系折射出的内容框架，也就不再要求设纲目了。若是7000至几万字的申请书（如以往国家社科基金重大项目不设容量上限，又如国家社科基金后期资助项目的书稿动辄几十万字），可依纲张目，便于评审抓纲举要。而 7000—10000 字的项目可设可不设，设或许更能为活页织网。

由上可知，框架与纲目密切相关，框架要带内容，整个框架好比钢筋混凝土，内容宛如混凝土，纲目宛如钢筋，漏去的是混凝土，所剩基本是钢筋。说是"基本"，只因为框架中有承重墙，呈现为子课题的标题。由此可见，内容（框架）与纲目二者相关联，纲从框架抽出。

具言之，纲目的某一章是未来书稿的某一章或几章的概括。子课题数量一般 4—6 个，5 个为好。纲目设 8—12 章为好，未来结项稿一般可写 10—25 章。如表 44 所示，可供开拓思路。

表 44　子课题与纲目、未来书稿各章的对应关系

子课题序号	纲目章序	未来书稿章序号
1	1.—2.或第 1、2 章	第一、二章
2	3.—4.或第 3、4 章	第三至五章
3	5.—6.或第 5、6 章	第六至九章
4	7.—8.或第 7、8 章	第十至十二章
5	9.—10.或第 9、10 章	第十三至十五章

如表 44 所示，子课题与纲目以及未来书稿各章之间存在一种对应关系。这种对应不仅体现了研究的结构，也预示了未来书稿的章节安排。

未来项目申报即使保留框架，认知上一定要将其与内容合一。框架与纲目有别，纲目是真正的骨架，而所谓的框架，实为内容，是血肉。所以，当下在"框架"前加"内容"二字，完全是权宜之计；即使字面不加，心里也应添加，字面是框架，字里是内容，搭框架，填内容，不然整个"研究内容"就是花架子无内涵了。

141. 与子课题和结项稿相比，纲目的章数有多大弹性？

纲目章数与子课题数量明相关，与未来结项稿或书稿章数暗相关，即便以系列论文形式结项者，心里预计的也基本上是一本书的体量，只因自己强在论文发表，或只想写精不写全，不求成书 20 万字以上，只想长短、重轻地发文 8 篇左右，或有团队分头完成，高低发文，但综观起来，也还是一个成果体系。

在此取书为最终结项成果,拟定子课题数、纲目章数、拟撰书稿章数三者在量上的前后关系,详见表45。

表 45　子课题数、纲目章数与拟撰书稿章数

参数	子课题数	纲目章数	拟撰书稿章数
区间	4—6	8—12	8—30
最佳量	5	8 9 10 12	10—25

由表 45 及其背景可知,纲目的章数,约为子课题数的 2 倍,拟撰书稿的章数是子课题数的 2—5 倍。子课题数若为 3,显得过大过粗,难见具体化的研究内容;纲目若仅有 6 章,只比子课题最佳量略多,甚至是非常接近,便难起到为内容织网的作用;未来书稿若是 30 章以上,便是大部头或上下册,甚至是上、中、下三卷,那也不是省部级、国家级一般项目所能承担之重,几近于重点项目,甚至是重大项目的任务了。量体裁衣,永远是裁缝的准则。

由表 45 还可知,纲目是子课题数及标题的扩充、内容的概括。子课题 5 个,纲目则配之以 10 章左右,是拟撰书稿的浓缩。

142. 纲目各级标题多长为宜? 首尾应注意什么?

目前所见,项目申报将纲目列至四级绝对不行,列至三级也不合适,因受限于篇幅。在此仅列至二级才比较恰当,即列为"1.1"或"第一节"之类。

由上可知,纲目列至二级,由章节显示思想的网络足矣。各级标题序号分中式与西式。前者是"第一章"章节式,后者是"1.1"之类的数字式。节即二级标题的最佳量为 2—4,如第 250 问活页的纲目均为 3 节,也不易;若是 2—4 节,则各自不能过多,含 2 节的有几章,含 4 节则宜略少,另有几章含 3 节。各章总体上构成整齐的二栏排或三栏排(详见第 250 问。)

纲目若以比正文小半号(如五号、小五号)字体排版,一行 40 来字,则可以三栏排,标题最长可达 15 字,以不超为好。节的标题 10 字左右为好。节比章要右向缩进一字,以显章节的层次美感。另,因各级标题上下对排,标题首尾用字应力求不重,尤其是标题之首三四字要力避相重,如 AAA 式,以免给人留下自我拷贝的印象。二级标题 3—4 节时,首字至少可写成 ABA 式,或 ABAB 式,最好是 ABC(D)式。试比较下例的修改。

稿 8	稿 24
第一章　符号景观及相关概念说略	**1. 符号景观及其矛盾运动**
第一节　符号景观及相关概念	1.1 符号景观及相关概念
第二节　符号景观的功能类型	1.2 汉俄景观形义供需矛盾
第三节　符号景观的结构特点	1.3 符际景观译制耦合空间

143. 一、二级纲目标题以哪几类标记再度凸显"私"想？

纲目的体系与思想主要由三类标记显示，第一类是层次或章节序列标记，主要是"1. 2. 3."之类。第二、三类标记分别是关键词与学术用语。如果说总标题是敲门砖，子课题标题则是通行证，那么纲目的两级标题，尤其是章一级的标题便是通行证上的身份与大名，最具识别度与标记性。与子课题相似，这两级标题要充分利用关键词与学术用语，紧扣选题，反复阐述思想。

写本实践中，整体构思无非两种，一种是胸有全稿的构思，再写成 1 份申请书尤其是活页；另一种是有了 1 个点子，逐步展开为 1 份申请书，尤其是活页。前者又重在有 1 份纲目，再分散扩成核心内容（框架）；后者又重在由 1 个点子扩为 5 个左右的内容框架，再细化为 1 部书稿的纲目。当然，这两个过程也有交织的时候，反反复复，终至成形。

纲目在此是一级关键词与二级关键词，偶见三级关键词的高密度组配，题题显"私"想，节节搭层级，章与节上下贯通，构成大小系统，汇成评委一眼能看到申请人思想的"天眼"。试比较下例所示的 4 次修改：

稿 2	稿 3
第五章　中俄符号景观译写论	**第五章　中俄符号景观译写论**
第一节　符号景观译与写关系论	第一节　符号景观译与写关系论
一、哲学范畴译与写	第二节　中俄符号景观译与写选择论
二、译与写义素简析	第三节　中俄符号景观译写策略论
三、符号景观译写观界定	**稿 18**
第二节　中俄符号景观译与写选择论	**第四章　汉俄符号景观译写论**
一、依功能类型定译/写	第一节　符号景观译与写关系论
二、据语用效果定译/写	第二节　符号景观译与写选择论
三、凭文化差异定译/写	第三节　符号景观译写策略论

接上页

第三节　中俄符号景观译写策略论	稿 23
一、全译策略论	**4. 汉俄符号景观译写论**
二、变译策略论	4.1 符际景观译写关系
三、"全译+变译"策略论	4.2 景观汉俄译写选择
四、"变译+变译"策略论	4.3 汉俄景观译写策略
五、其他译写策略论	

在上述"两头清、中间交"的起草过程中，贯通全程的首先是关键词，其次是学术用语。如上例稿 2 就是比稿 1 最初的想法更为成形的纲目，所以列得比较细，至三级标题，似乎快到了神经末梢，整个肌体仿佛充满了细胞——关键词与学术用语；到此一级，极有利于活页内容的展开，也有利于活页其他部分的深思，因为需写的要点才是整个申报的灵魂。有了稿 2 奠基，稿 3 便按篇幅缩至章与节两层，这是瘦身。至稿 18 将"中俄"降至语种"汉俄"，字体也优化了，关键词"译写"时分时合，与"关系""选择""策略"等学术用语的语义相应，也是一种准确。至稿 23，则换作欧式序号体系，更省字数，统一用关键词"译写"，各小节开头不再重复"符号景观"，有所优化。另，章用"论"也就罢了，节也就不再"论"为好，所改有理。

144. 纲目、子课题、预期成果三者的标题如何相关而相异？

不妨先看看纲目、子课题、预期成果三类标题的比较（见表 46）。

表 46　纲目、子课题、预期成果三者标题比较

级次	纲目的标题	子课题的标题	预期成果的标题
一	6. 汉俄景观变译机理	2）汉俄符号景观全译重"转化"，变译重"变通"，二者共同揭示翻译机理	5）《汉俄符号景观译制机理》
二	6.1 汉语理解变通机理 6.2 语际/思维变通机理 6.3 俄语变通机理	符际景观转化机理 符际景观变通机理	1）汉俄符际景观变译机理探 2）符号景观图形符号识解机制 3）汉俄符号景观制作文化禁忌论 4）多语景观译制操控说

纲目选用了第 250 问活页纲目中第 6 章的章节标题，子课题用了子课题 2）

的两级标题，预期成果列出所有预期的成果，其中一级标题"5)《汉俄符号景观译制机理》"为最终成果专著的标题，1)—4)则是论文的标题。三类标题共用了几级关键词及学术用语，如"汉、俄、景观、变译、全译、译制、变通、转化、机理、理解、思维、揭示、探、论、操控"等，三类标题均从中组合而成，这是维系三者的语义链。

不言而明，三类标题相关但绝对不能重。结合活页全稿，纲目的一、二级标题是精练的，字数少于子课题与预期成果，是复杂短语，10字左右为宜，如表46的第二栏。子课题标题长，显示丰富的思想，一般30字左右，更强调问题意识，是句子，更多是复句表达，如表46的第三栏。预期成果主要是论文与专著的篇名，也力求简明，但更求广泛易检，更应求新，满足期刊与出版的需要；一般也是10—20字的复杂短语，但会比纲目标题多出标题用语，如"论、探、说、探索"等，如表46的第四栏。

145. 如何借字体、行距等优化纲目？通栏、双栏、三栏排版如何扬长？

纲目毕竟是以短语分层按章节排列，以清晰明了为上；同时又只是内容（框架）的去细取粗、去微取宏，仅是内容框架的附设，完全可以像论文的图表那样，其中的文字用小半号，以字体大小反映内容的主次，既可活跃版面，又可节省空间，达到视觉参差美的效果。若是版面紧张，将纲目的行距定为1倍，也无大碍。

请看第250问的活页，全稿采用了2021年以来所定的基本字号——小四号，而纲目因具有附设作用，将其定为仿宋五号字，字体缩小，行距也可随之减小，用1倍行距，视阈略微收小，显得更紧凑，更便于评委一眼览尽。

理论上纲目可用通栏、双栏、三栏排版，通栏排不为本书所主张，看似大方，实则很费版面。章节标题较长时，或章数为8、10、12三个偶数时，便于左右对排，这反向说明纲目的标题不宜过长，否则既占字数，又占版面。章数为9或12时，可以三栏排，每栏分成3或4章，其前提是各章节标题精练，或是有长短，恰巧能分成三栏。

146. 电脑与手工制作纲目各有优势？如何巧用表中表，以求美观？

目前报项一般不提倡过多用表中表、表中图，除非写几万字以上的申请书，如重大项目，或某些理工类课题，这二类有空间保障，无字数之虞。不过，若是纲目各级标题上下长短相差无几，用电脑制表也能整齐美观，不妨一用，可用有格表，更可用无格表，后者给人天然整齐之感，可仿用第 225 问汉语内容的无形表排版。

部分不善于电脑制表者，也可以手工制作，尤其是某一章节标题较长时，不宜电脑统一制作，以免某行回车破坏了整体效果，当这一章方便放在三栏排版的最后一章时，完全可以手工排，可以灵活调整版面。如下例，第八章的各小节标题较长，电脑自动三栏排时可能都要回行，采用手工排版，各节标题就要挤占第三栏的版面。

课题名称：	中俄符号景观"译+制"双重机理融会研究

本表参照以下提纲撰写，要求逻辑清晰，主题突出，层次分明，内容翔实，排版清晰。除"研究基础"外，本表与《申请书》表二内容一致，总字数不超过 7000 字。

2.2 框架思路　（框架思路要列出研究提纲或目录）

2.2.3 拟定纲目　（据思路、框架而拟）

第一章　符号景观及相关概念	第二章　符号景观译制基础论	第三章　符号景观译制关系论
第一节　符号景观及相关概念	第一节　景观译制主-客-受操控论	第一节　景观译与制哲学观
第二节　符号景观的功能类型	第二节　符号景观译写理论基础	第二节　符号景观全译与制作
第三节　汉俄符号景观结构特点	第三节　符号景观制作理论基础	第三节　符号景观变译与制作
第四章　汉俄符号景观译写论	第五章　符号景观全译机理	第六章　符号景观变译机理
第一节　符号景观译与写关系论	第一节　原作转化机理	第一节　原作变通机理
第二节　符号景观译与写选择论	第二节　符际/思维转化机理	第二节　符际/思维变通机理
第三节　符号景观译写策略论	第三节　译符转化机理	第三节　译符变通机理
第七章　汉俄符号景观构型机理	第八章　汉俄符号景观译制融会机理	
第一节　符号景观空间布局操控	第一节　符号景观译制一体化系统论	
第二节　汉俄符号景观空间解构	第二节　汉俄符号景观译制形义支配论	
第三节　汉俄符号景观空间组构	第三节　汉俄符号景观译制机理图构建	

（五）重　难　点

147. 如何分列重点与难点？二者呈何比例？

重点与难点，有人说项目偏重，宜多写，有人说偏难，多写为好。理论上，二者应该各是各，不一样，宜分开。有多重，就有多难，不存在孰重孰难，因此重点难点分开后，数量上大致相当，容量上彼此均衡，不可忽多忽少。

分开的重难点，各自成一整体，但不等于各自成一整段。毕竟是重的"点"、难的"点"，适用条化的内容显示"点"。这"条"的宽度不宜过宽，1 行甚精，2 行相宜，3 行为限。

重点与难点不能写成 1 点，哪怕这一点写成 5 行以上也不妥；2 点略少，3 点正好，4 点略多。2 点时，每点至多可写至 3 行，3 点时每点可写 2 行。若是写至上限 4 点，则每点 1 行，若想强调第一点是重中之重，或难上之难，只将第一点写成 2 行。如：

课题名称：	中俄符号景观"译+制"双重机理融会研究

2.3 重点难点

2.3.1 重点（按特点—规律—机理排列）

彰显特征，发掘特性　从指示、提示、限制、禁止、号召五大功能出发，对比并提炼汉俄景观功能类型的语言特征，发掘译与制的特性，为构建符号景观译写与制作机理奠基。

探寻规律，模式显化　基于汉俄符号景观撰写特征和译制特性，运用全译律与变译律、设计学等相关理据，对汉俄符号景观阐幽探赜，寻求汉俄译际景观译与制二律，形成模式。

双重机理，绘流程图　融合以全译和变译为理据构建的译写机理和以符号学、设计学等为理据建立的制作机理，绘编符号景观由雏形—成型—定型的具有交际价值的译制流程图。

2.3.2 难点（按双重性—跨科性—复杂度排列）

译制融会，双重挑战　尝试从语言—思维层讨论符际景观的转化与变通手段，对比符际景观的空间布局，创建具有普适性、可操作性的符际景观译制融会原理，将面临双重挑战。

机理提升，跨科性大　符号景观译写策略繁多，全译+变译的译写原理需深度整合，大力提升；而制作尚未研发，提炼其空间特点，融合译与制，极需更多的文理多科知识。

类型繁多，耗时费力　中国境内和俄语国家符号景观实拍难度大；海量图片按功能和领域分类整理，耗时多；图片集成处理，技术含量高；建构多模态语料库，工作量大。

148. 哪些要素可入重难点"提示语"？如何写出最优方案？

重难点分开写，标题之后加提示语，这是自选动作。不加，只列几行的重难点内容；若加，或能为评委引路，助您到达心仪的彼岸。那么，哪些要素可入提示语？

重难点提示语，旨在点明重难点的性质或内容，因此可分三类：

（1）表重难点的词，如"规律""复杂度"等；

（2）本课题关键词，如"机理""双重"等；

（3）与本课题相关的学术用语，更能凸显其性质，如"特点""跨科性"等。

上述三类词可直接从各重难点中提取，如下例两稿的重点 2 是"探寻规律，模式显化"，既可提取"规律"，也可提取"模式"，更可双取入提示语，另见第 250 问。也可对每个重难点再次概括，如下例稿 20 重点 1"彰显特征，发掘特性"，将"特征""特性"合二为一，概念化可得其上位概念"特点"，即可入提示语。

稿 20	稿 24
2.3.1 重点 （按特点—规律—机理排列）	**2.3.1 重点** （按机理、规律、特点等排列）
彰显特征，发掘特性 ……	双重机理，绘流程图 ……
探寻规律，模式显化 ……	探寻规律，模式显化 ……
双重机理，绘流程图 ……	彰显特征，发掘特性 ……

重难点提示语方案可有多种，自有高低。何为高下？虽见仁见智，但也有相对优胜的方案。如上例稿 20 按"特点、规律、机理"排列，似乎是由浅入深式排列，是一种方案；最重要的或最终要达到的目标应是首要的，据此排列似乎完全可以倒过来，如稿 24。重难点不能写得过多，多则无重不难，因此提示语与其下的重难点可如实对应。再者，列举提示语的标点符号也可多样，如上例中的一字线改为顿号等。

149. 重难点应紧扣何处？由何发掘？如何系统化？

总体上，重难点要紧扣整体与局部。换言之，先整体察重难，再局部显重难。

重难点与问题密切相关，问题有多重要，有多难解决，自然就导出了重点与难点。选题可分总问题与分问题，又再分为总体的重点与具体的重点，总的难点与具体的难点。总问题与分问题又可对应母课题与子课题，因此：

第一，可从全局即从整个课题定最大的重点或难点，如第 250 问活页前稿整个选题是"中俄符号景观'译+制'双重机理融会研究"，"机理融会"是其根本，内容框架分作 5 个子课题（见表 47），"双重机理，绘流程图""机理融会，跨科性大"自然应成为重点与难点。

表47　重难点与内容框架关系系统

2.2.2 内容框架 （循思路，搭建"一因四果"的内容框架）
1）跨文化供需动因：符号景观汉俄文化差异驱动及其"译""制"矛盾
2）符际变化机理：汉俄符号景观全译"转化"与变译"变通"相济
3）景观分合机理：境内外汉俄符号景观的符号解构与组构
4）译制优构机理：汉俄符号景观"译+制"多模态符号的优选与重组
5）译制协同机理：汉俄符号景观"译+制"聚合、组合及其整合成形

2.3.1 重点	2.3.2 难点
双重机理，绘流程图　……	机理融会，跨科性大　……
探寻规律，模式显化　……	译制同察，双重挑战　……
彰显特征，发掘特性　……	类型繁多，耗时费力　……

第二，可从局部即从各子课题分头找具体的重难点，基于表47的5个子课题，分别可以提炼出相应的重难点，围绕"揭示译与制矛盾""转化与变通相济""景观分合机理""译制优选优构""译制聚组整合"等，分别衍生重难点，至少各自5个。如子课题1）重要，可提炼出重点"彰显特征，发掘特性"与难点"类型繁多，耗时费力"。

第三，有时还可从中观层即从各子课题之间的关系确定重难点，由表47可知，5个子课题，第1个是因，后4个是果，整体呈现为因果关系，又以果为主。这一最大关系所产生的重难点与整个选题的重难点相合，见上述。后4个子课题彼此之间还会产生中层重点或难点，如子课题3）—5）均涉及译与制，那么每个子课题均要探究以寻规律，且以模式将其呈现出来，可提炼出重点"探寻规律，模式显化"。

无论是从整体还是局部，均可得或大或小的重难点，既可由浅入深，也可由深至浅地将其系统化。由上可知，总的重/难点只有一个，子课题间的关系重/难点可能多个，各子课题的重/难点各有1个，共5个。由于重/难点一般不超3个，那么按重要性或难易度选择，其关系系统可能是如下顺序或相反顺序：

1个总的重/难点+1—3个子课题关系重/难点+5个核心子课题的重/难点

三者相加，可得7—9个重/难点，再从中遴选3个即可。如表47的重点按微观、中观、宏观的序列呈现，即按最重要的子课题5）、子课题3）—5）的关系、整个选题的总体的顺序列出；而表47的难点按宏观、中观、微观排列，这种序列更能显难。

150. 重点如何标记更显"重"？

重点显"重"，方式多样，主要涉及"重点"标题与内容表达，包括词语手段、句法手段、章法手段等。

首先是表重点的词语。内容或标题或用单字，如"显、探、发、掘、绘"等；或用双字，如"机理、发掘、双重"等；或用三字及以上，如"规律性、复杂度、神秘感"等。"重"在何处，如何以词语标记，即用什么词表达，还可见下一问。

其次是句法手段。若设标题，则可采用三字经、四字格、五言、六言、七言等，直至十言的短语。前二者较难，中二者为常，后二者较易。重点内容可用完整句，多为复句，偶用句群。句子也常因语境而略去主语，显得更简洁，见第 250 问。

最后是章法手段，即各重点的整体布局，尤其是各重点设有标题时，如何设计以显重点的顺序、各点的关系等，需讲全局观，因采用的方式不同，产生的审读效果也就有别。如采用六言的标题，3 个标题上下等长，整齐划一，更加醒目。若取八言标题，用两个四字格，两两相对，形成美感，如第 147 问；若是觉得两个四字格构成的八言标题用得过多，还可以将八言转为七言，甚至改为九言十言，以求活页标题制作多样化，如下例所示。当然，上下标题不必刻意求整齐，应以内容为主导。

方案 1	方案 2
2.3.1 重点 （按特点—规律—机理排列）	**2.3.1 重点** （按机理、规律、特点等重要性排列）
彰显特征，发掘特性 ……	绘制双重机理流程图 ……
探寻规律，模式显化 ……	探寻且显化规律与模式 ……
双重机理，绘流程图 ……	发掘且彰显特征与特性 ……

151. 重点用语如何与两类词语优组优配？

重点用语指表示选题重要性的词语。可与课题的关键词和学术用语组构表达选题重要性的语句；若有必要，更可组构简明的标题，置于语句之首，与后文以空格相隔，比用冒号要强，因为空白是有效的标记，形成一种虚实美（见第250问）。常见重点用语及其衍生模式见表48。

表48 常见重点用语及其衍生模式

类型	案例及模式
一字	创 建 显 重 主 需 首 要 至 最……
二字	关键 重大 突破 标志 至X 颇X 首X 主X X创 X建
多字	迫切性 显示度 中国式 神秘感 科学化 XX性 XX化 XX式 XX型

以X、Y、Z三轴构成的三维坐标系更能直观显示重点用语、关键词、学术用语三者的组配关系（见图25）。您更可上下左右前后放大坐标系，填入更多的三类词语，在纸上两两画线组配，从中可以发现更多的重点视角。如图 25 中"机理"可与"揭示"构成"揭示机理"，与"双重"构成"双重机理"；"模式"可与"显化"构成"模式显化"；"探寻"可与"规律"构成"探寻规律"；等等。

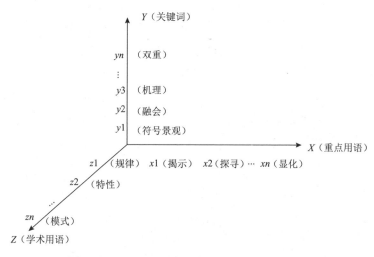

图25 重点用语及其组配坐标

152. 难点如何更显"难"？难度如何标记化？

难点可分隐与显。显性之难，如"量大、时短、战线长、规模宏大"等，一说即明，一点即破。隐性之难，即各种"疑难杂症"，不说不明，不点不破。

显性之难可说，不是难的重点，似乎只要投入即可，自然能解决。隐性之难必说，且为所说的重点，需投入更多，入乎其中，才能出乎其外，才能由隐而显，不然不显山不露水，难为人知。"机制揭示、规律发现、原理说透、理论创建、学科创立"等，是从正面说重要，即重点，有多重就有多难，得从反面突出它有多难。见下例：

稿18	稿23
2.3.2 难点（按双重性—跨科性—复杂度排列）	**2.3.2 难点**（按跨科性、双重性、繁复度等排列）
译制融会，双重挑战 ……	跨文理机理提升 ……
机理提升，跨科性大 ……	"译+制"双重挑战 ……
类型繁多，耗时费力 ……	类型繁多费时力 ……

难度的表达方式与重点一样，也涉及词语手段、句法手段、章法手段等：

（1）提示语显难，"难"在何处？首先以词语标记，如上例稿23在"难点"之后还可加上提示语"按跨科性、双重性、繁复度等排列"等。

（2）加小标题显难，如在"难点"之下，每个难点之前加上标题，或八言的"译制融会，双重挑战"，或七言的"跨文理机理提升"等。

（3）列点排序显难，在章法上讲究难点的排序。如上例稿18从高处看，难点可由宏而微排列；若从实操看，则可由最难到较难排列，如稿23。

难点要见"难"性字眼，更多表难词语详见下一问。

153. 表难并非只用否定词语，如何借用更多的叫"难"手段？

所谓难点，指选题不易解决之处，是需突破的地方、需解答的疑惑、颇为棘手的问题、需攻克的难关等。

迄今为止，所见的部分申请书好用表否定的词，如"不够、不便、不易、无端、无缘无故、无法、非计、非细"等。这本无可厚非，但"不、没、未、非、莫、无"等用得过多，自我重复，也与他人相重，终究于申报不利。即使是否定词，也可利用双重以及多重否定，如"不无风险、无孔不入、无处不在"等。

表达难点不一定全用否定词，可扩至负面表达法，即可用贬义词、消极词语等负面词语。否定义之外，贬义词还涉及贬斥、憎恨、轻蔑等情感义。语义消极的词语也不少，譬如"差、缺、少、欠、欠丰、焦虑、紧张、痛点、卡点、棘手、费力、困难、困苦、复杂、难点、难处、难关、困惑、艰难、繁难、疑难、难于、为难、负面、费工、费时、费难、麻烦、烦难、失策、老大难、费工夫、挑战性、举步维艰、积重难返"，等等。

除日积月累丰富的表难手段外，还需明白难度有程度，可利用程度区间，区别使用难点词语，平时需加强母语学习，主动积累这类词。如表示"难"的词语，依其难度，可分出梯度：①艰巨，形容任务或工作非常艰难，需付出巨大的努力与耐心；②艰难，形容事情或任务非常困难，需付出较大的努力或克服较多的困难；③困难，指一般的阻碍或挑战；④繁难，形容复杂繁琐或难以应对。

有时通过增加数量、词语叠用等手段表达难点，巧用"数"说事难，如"双重机理、多维冲击、八方受困、重重困难、屡受困扰"等。

154. 难点用语如何与两类词语优组优配？

难点用语指表示选题难度的词语。可与课题的关键词和学术用语组构表达选题难易度的语句；若有必要，更可组构简明的标题，置于语句之首，与后文以空格相隔。常见难点用语及其衍生模式，详见上一问，也可归纳为表 49。以表 49 为依托，可据模式的能产性，根据不同学科自我生产新术语或新词语。

表 49　常见难点用语及其衍生模式

类型	案例及模式
一字	差 缺 疑 难 杂 费 繁 苦……
二字	疑惑 难关 耗时 费力 挑战 海量 疑 X 不 X　X 难 X 费……
多字	迷惑感 模糊性 复杂度 无缘由 XX 化 XX 感 XX 度 难以 X…… 一筹莫展 无路求生 难以应付、变化莫测……

以 X、Y、Z 三轴构成的三维坐标系更能直观显示难点用语、关键词、学术用语三者的组配关系（见图 26）。您更可上下左右前后放大坐标系，填入更多的三类词语，在纸上两两画线组配，从中发现更多的难点视角。如图 26 中"机理"可与"提升"构成"机理提升"，"译制"可与"融会"构成"译制融会"，"类型"可与"繁多"构成"类型繁多"，等等。

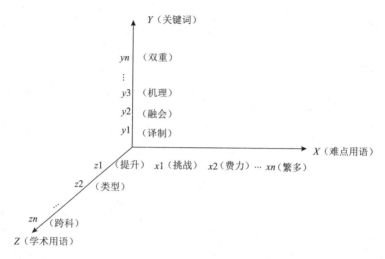

图 26　难点用语及其组配坐标

（六）目　　标

155. 借助哪些要素可为目标提示语制订最佳方案？

2024 年国家社科基金年度项目活页首加"突出目标导向"，以引领项目攻关。

所谓目标，本是射击、攻击或寻求的对象，转指申请人研究欲取得的结果或应达到的境地或标准。据此可知，项目获批的关键之一首先是明确其目标。

项目的目标性，指项目拟制与推进所设定的明确、具体、可测的目标或预期结果，甚至是成果，既为项目预设方向，也为把握项目进度提供理据。因此，至少需要考虑：

（1）明确性　即目标要明晰，对项目的预期要了然于胸；

（2）具体性　即目标描述得可见、可操作，能切实指导研究；

（3）可测性　即具有可衡量的尺度，便于评估进度与结果，甚至夹以具体的数字、比例、时点、时段等。

由此可知，目标要素至少涉及行为及其对象。行为及其对象构成了事件，施事者是项目负责人或课题组，有时不言喻，可省；最后只剩下行为及其受事——动宾短语。

一般而言，目标有总分关系，即分为总体目标与具体目标，或总目标与分目标。如何切分目标，或者划分目标的依据是什么，并非人人熟知。为让评委懂得所要完成的研究目标，不妨在"主要目标"之后附设提示语，放入括号，用小半号楷体。如：

2.4 主要目标　（以框架中研究内容的总、分系统为依据）

2.4 主要目标　（与对象相呼应，据研究内容建立总、分目标系统）

2.4 主要目标　（为呼应对象，据内容建立总、分目标系统）

2.4 主要目标　（以研究对象为参照，据研究内容建立目标系统）

2.4 主要目标　（参照对象，据内容建立目标系统）

2.4 主要目标　（基于研究内容创建总、分目标系统）

2.4 主要目标　（以内容框架的总、分系统为依据）

2.4 主要目标　（基于内容创建总、分目标系统）

2.4 主要目标　（依内容的总、分关系而立）

156. 目标与选题、对象如何对应优化？

目标即目的，可指完成项目以及所预期的结果。若是不明白目标如何立，不妨依据对象、选题名称展开对应思考。

选题若作总分，选题就是母课题或总课题；对象若作总分，则可分出总对象与分对象；目标若作总分，也可分出总目标与分目标。那么目标与选题、对象的对应关系实为总目标与总课题、总对象的对应关系。试将第250问活页的总课题、总对象与总目标列表（见表50）。

表50　选题、对象与目标对应优化

总课题	中俄符号景观"译+制"双重机理融会研究
总对象	中国与"丝路"俄语段符际景观变化机理、符际空间制作机理及其双重融会
总目标	融语学、译学、符号学、设计学等学科揭示"丝路"俄语段符际景观译制机理

由表50可知，总对象是总课题的"研究"之外内容的扩充。"中"扩为"中国"，"俄"扩为"'丝路'俄语段"，实指相应的国家；"符号景观"变为"符际景观"；"'译+制'双重机理融会"分解且扩展为"变化机理""制作机理""双重融会"。

总目标与总对象是基本对应关系，只不过总对象多为复杂的名词短语，总目标多为复杂的动宾短语。总目标与总课题的关系颇似总对象与总课题关系的扩充："融语学、译学、符号学、设计学等"显化了总课题的跨学科视角；"中俄"扩充为"'丝路'俄语段"；"'译+制'双重机理融会"因"译"与"制"对应成双，"+"的关系涉及融合，直接简称为"译制机理"。因总目标通常用动宾短语，于是将总课题的"X研究"格式直接换向思考，变作"研究X"格式，具体是将"研究"换为更为具体的行为动词"揭示"，将"研究X"格式填充为实实在在的短语"揭示……机理"，如表50所示。

157. 动宾短语是优化目标的标配？如何走优化程序？

标配，指一般或基本的装备，引申为最通行的标准。

项目名称基本是"X研究"格式，反言之，如何"研究X"或"实现X"便成了目标。表达目标时运用及物动词，且是实义动词，如"喝、踢、建造、开辟"等，因为目标所达的结果正是行为动词所带的宾语，只有动宾关系才能表达完整的目标内容。

实义动词表示具体的动作，具体动作又接具体的对象，动宾短语频频使用，成为主流或主导，已为目标及其修改优化的标配。如：

> 方案1　本课题融语学、译学、符号学、设计学等，揭示中俄"一带一路"俄语段符际景观译制机理。（复句）
>
> 方案2　融语学、译学、符号学、设计学等，揭示中俄"一带一路"俄语段符际景观译制机理。（复句）
>
> 方案3　融语学、译学、符号学、设计学等揭示中俄"一带一路"俄语段符际景观译制机理。（单句）

据上例，可以设想：命题之初，申请人脑海常冒出一片片思想，句群级思想变为选题点子时，会由句群转为复句，可得目标方案1。由此可见，目标以句子表达判断，判断含有主语，项目的目标可用主谓（宾）短语表达。

不过，受不言而喻的语境制约，整个项目书较少使用"本课题"之类的主语。因语境省略，表达应更简洁，方案1进而转为方案2。方案2仍是复句，虽是无主语的复句，但因语境作用略去了主语，直接用动宾短语更能鲜明地表达目标，

177

可得方案3的单句，实为连动式短语。再请看非项目类表达目标的实例：

[55]**培养目标**

培养掌握现代民航安全管理理论和专业知识、具有较高安全管理水平、较强综合管理能力和业务素质的中青年安全管理干部。

培养具有安全规章意识和优良职业作风、洞察飞行运行专业发展前沿、善于创新思维和团结协作的中青年飞行运行管理干部。

培养准确把握规章标准、具备工匠精神、掌握持续适航管理理念方法、追踪航空维修新技术的中青年维修管理干部。

培养掌握现代机场发展理念与趋势推进机场治理体系和治理能力现代化、引领机场高质量发展的中青年机场管理干部。

培养具备适航专业能力、民航安全理念和综合管理素养的高素质民航中青年适航审定干部。

培养熟悉国内外通航产业发展经验掌握通航政策法规、具备通航行业管理视野、精通通航管理理论与实践的中青年通用航空管理干部。

本例于2024年1月15日拍于某学院，是该学院"航空安全与应急研究"的培养目标，例中标点使用不足在此不论。总体而言，其每个目标不算长，但受到"培养……干部"的辖制，中间的限定语过长，尤其是"干部"前最相关的"安全管理""运行管理"等只是干部的类型而已。不妨将目标先分类用作标题，随后再展开其目标的具体内容，将其中的多数顿号改为逗号，原文的紧促感大大得到缓解。不如改为：

安全管理 掌握现代民航安全管理理论和专业知识，具有较高安全管理水平、较强综合管理能力和业务素质；

飞行运行管理 具有安全规章意识和优良职业作风，洞察飞行运行专业发展前沿，善于创新思维和团结协作；

维修管理 准确把握规章标准，具备工匠精神，掌握持续适航管理理念方法，追踪航空维修新技术；

机场管理 掌握现代机场发展理念与趋势，推进机场治理体系和治理能力现代化，引领机场高质量发展；

适航审定 具备适航专业能力、民航安全理念和综合管理素养；

通用航空管理 熟悉国内外通航产业发展经验，掌握通航政策法规，具备通航行业管理视野，精通通航管理理论与实践。

158. 目标如何修改？逐步总分体系化？

目标完成的程序大致是：设立→分解→践行→达到。前两个环节就是大目标拆分为小目标（见图 27），小目标一个个完成，就产生一次次的小自信，取得一次次的小成就，助您一次次突破，再大的目标也不难实现。据目前实际观察，目标写法有三种。

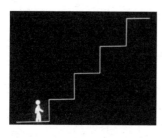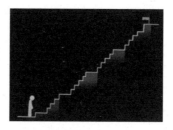

图 27　总目标化作分目标促进项目完成

（1）一段式　即所有目标用一段表达，内部可分层次，也可不分。如下例稿 2，逻辑上分 4 层，且用分号标记。语流之中，分号停顿比句号要短，视读之时，分号显示度比句号要低。该例只见各种分目标，未见总目标。此类分法通常无大碍，但评委快速审阅时会影响其对目标内分逻辑的理解，尤其是对目标要点的数量的直观把握。

（2）分点式　即将几个具体目标分头表达，可能分成几段，也可一段内分点，标以序号并用分号相隔。如下例稿 18，此类分法较稿 2 更明晰，增设总目标，为各分目标加序号，且加粗。有人会在段首加上"本项目将达到如下目标："等，这类话有也可，无也可，略略起到了语篇衔接作用，无任何新信息。

稿 2（一段式）

　　厘清语言与非语言符号、译写与制作、译与写、转与化、全译与变译的辩证关系；提炼汉俄符号景观模式，探明全译之转化、变译之变通机理，构建符际译写机理；对比汉俄景观符号及其组合的涵义，提炼多模态符号构型模式，建立制作机理；融会"全译/变译+构型""全译+变译+构型"模式，绘制译写与制作机理示意图。

稿 18（分点式）

　　本项目将融语言学、译学、符号学、设计学等，揭示中俄"一带一路"俄语段符际景观译制机理。其**分目标有：1）**厘清语言与非语言符号、译写与制作、译与写、转与化、全译与变译的辩证关系；**2）**提炼汉俄符号景观模式，探明全译之转化、变译之变通机理，构建符际译写机理；**3）**对比汉俄景观符号及其组合的涵义，提炼多模态符号构型模式，建立制作机理；**4）**融会"全译/变译+构型""全译+变译+构型"模式，绘制译写与制作机理示意图。

接上页

稿 22（总分式）

总目标　……。

分目标　1）……；

　　　　　2）……；

　　　　　3）……；

　　　　　4）……。

（3）总分式　即先用一句话对目标总说，再用几句从不同方面展开，可设总目标为一段，其他具体目标为几段。如上例稿 22，其各点内容不变，加上"总目标"三字，后空一格，更加醒目。"分目标"与其形成对应，后面同样空一格。各目标条列，总目标占一行，分目标分开各占一行。整体清清爽爽、大大方方，比前两稿的目标更清晰、更明确。

不论采用哪种写法，目标似乎都应形成系统，换言之，目标宜体系化，稿 2 至稿 22 就是逐渐体系化。第 250 问活页的目标设计应是目标修改的"目标"。

159. 选题名称如何改造为"总"目标？倍数多少为宜？

总目标对应总课题，即整个选题的目标就是总目标，是最大、最完整、最终的目标。选题名称分为两部分：X+研究类用语。"X 研究"，X 是研究的对象，做完 X 所达结果就是项目的目标，所以，选题中 X 的扩充应是拟定项目总目标最直接的方法。

据上，X 即使带有动词，也不宜直接用作总目标，需要不断扩容，增加 X 的内涵，拉伸 X 的长度。整体看，最短的 X 偶见三五字，最佳的 X 是 10 字左右，常见的 X 为 15—20 字[1]，申报实践中需扩充为目标的 X 一般是 20 字以上，所以有时规定标题不超过 40 字极有其理。

以国家社科基金年度项目活页规定为例，若定内容用字为小四号，一行约 40 字，选题之 X 扩充为总目标的公式为：X 字数×倍数=总目标字数，其倍数区间为 1—9，至少可分 10 种乘积关系，详见表 51。

---

① 黄忠廉. 人文社科选题炼题：100 问+700 例[M]. 北京：科学出版社，2024：133.

表 51　选题中 X 优化为总目标的方案

方案	X 字数×倍数=积	方案	X 字数×倍数=积
1	$36 \times 1 = 36$	6	$15 \times 2.2 = 33$
2	$30 \times 1.2 = 36$	7	$15 \times 2.4 = 36$
3	$25 \times 1.4 = 35$	8	$10 \times 3.6 = 36$
4	$20 \times 1.7 = 34$	9	$5 \times 7 = 35$
5	$20 \times 1.8 = 36$	10	$4 \times 9 = 36$

方案 1 中 X 为 36 字，已是很长，显得烦琐，说得好听是丰富，但无法再扩充，不提倡。方案 2—3 开始减短，可略作扩充。方案 4—5 扩大了实质问题，X 与目标的区分开始明显，是最佳选择。方案 6—7 是理想的优化对象，翻出 2 倍的结果易如反掌。方案 8 最具拓展空间，申请人会游刃有余。方案 9—10 则只有高手才可为。总体看，选题中能扩充的 X 的最佳字数区间是 10—25 字，再次证明，最佳题长为 20 字左右。

总目标是整个项目所要达到的目标，选题之初只显轮廓，论证之中逐步明朗，可能直至终稿才最为明晰。

160. 分目标如何与分对象对应、与子课题呼应？

如前所述，总课题研究总对象，课题稍大一点，分出几个对象，可得分对象。基于同样的逻辑，分目标由总目标分解而来，总目标又与总课题相应，而总课题要分出子课题，分目标就与子课题相对应了。换言之，分目标可直接与分对象一一对应、与子课题基本呼应。

分目标的修改可以分对象与子课题为依据，逐项设计，不断优化。项目研究对象宜分总对象与分对象，二者构成对象系统；与其相应，可优化与总对象相应的总目标、与分对象对应的分目标，顺生最佳目标系统，或是前后贯通的目标系统。此外，还可借课题的母子系统对比思考，建立分目标系统，分目标与每个子课题基本呼应，先提炼出子课题的研究目标，汇总可得分目标系统。依据内容框架确立目标，也分两路：或是紧扣框架设总目标，进而分解出分目标；或据子课题一一定出分目标，再聚合提炼为总目标。

一般而言，分目标是总课题分解为几个子课题之后各自应达到的目标，均为阶段性目标。如第 250 问的活页前稿共分 4 个分对象、4 个分目标与 5 个子课题，三者相对应。不妨各取其一作相关比较（见表 52）。

表52　分目标与分对象、子课题相对应

可比点	要点比较
分对象	4）按设置主体、功能类型的汉俄符号景观译写与制作的优构机理与协同机理并举
分目标	4）融会"全译/变译+构型""全译+变译+构型"模式，绘制译写与制作机理示意图。
子课题	**5）译制协同机理：汉俄符号景观"译+制"聚合、组合及其整合成形** 符号景观译制自组织系统　符号景观…… "译+制"聚合与组合关系　符号景观…… "译+制"整合机理图绘制　汉俄符号景观……

　　分对象的对应方式为并举 A 机理与 B 机理，内在逻辑是双重机理融会。分目标的对应方式为融会 A 机理与 B 机理，绘制示意图，一是由名词短语"优构机理与协同机理并举"转为动词短语"绘制译写与制作机理示意图"，二是更生动形象，符合目标的行为特性。子课题的对应方式是："协同"与"融会"语义密切相关，行至整个项目的高潮，研究对象中双重机理在此融会，更加具体化，显著表现是子课题 5）之下又分 3 个孙课题。

161. 目标所用单句如何显力度？复句关系几重为好？

　　理论上，目标可用句群、复句与单句表达。以万字以下项目为例，本书建议：少用多个句子构成的句群，主用复句，少用复杂单句。

　　句群因层次多而更显复杂，故少用。

　　单句是完整的句子，不需要与其他句子产生关联。单句以独立的主谓结构简明表达完整之意，反映简单的目标，一般简短有力。单句力量大小取决于句长以及句中词语音响的强度。复杂单句长而复杂，读起来绕口，除了总目标，一般不用（见表53）。

表53　目标与句子关系的修改

可比点	稿序	案例对比
总目标	3	构建具有普适性、可操作性的符号景观译制原理
	20	融会语学、译学、符号学、设计学等学科揭示"一带一路"俄语段符际景观译制原理。
分目标	3	1）厘清中俄符号景观译与制、译与写两对关系 2）探明中俄符号景观全译与变译功能类型
	20	1）厘清语言与非语言符号、译写与制作、译与写、转与化、全译与变译的辩证关系； 2）提炼汉俄符号景观模式，探明全译之转化、变译之变通机理，构建符际译写机理；

稿 3 的总目标是一句，入表也就半行，对原理的性质作了两次限定；而稿 20 为使内容一行说尽，去了性质限定，加上跨学科视野，且用"融会""揭示"构成了连动式复杂单句，以体现"总"的概括性，证明了单句的优点。同样稿 3 的分目标 1）只列举了 2 种关系，稿 20 的分目标 1）则有 5 种关系，大大丰富了辩证关系的内涵，但句子仍是单句，只不过关系更为复杂而已。

稿 3 的分目标 2）同样用了单句表达，入表还不足半行，目标不饱满；稿 20 的分目标 2）将前稿的全译、变译的机理揭示出来，且不限其类型，又增加模式，探明两种翻译机理，最后构建符际译与写的机理，整个分目标用复句表达，关系明晰，节奏感强。

复句，尤其是多个简明的分句构成的复句，有思想丰富而节奏明快的特点。如下例复句中三个分句在结构上互不作句子成分，语流成调，贯通句调，全句连为一体。第一层"A，|B"是因果关系，因在前，果在后；第二层"B，||C"是并列关系，B 赏景，C 品味。如：

A 我回岭南，|B 可以欣赏四季的绿，||C 一年到头可以品尝各种时令果蔬。

复句则由两个或以上的分句表达复杂的目标，因含多个分句，结构较为复杂，逻辑性更强，含义更丰。炼好了单句，再用其构造复句；分句短而多，复句的节奏就强，分句以 2—4 个为宜。这些复句属于多重复句，即分句的关系至少两层，表示至少两种语义关系；分句可以构成一重复句、二重复句，甚至是四重复句，以不超过四重为好。复句的层次取决于目标的大小以及分句的长短。各分句之间具有逻辑关系，如并列、因果、转折等。如表 54 所示。

表 54　分目标的多重关系

稿序	多重复句表达的目标
3	3）构建中俄符号景观译写机理和制作机理
11	3）本课题对比汉俄景观符号及其组合的涵义，进而提炼多模态符号构型模式，最终建立制作机理。
24	3）对比汉俄景观符号及其组合的涵义，提炼多模态符号构型模式，建立制作机理。

稿 3 勾勒了两个机理，过简，仍是草稿。稿 11 只立景观制作的目标，是完整的语句，有主语"本课题"，用了表递进的连词"进而"，"最终"是表最后的副词。其实这三个词语均可省去，优化为稿 24，因为主语"本课题"不言

而喻，可省，行为的递进之义与最终之时均可由连贯性行动的先后顺序体现。三个分句之间是二重复句关系，具体是连贯关系。

162. 目标如何呈现更醒目？分层排列如何首尾相应出"私"想？

为求目标醒目，目标优化实际会历经如下过程：不作总分→总分但不分段→段内分层→总与分以段隔开→总分后再细分→分后分段。整体上层层细分，层次清楚，评委一目了然，更易产生目标系统，有种系统化优胜感。如：

> **2.4 主要目标** （以框架中研究内容的总、分系统为依据）
> **总目标** 融会语学、译学、符号学、设计学等学科揭示"一带一路"俄语段符际景观译制原理。
> **分目标** 1）厘清语言与非语言符号、译写与制作、译与写、转与化、全译与变译的辩证关系；
> 2）提炼汉俄符号景观模式，探明全译之转化、变译之变通机理，构建符际译写机理；
> 3）对比汉俄景观符号及其组合的涵义，提炼多模态符号构型模式，建立制作机理；
> 4）融会"全译/变译+构型""全译+变译+构型"模式，绘制译写与制作机理示意图。

目标无论是按总与分布局，还是各分目标条列，都存在首尾相应问题。比如，5个分目标，首目标与尾目标是何关系？阶段性目标与最终目标是何关系？各目标之间是并列关系，还是递进关系？目标分过程性目标与结果性目标，前者为持续行动的目标，能保证项目持久地推进，不断地取得短暂的成果；后者表明目标一旦实现，课题得以完成，即可结项。

相应的目标关系的列举方式有多种：连贯式、递进式、平行式、时空逻辑顺序式等。如上例的目标系统即是按因果关系划分，因果之中表"因"的分目标1个，表"果"的分目标3个，后者又按递进关系的前后排列，如图28的箭头所示。

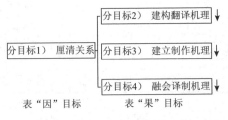

图28 目标分层关系的照应

整个选题是"中俄符号景观'译+制'双重机理融会研究"，应紧扣机理融会，所以分目标2）是构建翻译机理，分目标3）是建立制作机理，分目标4）

是融会上述两个机理。这样上下贯通，形成照应，确保了选题的整体性。三个"机理"贯通了选题，分目标2）与分目标3）是机理单建，分目标4）则是合建。

据第157问，目标不常用完整句，而用动宾短语，即不用"本课题""本项目"作主语。万字以内的项目活页，总目标与各分目标最好各1—2行，以1行为多，最好用较短的分句构成的复句，复句关系为二三重，句内短语短，带节奏，句首的动词与所涉对象的间距不远，不换行，直接呈现而语义鲜明。上例分目标1）"厘清……关系"，正是列举了"语言与非语言符号、译写与制作、译与写、转与化、全译与变译"几对关系才显得长而复杂，却又因多个顿号增强了节奏感；需要时，可对首尾关键词语加粗，凸显其首尾语义呼应关系，可参见第250问。

163. 常见目标语有哪些？如何优选与两类词语搭配？

目标用语指表示达到项目研究目标的词语。可与课题的关键词和学术用语组构表达目标的语句；若有必要，更可组构简明的标题，置于语句之首，与后文以空格相隔。常见目标用语及其衍生模式可归纳为表55。

表55　常见目标用语及其衍生模式

类型	案例及模式
一字	为 以……
二字	为了 为着 以便 便于 以免 以利 利于 旨在 用以 使得 只为 促使……
其他实义动词	甄别 重述 归纳 改进 促进 促成 解决 预估 分割 整合 建构 创造 制定 修改 维护 正名 调整 部署 完成 推广 推移 执行 完善 鼓舞 鞭策……

以X、Y、Z三轴构成的三维坐标系更能直观显示目标用语、关键词、学术用语三者的组配关系（见图29）。您更可上下左右前后放大坐标系，填入更多的三类词语，在纸上两两画线组配，从中可以发现更多的目标视角，有助于确立目标。如图29中"厘清"可与"关系"构成"厘清……关系"，"构型"可与"模式"构成"构型模式"，"绘创"与"珠联""简图"构成"绘创……珠联图"，等等。

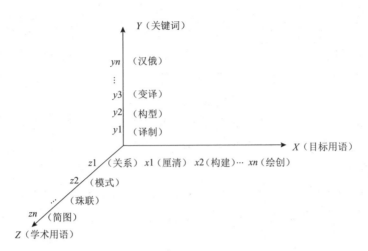

图 29　目标用语及其组配坐标

（七）研　究　方　法

164. 三层体系几十种方法中，优选多少种较合适？

方法体系可分三层：宏观的哲学方法、中观的一般方法与微观的具体方法。前者是最高级方法，可指导后二者。三层方法论体系至少包含几十种方法[①]，如表 56 所示。

表 56　三层体系方法及其细化

层次	方法	方法例话
宏观	哲学方法	比较法、类比法、归纳法、演绎法、分类法、分析法、综合法、观察法、实验法、抽象法、具体法……
中观	一般方法	分析综合结合法、归纳演绎结合法、抽象升至具体法、历史逻辑一致法、宏观微观结合法、定量定性结合法、结构功能结合法……
微观	具体方法	平行比较法、有声思维法、屏幕录像法、眼动跟踪法、本质特性分析法……

微观方法最常用，最具体，最具操作性；中观方法于操作性中多含指导性，宏观方法具有指导性。

---

① 黄忠廉. 外语研究方法论[M]. 北京：商务印书馆，2020：178.

据上大致可定方法的择优原则：依实选择 4—6 种，最好是 4—5 种。一二种方法绝对不够，过少不足以保障项目深入研究。3 种有点少，建议再增。增至 6 种及以上，就显多了，即便很重要的课题所用主要方法也可列至 4—5 种，与子课题数十分相当，已足够了。

165. 方法如何本（课）题化？既防空泛、又避烦琐？

方法完全自创，非常人所为。权宜之策在于对既有方法加以改造，实属半仿半创。

众所周知，本地化指国际化过程中企业为提高市场竞争力，降低成本，将产品生产、销售等环节按特定国家、地区或市场的需要进行组织，使之符合特定区域市场的组织变革过程。项目申报所用方法也需历经此类过程——将一般的方法内涵变成适用于本课题的方法，以免过于一般而泛化，这一行为可称"研究方法本（课）题化"，简称"方法本题化"。

直接套用方法名及其定义是最失败的方法写作，容易导致惨败。"从某种角度上来讲，概念或定义其实就是标准答案的另一种形式。"[1]为此，方法本题化，分两步走，一是方法名称本题化，二是方法内容本题化。取名是为了标记，有时也是有别于其他，防止混乱。方法名称的具体化不如内容的具体化程度高，却更具识别度，常用作标题。

方法名称本题化，指对一般方法名的扩充或改造，即直接将本课题相关术语补入方法名，一起用作标题，这是最优方案，也最难做到。较多的是为方法名称加性质限定，使其向本课题靠拢。手段是给方法名加前缀、后缀或前后缀。如表 57 中"比较法"加前缀，可改为"平行比较法"。类似的方法名称本题化又如为"剖析法"加前缀，可改为"文化剖析法"；为"综合法"加前缀与后缀，可得"多现象综合归纳法"。

表 57　方法内容前后优化对比

原有定义	**比较法**　通过观察分析找出研究对象的相同点和不同点。
本题化后	**多类平行比较法**　采用平行比较法，原文与译文比较，比出译文之异；N 种译文比较，比出腔/体之异；译文与汉语作品类比，见出原文之异，判别失规或超规；整体上见出转化艺术，显示汉译之高下。

---

① 〔英〕安妮·鲁尼. 安妮聊哲学[M]. 何放译. 北京：中国人民大学出版社，2016：244.

方法内容的本题化，则是指对一般方法的定义要素加以替换，将本课题的关键词、本学科的常用术语灌入原有的语句，使其增加更多的本课题的元素，可谓旧貌换新颜，魂魄不变，体格有变。如表57的"比较法"原有定义是一种常识，是共识，未由共性变成特性甚至个性，换言之，暂时不是本课题特用之法，未与本课题相结合，未变成具体的适用的方法。

对方法定义的一般性内容或替换，或补入，有时会生烦琐之弊，此时可采取去枝叶留主干的措施，使方法内容返朴，以求内涵丰富而形式简明。比如表57"比较法"经本题化后就具体生动多了：第一句突出汉外"平行"，以察多语之异；第二句突出译文"平行"，以察多译之异；第三句突出汉译与本土作品的"比较"，以察规范与否；第四句突出平行比较的作用，反映其对汉语的影响。这一改造，藏方法之灵魂，显鲜活之体征。

166. 各种方法依何而定？如何科学化排列？

总体上，方法来自总课题与子课题。取子课题的最佳量为 5，理论上可从三个层次产生相应的方法：

（1）子课题单用方法，即每个子课题主用1种方法，共有 C（5，1）=5 种方法；

（2）子课题跨用方法，即 5 个子课题之间四四、三三、两两共享的方法，累加可得 [C（5，2）+C（5，3）+C（5，4）]=25 种方法；

（3）总课题全用方法，即 5 个子课题通用的方法，最好取最重要的，可得 C（5，5）=1 种方法。

综上，5 个子课题，立于宏、中、微三层，可自上而下地创建方法体系，共有 31 种方法。但是，任何课题都不可能列出如此之多的方法。本书认为，5 种方法符合中庸之道，也与子课题数相应。总的分布原则也是宏、中、微分层降次排列。

宏、中、微三层方法数量上也讲究比例优化，一切以研究内容为依据。贯穿整个项目的方法应该不多，即便多，也只能取大优先，取 1 种。子课题 4—5 个，彼此通用的方法合计在 6 种以上，每个子课题主用的方法虽说不止 1 个，但也只能列 1 种。于是，宏、中、微三层方法的排列方案按比例可分 6 种（见表58）。

表 58　宏、中、微三层方法的排列方案

序号	比例	说明
1	1：1：2—3	宏观 1 种，指导全课题；中观 1 种；微观 2—3 种。
2	1：2：2—1	宏观 1 种，指导全课题；中观 2 种；微观 2—1 种。
3	1：3：1	宏观 1 种，指导全课题；中观 3 种，显得重要；微观 1 种，选最重要的一种。
4	1：4：0	宏观 1 种，指导全课题；中观 4 种，显得更为重要；微观不显。
5	0：2—3：3—2	宏观不显；中观 2—3 种，操作性增强；微观 3—2 种，操作性更强。
6	0：4—5：0	宏观与微观均无，子课题通用的方法最为凸显。

中观方法为必要方法，子课题个个必用，2—4 个子课题甚至需要三三、两两地配用各种方法，只是在与宏观、微观两法协调时取量不同而已。宏观方法为充分条件，取决于选题的大小及性质（如理论性、应用性等），当中观方法较多或需重点突出时，宏观或微观方法才可作出取舍。

当然，除宏、中、微降次排列外，还可按使用频率排列，这更因人因课题而定了。

（八）研 究 计 划

167. 研究计划为何而设？依何而改？提示语如何交待更明确？

所谓计划，简言之，指预定完成研究的进度与顺序。它是思路由顶层落实为具体操作的程序或结果，能使评委相信项目可切实完成，最终为您点赞。良好的计划能推进项目有序展开，使研究任务按时按步骤、有"迹"可循地进行，是项目顺利实施的有力保障。

"一年的计划往往需要计划一年。"①这并非夸大之辞，而是表明好计划得深思熟虑。计划针对的是研究任务或对象，因此计划宜顺内容而改而优化，而内容又分几个方面，常以子课题形式呈现，那么研究计划可大致按子课题顺序

---

① 〔美〕丹尼尔·F·斯普尔伯. 市场的微观结构——中间层组织与厂商理论[M]. 张军译. 北京：中国人民大学出版社，2002：Ⅲ.

依次推进，不求绝对的一一对应，但需相应而进。比如理论上可设5个时间段，实际只设了4个，可见下例。

2.5.1 研究计划（按任务先后依次推进）

202301—202305　建库理文献　收集国庆黄金档影视、外宣纪录片30余部，多模态语料分析整理达3万余字，截屏图片整理1000余张，国内外文献整理200余篇/部。

202306—202405　析理探规律　对影视图文以及图文声等多模态符号整体进行多模态话语分析，探寻语言和非语言符号间符号关系及跨文化、跨媒介符际表意规律。

202406—202505　融通构机制　考察转换与变译译策，探索符际意义再生与变异规律，探寻符际表意与传播接受间深层关系，构建影视外译的符际表意机制。

202506—202612　跨科立话语　以翻译学、符号学、变异学等为理论支撑，融通符际翻译符际表意与变译变通翻译策略，重构影视外译理论话语体系。

计划的时段与子课题的数量相差可为1，超过（如2—3）则不太合适。若想让评委了解计划的设计思路或理据，可在"研究计划"之后用提示语交待，用小半号楷体括注。上例的提示语还可进行优化（见表59）。

表59　用提示语明示计划写作的理据

序号	提示语	序号	提示语
1	（以各项具体任务推进为序）	8	（研究计划起于建库，止于融会）
2	（以各子课题推进为序）	9	（将按子课题有序推进）
3	（与各项具体任务推进相应）	10	（分4步走，一一完成子课题）
4	（与子课题推进相应）	11	（逐步深入研究，直至完成）
5	（基于各项具体研究的推进）	12	（平行展开，最终汇总）
6	（基于子课题的分步完成）	13	（依建库研发、模式提炼、机理构建、机理融会等逐步推进）
7	（按思路分步完成研究）		

若版面充足，提示语也可在"研究计划"下单独占一行，字体字号与正文相同。

168. 您写计划是否常落窠臼？其内容如何锤炼出彩？

研究计划雷同最多的是标题，多数活页的计划无非是开题、资料准备、小组会议、发表论文、结项。这些是千万个项目都要采取的措施，应该将其具体化，扣题，关键词要灌入，尤其是计划的各个小标题要"本课题化"。如：

2.5.1 研究计划

2022.06-2023.06 **语料收集与研读** 课题组收集与整理研究资料，认真研读文献，筛选出关于狄公案的翻译、创作与内外传播文献，为展开具体研究做好准备；拟发文 1 篇；

2023.07-2024.12 **原文与译本分析** 分析高罗佩狄公案英译本翻译策略，异语写作狄公案传播中国文化的特点，英语写作狄公案汉译本无本回译的策略与方法，参照日译本文化反哺现象，发现并总结无本回译与文化传播的规律性认识，撰写并发表一些研究成果；

2025.01-2025.07 **提炼评论与总结** 揭示隐藏在传播背后的规律性特征，归纳总结文化传播的规律性认识并解释其中机理，构建无本回译评价机制与文化内外传播模式；发文 1 篇；

2025.08-2027.06 **结项与验收阶段** 回眸整个研究，整理各阶段成果，撰写书稿，为结项做准备。

上例还算较好的，但仍需优化：时段用一字线，而非连字符；数字最好用新罗马（Times New Roman）字体；标题前后最好空一汉字空间；发文之类说了 3 次，这与"结项""验收"等均属于常规内容，可以不写；4 个标题的拟定仍是业内常规举措，扣题不紧，表现为关键词未凸显，与子课题呼应不紧；计划 2 文题不对，正文不见更多的分析内容，分析性不强。

其次是计划内容的雷同，其内容要改得具体，以免大同小异。要改得出彩，必须：精炼标题，反映初心；丰厚内容，扣题展开。计划的各个标题的修改详见第 171 问，内容的锤炼请看下例：

202507—202806 **多模态库构建** 中国境内和俄、乌、白、哈、吉等俄语国家已拍符号景观 2 万张，已建多模态语料库，续拍 2 万张，共约 4 万，为 8 个多模态库增容。

2.5.1 研究计划（本计划以各项具体研究任务推进为序）

201107—202806 **多模态库研发** 5 位成员在中国境内与俄、乌、白、哈、吉等俄语国家已拍符号景观 2 万多张，续拍至 4 万张，增容至 8 个多模态库，分类研究，深度开发。

（1）"202507"改为"201107"反映研究起步较早，已有 10 余年。

（2）"构建"改为"研发"。多模态建库是基础，研发才是科研。

（3）"已建多模态语料库"信息已入"多模态库"，受信息后管控，可删。

（4）"续拍 2 万张""共约 4 万"合为"续拍至 4 万"。有取有舍，简洁鲜明，因为前有"已拍"，续拍 2 万，2+2=4，累计多少，只说总和，巧用一"至"即可囊括全息。

（5）"为 8 个多模态库增容"改为"增容至 8 个多模态库"，不仅涵盖了前面"已建多模态语料库"的内容，为本去冗，还将"增容"前置，添上"至"，直述结果，更显鲜明。

（6）"分类研究，深度开发"为新增内容，最为关键，与标题由"建构"提升为"研发"相呼应，不然，文与题有失应之嫌。

最后，给各位提个醒：切忌人人模仿《300问》所示的例证，案例仅供参考，欲求超胜他人，必注个人智慧。

169. 计划如何具化实化、比着思路改出超众效果？

思路还可指口头常说的想法，此时便接近心中孕育的计划，思路与方法极相关，将心里的想法付诸实践，就是执行项目的研究计划。计划具体化模式是：

时段+标题+详情

即时段在前，标题紧随，详情殿后，形成何时如何做何事，等等。

（1）时段 "何时"必备，且居首位，因为计划的主要标志就是有序按时推进。若是时段（如"202506—202606"）在首，可以不编序，因数字与数字紧挨着，易混不宜看。时段对应思路的步骤，是其具体化，如思路"第1步"或"1）"具化为"202506—202606"。有人既写时段，又写"第1阶段""第一阶段"之类，纯属语义重复，叠床架屋。

（2）标题 "何事"的概括，是要做的内容，有必要标题化，简短精当，引人注意，扣题显意。各阶段计划的标题是研究内容或子课题的集约化，比思路丰富一点，长度与思路标题（若设有）几乎等长或长一倍左右。请看表60。

表60　计划与思路的标题比较

计划的标题	思路的标题	可参考的思路标题
多模态库研发	建库透析矛盾	建库透析
结构模式提炼	对比异同奠基	对比异同
译/制机理构建	揭示俄译机理	单建机理
译制机理融会	构建制作机理	合建机理
	融合译制机理	

如表60中计划与其思路的标题等长，但数量少了一个。其思路也可不设标题，也可再简约，以显计划的标题更丰，如可参考的思路标题改为四字格（见表60右列），计划的标题为六字格，后者是前者的1.5倍。

（3）详情 "何人何地"若需，可入；采用"何理何法"做"哪个子课题"、达"何目标"的结构,可以构成最基本的计划内容。思路粗略呈方向性,计划则具体化可操作。体量上计划的具体内容大约比思路多一倍。准此,则可将思路对应丰富为计划。如表61所示。

表61 思路的内容扩充为计划的过程

类型	内容
思路	**5)融合译制机理** 多科聚焦汉俄符号景观,融会译与制原理,绘制双重机理融会示意图
计划	202702—202806 **译制机理融会** 以语学、译学、符号学、设计学等为理论支撑,融合"全译/变译+构型""全译+变译+构型"等译制模式,构建符号景观译写与制作机理。

对比表61中内容可知,"语学、译学、符号学、设计学等"是对"多科"的扩充,"全译/变译"是"译"的扩充,"构型"大致是"制"的扩充,"译写与制作机理"是"双重机理"的扩充,等等。以如此方法扩充思路每一步的内容,计划既能基于思路,更能比思路显得具体,以此确保二者相关却有别。

计划的内容绝对要充实,忌模式化,为求更实更低更具体更X,详见下一问。

170. 研究计划各时段多长为宜?如何选择性地灌入"十何"?

研究计划以年、月计,一般为半年或1年,多以半年左右为主,1年为辅,二三年偶见。时段设置无多大学问,但有时也要有艺术性,暗含更多的信息,甚至是玄机。譬如,2025年申报国家社科基金年度项目,其起始时间可以是202507,若改为200001,说明此段工作始于新世纪,如同英语的现在完成进行时,持续了25年;又如史料分析的时段本应是202507—202607,为期1年,若是后者改为202707,则表明这一工作将持续2年,前一年以分析为研究奠基,后一年还会分析,只是同时推进了后续的工作。

为显计划的"血肉",可选择性地灌入"十何",即何时、何地、何人、采用何理何法、研究何事、达何目标等。实际上是对整个申请书活页的重要内容(如分对象、子课题、分目标等)的分阶段组合。如何从中择优而写,因人因项目而异,应依实选用。请看表62。

表 62　充实计划的"七何"优选

计划		第 250 问活页前稿计划 1 "多模态库研发"	第 250 问活页前稿计划 2 "结构模式提炼"
七何	何时	201107—202806	202507—202612
	何地	中国境内与俄、乌、白、哈、吉等 6 国	无
	何人	5 位成员	无
	何理	无	无
	何法	语料库	对比法
	何事	拍符号景观 2 万多张，续拍至 4 万张，增容至 8 个多模态库	对比汉俄符号景观的特点和文字、图形、色彩等及其组合双文化的异同，提炼相应撰写模式和构型模式
	何目标	分类研究，深度开发	为构建符号景观译与制机理奠定基础

表 62 中"七何"因子课题不同时期工作重心的变化而有所选择。比如计划1，要建多模态语料库，之后研究开发，在时间之外便涉及取料地点、人员分工、采用的语料库语言学研究方法，以及要拍多少语料、建多少库，建好库后就转入研发。计划 2 主要是采用对比法，对比研究汉俄符号景观，提出模式，为其译制奠基，此时就不必再提地点与成员，"何理"暗含，不一定写出，其理论基础可写对比语言学理论。

171. 各段计划标题必备哪些要素？如何改得简明扣题？

计划内容如何由表及里体现在标题上，是考验申请人的地方。

各段计划的标题至少要包括用作研究对象的项目关键词、行为动词、其他学术用语，尤其是前二者是必选必用项。

计划的标题既可用名词性短语，也可用动词性短语，前者显静，后者显动，萝卜白菜可以各有所爱，由静向动或许是优化的趋向。比如第 250 问活页前稿的多模态库研发、结构模式提炼、译/制机理构建、译制机理融会四个标题中名词性标题居多。因为一般说"多模态库研发"，不说"研发多模态库"；"译制机理融会"也是同理。另外两个倒是动静两相宜，这便涉及标题化问题。请看下例：

稿2 全译与变译机理+制作机理构建 翻译与制作双重机理融会	稿24 译/制机理构建 译制机理融会

由上例优化可知，计划标题必用关键词，如"译""制""机理""融会"等，充分显示了其扣题意识。稿 2"全译与变译机理"可简称为"译的机理"或"翻译机理"，"制作机理"可以简称为"制的机理"，二者共用"机理"，可以提取公因式，二合一可得"译/制机理构建"。"翻译与制作双重机理融会"同理可简化为"译制机理融会"。

关键词、行为动词、学术用语三者的排列与组合为拟定计划标题奠定了坚实的基础，三者的组合关系如图 30 所示。如图 30 中"机理"可与"译制""构建"构成"译/制机理构建"，"译制"可与"机理""融会"构成"译制机理融会"，"多模态"可与"研发"构成"多模态库研发"，等等。

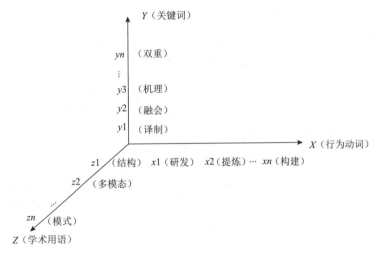

图30　计划用语及其组配坐标

（九）可　行　性

172. 可行性可取哪些视角？何者优先入题入提示语？

"可行性研究的目的，主要是从技术、经济及协作配套等方面对项目设立的必要性、可能性进行全面、系统的分析论证。"①从中可知，可行性大致涉及项目的主要内容、需求、资源、理论、方法、措施、能力等，从理论层、技术层、实践层等进行调研与分析，有时也预测项目完成后可能产生的价值、效益、影响等，从而对项目是否值得研究作出判定。

可行性可彰显项目的科学性、预见性、可靠性等特点。可取视角有国际或/和国家、政府与地方、学科与领域、已有与未来、已然与未然、本人与团队、内功与外援，等等。请看修改中的"可行性"：

课题名称：	中俄符号景观"译+制"双重机理融会研究

2.5.2 可行性（按基础、准备、方法、团队、保障排列）

1）学术功底扎实 主持人读博期间系统研读了翻译学、符号学、叙述学、译介学、变异学等理论，接受了系统严格的学术训练。近年研究集中于多模态翻译、符号学、中华文化外译等；

2）前期准备充分 已收集30余部外译影视作品，初步建成3类多模态影视案例库，主持完成国家级课题3项，省部级课题9项，市厅级课题20余项，发文与著述共40余篇/部。

3）研究方法可行 拟采用跨学科理论思辨、学术史梳理和多模态话语分析相结合的递进式综合性研究方法，可有效避免单一研究方法带来的学术盲点，提升研究信度和效度。

4）团队合作良好 团队学科互补，3名教授，3名博士，熟悉翻译学、符号学、变异学、影视翻译等学科。多有海外留学经历，或海外华人，科研积淀深厚，学术视野开阔。

5）研究时间充裕 主持人为重点学科负责人，教授，博士，学术兴趣浓厚，研究时间充足。

再如第250问的活页，可行性1）重在展现申请人相应的研究基础，包括书、文、奖、项等信息；可行性2）重在展现所需的语料库、文献库、数据库等"三库"；可行性3）反映研究团队多方的信息。

既然有了如上"可行"的信息，如何让评委了解申请人所取的视角？这有赖于"可行性"后面括号内的提示语。可行性每点2行时，最好为其提炼标题，置于段首，再从标题中提取提炼关键词或概括可行性的词语，构成提示语，如上例。这类提示语还可以优化或可多选，详见下例：

方案1 **2.5.2 可行性**（按基础、语料、团队、保障等列出）

方案2 **2.5.2 可行性**（按条件、准备、梯队、学缘等列出）

方案3 **2.5.2 可行性**（按理论、方法、建库、保障等列出）

方案4 **2.5.2 可行性**（按基础、准备、团队、保障列出）

方案5 **2.5.2 可行性**（基础、准备、团队等）

---

① 王雯雯. 写好财务可行性报告的41个秘诀[M]. 北京：中华工商联合出版社，2014：2.

173. 哪些要素可入可行性，以求本题化、个性化？

能入可行性的要素首先是确保项目顺利完成的视角，将其定准了才不会跑偏，如理论、学养、素养、能力、方法、团队、梯队、学缘、语料、文献、技术、硬件、软件、需求、资源、基础、市场等常规的可行性要素。依子课题可设各项具体内容，用好三类词及其组合，详见第 175 问。

可行性不能写得过空过泛过虚，宜实宜具体，因此每点可行性一般 2—3 行，语言求简，内容求精，以 2 行为优。

坊间不少申请书为可行性设标题时容易模式化，或是套用《300 问》，加入的个人特性思考不够，这样有违本题化。本题化或是个性化，主要坐实于所拟项目的关键词，尤其是那些专属自己的新术语，再结合相应的可行性用语和学术用语（详见第 175 问），标题及内容会改得越来越好。如：

> 稿 14　**4）海外学术保障**　俄罗斯莫斯科大学、彼得堡大学、乌克兰哈尔科夫国立大学、中亚五国相应高校均有俄语专家提供学术援助，所在国的中国留学生源源不断提供各类单语、双语以及非语言符号景观案例。
>
> 稿 23　**4）海外保障支援**　莫斯科大学、彼得堡大学、乌克兰哈尔科夫国立大学、中亚五国 10 所高校均有俄语专家提供援助，所在国的中国留学生提供各类单语、双语符号景观实例。
>
> 稿 24　**4）海外保障充分**　与俄、乌及中亚 13 所高校均有合作，俄语专家可以相助，能助解其译或制的理据；中国与俄语国家互派的留学生均能提供单符、双语及多符景观实例。

上例反映问题很典型，稿 23 去掉了稿 14 中不言而喻的"俄罗斯"，用确数"10 所"代替了稿 14 的模糊概念"相应"，连"学术"也因语境，去掉了摹状词"源源不断"，在此不需过于形象。直至要定稿了，还有很大修改余地。稿 23 涉及海外保障，标题用"支援"不如"充分"好，前者虽带正能量，却不如后者的倾向或肯定性明显。内容则分两方面，一是专家指导，二是译制搜例。但是稿 23 中校名如"莫斯科大学、彼得堡大学、乌克兰哈尔科夫国立大学"占幅过大，不经济，可以更略；3 个校名与其后"中亚五国"乍看不在同一层面，还需评委在认知上做层次转换，最后做加法，得出共"13 所高校"的结论，这就略显不友好，不如稿 24 直接明了。

与此同时，将"均有俄语专家提供援助"具化为"俄语专家可以相助，能助解其译或制的理据", 这才叫坐实, 且是实打实。"所在国的中国留学生"远不及"中国与俄语国家互派的留学生"内涵丰富, 后者是前者信息量的两倍。"单语、双语符号景观"改为"单符、双语及多符景观", 一则扣题"中俄符号景观"更紧, 二则更为精准, 因为多符景观当下越来越多, 也反映了景观世界的时代进步。

174. 研究可行性力求量化，如何以"数"行事、以"数"成事？

整个申请书, "可行性"应该是最能以数字叙述, 能"数说"科研故事的地方。数字讲述服务于科学、新闻与想象力[1], 让受众产生新的"客观"知识, 使评委形成可行性认同。其实, 项目申报有点像科研启动的蓝图展示, 也需学术新闻报道, 得有实有虚, 虚实相间。

"数"说可行, 得善于选用与配用数字数词, 用汉语数字通常不如用阿拉伯数字, 更少用汉语数词。但有时要用概数词, 如"十来年", 说是模糊, 实为精准表达没有确数的情况。第250问活页的可行性分3个方面, 每条均显示了数字化优势, 相当不易。试比较其可行性3) 的前期修改:

稿23　**3）团队结构合理**　境内外成员老中青三代搭配，研究领域涉及对比语言学、翻译学、设计学、文化学等多门学科，多有国外学习经历，熟谙多模态建库与运用，学术视野开阔。

稿24　**3）团队建设合理**　成员老中青三代搭配，研究领域涉及对比语言学、翻译学、设计学、文化学等7门学科，5位成员留学6国12年，熟谙多模态建库与运用，学术视野开阔。

稿23的"成员老中青三代搭配"就不宜用"3"。研究领域涉及对比语言学、翻译学、设计学、文化学等"多"门学科, 到底几门? 在此算来已有4门, 稿24将"等""多"具体化, 写作"7门"。最典型的是稿23"多有国外学习经历", 若是不直点成员之名, 就可用其总数, 如"5", 既与课题组成员数量相呼应, 又显示正常的成员量; 各位成员留学海外, 交待国家数量以及成员留学的总年数, 如"6""12", 便更清晰明确。三个数字反映了极丰富的内涵, 这才是数字化的力量。甚至还可改为"成员留学6国15人次"。

---

① 〔澳〕约翰·哈特利. 数字时代的文化[M]. 李士林、黄晓波译. 杭州: 浙江大学出版社, 2014: 121.

175. 可行性优先选用哪三类词？如何阔开可行性的表述空间？

可行性用语指确保项目完成的词语。可与关键词和学术用语组构可行性语句；若有必要，更可组构简明标题，置于语句之首，与后文以空格相隔。常见可行性用语及其衍生模式可归纳为表63。

表63　常见可行性用语及其衍生模式

类型	案例及模式
一字	可 是 好 能 会 已 强 实 备 确 助 辅 有 合 增 促 推 稳 必 行 善……
二字	合理 保障 确保 坚实 提供 推求 可X 能X 已X 助X X助 X保……
多字	更多由一字与二字组成的词语

以 X、Y、Z 三轴构成的三维坐标系更能直观显示可行性用语、关键词、学术用语三者的组构关系（见图31）。您更可上下左右前后放大坐标系，填入更多的三类词语，在纸上两两画线组配，从中可以发现更多的目标视角，有助于确立目标。如图31中"景观"可与"强""基础"构成"景观研究强基"，"前期"可与"数据库"构成"前期双库已备"，"团队"与"合理"构成"团队建设合理"，等等。

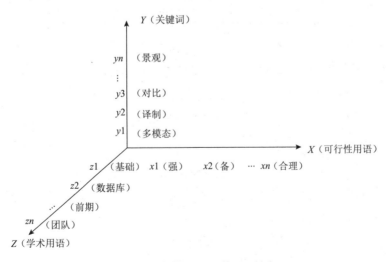

图31　可行性用语及其组配坐标

六、创新点优化

176. "创新之处"切忌误解"等"字，几点为好？提示语如何优化？

有申请人误解了汉字"等"的内涵，只知其一，不知其二，对母语的词义变化浑然不知，失了几个亿。查《现代汉语词典》（第七版）可知，表示列举时，"等"有两个义项，其一"表示列举未尽"，其二表示"列举之后煞尾"。误解者喜新厌旧，倒是青睐新义项，对旧义项不闻不问，很是奇怪。事出反常必有妖，结果就是写不出真正的创新点，一"等"障目，不见其"新"。

取"等"的旧义或本来之义，若将"在学术观点、研究方法等方面的特色和创新"中的"特色""创新"视为同义或近义，后者含前者，原有提示语就要本题化或具体化。这一过程基于有 3—4 个创新点的内容，如果能对几个创新点的内容再次提炼，用作标题，放在创新点之首（见第 250 问的活页），则可由标题或创新点内容提炼关键词，组织成提示语，填入"创新之处"后面的括号。如：

方案 1	**3. 创新之处** （在学术思想、学术观点、研究方法等方面的特色和创新）
方案 2	**3. 创新之处** （在学术观点、研究方法等方面的特色和创新）
	创新之处，具化之，涉及机理、主体、跨科、方法等。
方案 3	**3. 创新之处**（涉及机理、主体、跨科、方法等）
方案 4	**3. 创新之处**（涉及机理、本体、跨科、国策等）

方案 1 的提示语是 2021 年活页的原样，方案 2 用了 2024 年活页改革后的提示语，标题之下的一行文字则是将其与所报课题相结合的具体化，之所以二者并存，是担心评委批评为何改了命题要求。等到学界明白命题要求宜具体化之后，完全可以直接列为方案 3 或方案 4 的提示语。

回顾近年来改革背景下的项目申报，2021 年不少人果真只按方案 1 所定的"学术思想、学术观点、研究方法"三点写创新，2024 年一些学者仍按方案 2 所示的"学术观点、研究方法"两点写创新，涛声依旧，创新自然显少，且该写有时却没写，或不敢写。即便某人的项目有新史料发掘，也不敢列作创新点。

结果是一些有潜力的创新点可能被埋没，令人惋惜。可见，理论指导下的申报实践何等重要。

比较上述提示语可知，创新点因"特"而具新意。"机理、本体"等创新，属于理论或观点创新，或是广义的思想创新；"跨科、方法"等创新属于方法论创新；"国策、国事、国是、战略"等创新属于应用创新。

177. 创新点为何要"扩大化"？创新修改如何优化？

创新点囿于活页所定的二三点而不"扩展"便是误解误判，导致误填。2021年活页提示语本是"在学术思想、学术观点、研究方法等方面的特色和创新"，2024年改为"在学术观点、研究方法等方面的特色和创新"，只为避免思想与观点的语义重复，但并不等于只写"观点""方法"两方面的创新。

除了将"等"理解为"列举未尽"之外，还要放开思考，将"等"尽可能扩大，以确立创新的点数，发掘更多的创新点，再从中优选最大或较大的创新点，将"学术思想、学术观点、研究方法""学术观点、研究方法"之类可扩大到5个以上，再定出前3—5个创新点，最后选前3—4个，即可扩大真正的创新点。

学术创新首在观点创新。为此，必须研究新问题，或借鉴新理论，使用新方法，运用新材料，采用新视角，进行新论证，等等。充分展示其研究成果的创新价值，涉及新战略、新术语、新概念、新学科、新理论、新思想等。这些均为创新点扩大化的对象。

创新点修改如何出新？主要思路不外乎：其一，修内容；其二，改形式。以方法创新为例，它多指创造性运用新的方法研究老问题，或首次运用另一种方法（方法本身不新），偶尔指创造新方法研究问题。凡此种种，可从中取3—4点。若取3点，可各写2行；若取4点，可各自1行，或首段2行，其他各1行。如：

稿23　**4）模态库助，力推文化**　建立汉俄单语和多语多模态语料库，从语言结构和空间配置对比汉俄符号景观，揭示语符与非语符各自的文化涵义，为符号景观译制奠定文化基础。

稿24　**4）模态库助推文化**　创建汉俄单语和多语多模态语料库，从中俄双语结构与空间配置对比符号景观，揭示语符与非语符各自的文化涵义，为符号景观译制奠定文化基础。

上例中，多模态语料库方法可入创新点 4），且与对比法结合，共同促进

文化"走出去"，服务于国家，成为方法创新。稿23的"建立"改为稿24的"创建"，更显创造性，"语言结构"改为"中俄双语结构"更具体，更扣题，这是内容的优化。标题由稿23的"模态库助，力推文化"改作稿24的"模态库助推文化"，由八言改为七言，因前面用过四字两两相对共构八言的格式，此处变换方式可避熟，更讲篇章修辞。

178. 多重创"新"在何处？如何系统出新、新中选新？

哲学家张世英据其个人的体会指出，"创新就是在学术界已经达到的水平上前进一步，在祖述前人（包括已发表过研究成果的同时代人）的基础上开花结果"[①]。由此看来，创新也不太难。除了上一问所涉的"新X"之外，还可从新观点、新思路、新领域、新推进、新突破等角度修改创新点。

第250问的活页前稿看似4个创新点，实为8个，只是合成了4个，是四平八稳的创新写法。其合并过程见表64。

表64　创新点优化过程

序号	8个创新点	二合一为4个	合并理据
1	译艺齐用 融会机理	译艺齐用融机理	新法生新理
2	主体多元 协同构景	主体多元同构景	多主体间性
3	多科联袂 固本拓新	固本拓新跨学科	跨学科聚焦
4	模态库助 力推文化	模态库助推文化	方法论运用

在此仅讨论前两个创新点。第一个创新点的创新之处在于全译与变译中后者是较新提出的方法，两类译法同时考察，具有新意；二者又各自有其机理，彼此可以融合，形成更大的机理，颇具新意；两个层面均可以提炼出创新点，在此新译法及其组合催生了新的翻译机理，从新法新理角度将"译艺齐用""融会机理"两个小的创新点二合一，合成更大的创新点——"译艺齐用融机

---

① 张世英. 新哲学讲演录[M]. 桂林：广西师范大学出版社，2004：583.

理"。第二个创新点的创新之处在于符号景观的翻译与制作首次一同研察，四类译制人员各尽其能，最后齐心协力共创"一带一路"双语符号景观，从多主体间性角度将"主体多元""协同构景"两个小的创新点提炼为一个创新点——"主体多元同构景"。

179. 创新"点"如何由"面"而"线"条款化？如何优化？

要写的是创新"点"（实成"线"，1—2行文字），有人常写成"面""片"。如何由面而线成（观）点？不妨学学大眼睛成线，防止创新点为"面"所蔽。

创新点由面而线，力求条款化，似简实丰。所谓条款化，在此指将创新内容以条款形式明确、详细、系统化地表述出来，以便理解。通过条款化的形式，明确创新点，保证创新的清晰呈现、新颖凸显等。

创新点由面炼成线，呈现为1行；其实多半成"条"，呈现为2行。创新点1行时可以是复杂的简单句，更可以是层次不多的复合句；若是每点2行，则使用多重复句。如第250问活页的创新点3）的条款化过程：

稿2

多符并举 首次将符号景观的语言符号与非语言符号纳入我们的研究中，且从译制角度，国内外均无此研究。

探索符号景观译写的语言层深度，结合思维科学探幽析微，符号学、景观设计与制作学等探讨符号景观各符号组合，内外兼顾，表里互究，助建符号景观译写理论与制作原理。

多学科联袂 用语言学、翻译学、符号学、政治学、社会语言学、景观学、设计学、空间理论等合力解决符号景观的译制问题，构建中俄符号景观的译制机理。

稿3

多科联袂 固本拓新 以语言学、翻译学、符号学、景观设计学、空间理论为依托，首次将符号景观的译写与制作、语言符号与非语言符号作为一个整体研究，共同构成一个具有交际性的现实文本。

稿14

多科联袂，固本拓新 以语言学、翻译学、社会符号学等为依托，首次将设计学、空间理论等引入研究，将符号景观的译写与制作、语言与非语言符号整合研究，尝试构建汉俄符号景观译制融会机理。

接上页

稿24

固本拓新跨学科 以语学、译学、符号学等为依托，引入设计学、空间理论等，将符号景观的译与制、语言与非语言符号整合，尝试构建汉俄符号景观译制融会机理。

稿2创新点是2点，分3段。前一点主要由符号学切入，后一点从包括符号学的多学科角度观照。稿3将前一稿的"面"变成了"条"，采用的是合并融会法；同时因多科中含有语学与译学，为标题补上了"固本拓新"，更能显义。稿14只不过将稿3的学科分了流，似乎是想分出"本"与"新"的学科，将符号学具体化为"社会符号学"，还用"尝试"谦虚了一下。稿24则将标题由四字格两两相对的八言合成七言，不失为新方案，语言更简洁。

由上例可见，创新点条款化能将复杂话语拆解、分类、细化，更便于评委理解。因为创新点若能提炼成句，一句顶几句，显得凝练精辟。一句话可用完整句，也可用非完整句，非完整句在此不是不成句，而是申请语境下省略了主语，句子多半简化为动宾短语，如稿24就是非完整句，省去"本课题"之类，几个句子完全如同流水句，一路向右。

180. 求新优化可耍几把"斧"，以符合逻辑？

求新优化无非有三种方式：原创式、拓新式、改正式。

（1）原创式 指最具创造性的创新方式，即创造新事物，发明从未有过的东西；一句话，人无我有，独树一帜，独创一格。如在1999年获批的国家社科基金年度项目"变译理论研究"中，笔者发现人类翻译的另一半"非完整性翻译"现象一直被人冷落，于是发明"变译"范畴，将其提升至理论高度，其创新点之一便可立为"尝试从文化供需矛盾出发，从翻译的外部社会功能研究发掘国外信息价值的宏观翻译方法，改变翻译观，拓展译学研究视野"。

（2）拓新式 即推陈出新，基于已有内容增加新元素；一句话，人有我新，人新我特，人特我变，人有我精，人精我专。如前述的"变译"，国内提出才20来年，正被世界所接受，写入《中国译学大辞典》，收入《中国大百科全书》（第三版），由此切入景观译制，具有原创性。面对变译理论它则是应用性翻译，具有拓新作用。

（3）**改正式**　既往研究有误，本项研究将予以纠错，产出新见；一句话，弄清谁是谁非，结果今是昨非，或拨乱反正。以严译《天演论》为例，国内学界一直认为严复《天演论》的译例言中提到的"信达雅"三字经是其翻译思想，其实这是文章学原理，而他大用特用的"达旨术"，才是其真正的翻译思想。笔者以严解严，以其所译律其所言，修正学界百年来的认识，提出真正的理论——变译理论，点明其创新性。从变译自身看，是原创了"变译理论"；从鉴往来看，却有助于澄清中国译论发展中的概念问题。

181. 求新可向内开源？ "源"在何处？如何优化？

所谓求新向内开源，指依据活页自身几处的内容，从本体出发，思考如何出新，这才是根本性的创新思考的源泉。至少有 6 处。

（1）**向简评求新**　简评指出前人时贤研究之不足，说别人没干什么、什么没干好，创新则是我要干、将会干出什么，这可成为新起点与突破点。

（2）**向价值求新**　价值或意义是将选题略向虚处说，创新点则是将选题略向实处说，如超过了什么、填补了什么、推动了什么，等等。

（3）**向重点求新**　从内容看本项研究在同类中有多重要，具有什么样的重大意义、作用或影响，如发掘什么、夯实基础、揭示规律、创设理论，等等。

（4）**向难点求新**　从解决方法上看本项研究解决了不易解决、很难解决或以前没有解决的问题，如释了哪些疑、解了哪些惑、克了哪些难、攻了哪些坚、治了哪些顽症，等等。

（5）**向目标求新**　目标指向未来，从研究终点看研究所能达到的目的，如实现了什么、达到什么水准、设立了什么标准、澄清了什么关系，等等。

（6）**向框架求新**　其主要观点或思想与以往有何不同、超在何处，可进一步高度提炼成价值判断。可据框架内容的重要性对子课题排序，再逐一寻其创新点，从中定出三四个创新点，或将其与他处的创新点联合思考，也可为整个项目确定三四个创新点。

现仅以"简评"与"重点"为观察点，对创新点的开源与优化一探究竟。请看表 65。

表 65 创新点沿波溯源

	创新点	1）译艺齐用融机理	2）主体多元同构景	3）固本拓新跨学科	4）模态库助推文化
简评	文理学科需视域融合	–	–	+	–
	非语符景观有待生发	–	+	–	+
	汉俄全译宜融会变译	+	–	–	–
	拓新领域以揭示机理	+	–	+	–
	译写与制作亟待协同	+	+	+	–
重点	彰显特征，发掘特性	+	+	–	–
	探寻规律，模式显化	+	–	–	–
	双重机理，绘流程图	+	+	+	+

注："+"表明为创新"采点/踩点"；"–"表明碰撞不出创新的火花。

苦苦思索项目的创新点时，不妨经常将以上六点串起思考。本问虽说只选两个源头，也可窥斑见豹，将六源中可取的点滴汇向一处，合流，即可优选出3—4个创新点。仅从"简评""重点"两点看，创新点 1）"译艺齐用融机理"可取其 6 个小来源，创新点 2）"主体多元同构景"则可取 4 个，创新点 3）"固本拓新跨学科"可取 4 个，创新点 4）"模态库助推文化"可取 2 个，总共 16个，或合并，或取舍，哪怕是从中选定一两个，也会自信满满。

182. 创新点何时标题化？如何设题避熟、陈述出新？

创新点一般最多写 4 点，一点一行时，不必加标题。以一行 40 字为例，标题若占 10 字左右，所剩就无几了，真正要展开的内容则无法展开了。

创新点 3—4 点，若是每点 2 行，则可加 4—10 字的标题，占 2 行内容 80字的约 1/8，占比不大，可点面结合。有人善于将 8 字标题分两截，两两相应，为防止四字格两两对应过于模式化，也可压缩成七言，详见第 150 问。

创新点的内容最好是依实出新，即求新的同时一定要求实，尤其是各创新点的标题要求实而新颖。"实"与"虚"对，一说"新"，常落入"虚"的窠臼。因为"实"近乎具体、实际，讲究真实。申请人常困于此，难以立于地而仰望天。为此，可用词简洁达意，用新词、新语构成有新意的小句、复句，偶用句群，或是旧词组合出新，以传达创新的内容。如：

> **4）模态库助推文化** 创建汉俄单语和多语多模态语料库，从中俄双语结构与空间配置对比符号景观，揭示语符与非语符各自的文化涵义，为符号景观译制奠定文化基础。

这一标题欲从新方法与中国文化战略两个角度揭示创新。汉俄符号景观是社会生活之所需，为其创建单语或多语多模态语料库，是从无到有的工作；基于二者的结构与空间配置对比，揭示语符与非语符各自的文化涵义，是一种价值提升；为符号景观译制奠定文化基础，更是以小见大，是离"景"说"理"，凸显了选题的新意。

183. "创新"词语如何带动两类词？组合出新如何最优化？

创新点主要采用三类词语表达：创新用语、关键词、学术用语，三者之中创新用语可串起关键词与学术用语。请先看下例：

稿 23	稿 24
1）译艺齐用，融会机理	1）译艺齐用融机理
2）主体多元，协同构景	2）主体多元同构景
3）多科联袂，固本拓新	3）固本拓新跨学科
4）模态库助，力推文化	4）模态库助推文化

由上例可知，创新之处首先在于选取创新用语，常涉及动词、形容词、名词等，对其不断优化就是在提炼项目的创新性。稿 23 与稿 24 标题不同之处仅在于句法结构的变化。创新点 1 之"齐""融（会）"、创新点 2 之"多元""协同"、创新点 3 之"多""联""固""拓"、创新点 4 之"助""推"等均是表创新或含创新义的词语。它们或修饰动词，如"齐用"等；或限定名词，如"多科"等；或带宾语，如"固本"等。

其次，用好关键词，旨在充分扣题，将其贯穿于整个创新的标题及内容的表述，依"题"出新。如上例中关键词有"译艺、机理、景、融会"等。它们在标题中或作主语，如"译艺齐用"；或作宾语，如"协同构景"；或作谓语，如"融会机理"等。

最后，选用合适的学术用语，力求学术化专业化，显得高大上。如上例中"主体、多元、本体、新领域、模态、语料库、文化"等，同样可作各种成分。

以 X、Y、Z 三轴构成的三维坐标系更能直观显示创新用语、关键词、学术用语三者的组构关系（见图 32）。您更可上下左右前后放大坐标系，填入更多的三类词语，在纸上两两画线组配，从中可以发现更多的创新视角，有助于创新。如图 32 中"译艺"可与"融会""机理"构成"译艺齐用融机理"，"模态"可与"助推""文化"构成"模态库助推文化"，"主体"可与"多元""景观"构成"主体多元同构景"，等等。

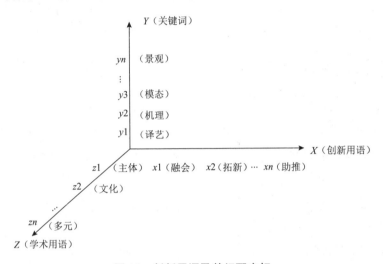

图 32　创新用语及其组配坐标

七、预期成果优化

（一）成 果 形 式

184. 成果类型如何优选？彰显何种效用？

成果类型一般分 7 种，如专著、译著、文、报告、文集、数据库、语料库等，通常选 3 种，优先序列是：

文＞书＞报告

其理由是文比书周期短、体量小；报告比书与文问世渠道更多，但报送省部级以上领导或机构的概率较小，一般人有些学科与其无缘。

成果的整体呈现所彰显的效用多样，至少可涉：为选题具体化争光，为选题结硕果添彩，能为获批赢得认可，显示申请人精辟的思想，反映申请人的学术面貌。如：

4.1 成果形式				
中期	1）影视外译的学术史考察：回顾与展望	CSSCI 或核心	独撰	11000 字
	2）影视外译中多模态符号整体符际表意机制	CSSCI 或核心	独撰	9000 字
	3）影视英译的传播接受效果研究	CSSCI 或核心	第二	9000 字
终期	4）外宣纪录片外译的跨媒介符际表意行为	CSSCI 或核心	第一	10000 字
	5）《中国影视外译符际意义再生与变异机制研究》	知名出版社	独著	260000 字

上例成果 1）—3）开篇用词相同，还可优化。与其相比，第 250 问活页的预期成果的名称显得尤为特别：①与选题名称"中俄符号景观'译+制'双重机理融会研究"相比，预期成果名称更具体，更鲜明，更具抓手特征。如第 186 问，中、终二期成果名称明显可见与课题名称的源流关系。②与内容或框架子课题名称（见第 118 问）相比，预期成果的名称更聚焦，更凝练。③与纲目的章节标题（见第 144 问）相比，预期成果的名称更是精中选精，更具代表性。

185. 预期成果填报忌"因噎废食"？如何显自信、获认同、利结项？

预期成果一般不作硬性要求，不以所拟预期成果硬性逐一衡量未来的结项成果，项目申报一旦严扣申报与结项成果的一致性，则要引起重视，预设成果要慎重。有人因此而"自虐"，预期成果写得笼统，一句带过。这是一种无奈，因噎废食，甚至是悲哀。如：

将发表学术论文 3—4 篇，最终出版专著 1 部（20 万字左右）。

若是规定"以承诺的成果作为结项依据与标准"，若是如某些专家的建议"不写出每篇论文的题目"，不禁要问：上述预期成果的写法有何意义？预期成果的"梦"如何做才妥当？所以类似的规定或建议需三思而后行。

上例的写法完全是因噎废食，虽说不能放任写，有时得考虑项目设置的特殊要求，但不能不写。

依虐待主体与客体关系，可将虐待分为"他虐"与"自虐"。报项中，项目规定者是主体施虐、客体受虐，这一点尤其是在改革不太成熟的时候体现最为明显，比较直观，易被关注，也比较容易再被改革。而自虐者往往是申请人，由他采取自伤自残的行为，主客同体，是典型的自作自受。

这种自虐行为看似谦虚，实为虚脱；看似灵巧，实为躲避；看似谨慎，实为胆怯。所写的"论文 5 篇，专著 1 部"之类，基本上是空头支票，既不鲜明，也不具体。所以，为有利于评审，有利于自己出线，有利于受到青睐，不妨"脱"虚，预期成果可写得简明而具体，不是过于笼统而让人难见真容，不妨改成第250 问活页中预期成果的模样。

为了顺利结项，且量体裁衣，量力而行，可独辟蹊径至少 3 条（见表 66）。

表 66　预期成果与申请人类型匹配

成果类型		书/部	文/篇	报告/份
申报者类型	善于著译者	1—2	2—4	0
	善于撰文者	0—1	4—5	0
	擅撰报告者	0—1	1—2	2—3

预期成果的数量为 4—5。善于著译者多写书，包括专著与译著，论文不可无，但可忽略报告。善于撰文者多发文，论文为主，译文偶发。擅撰报告者能获省部级以上批示 2—3 份已是相当不易，报告一般不集成扩充为专著，较多时

也可汇成论文集式专著，论文兼及1—2篇，也不可能完全不发文，不然有负科班学者的身份。

186. 成果如何分期优化？序号、首字如何优选？

成果宜分中期与终期，有的项目书明确要求中、终二期相分。自觉二分更显规范与自信，因为分期与进程呼应，体现动态推进。

成果主要是书与文，偶见报告；中期成果1—3篇，终期成果1—2篇/部。国家级项目一般得5项左右预期成果，其他不同项目（省部级等）则可略微上下浮动。如：

4.1 预期成果				
	成果形式	**使用去向**	**成果形式**	**使用去向**
中期	1)符号景观图形符号识解机制	核心或CSSCI	3)中俄符号景观制作的文化禁忌	核心或CSSCI
	2)符号景观汉俄互译原理建构	核心或CSSCI	4)多语景观译制操控论	核心或CSSCI
终期	5)中俄城市符号景观生命气息对比 核心或CSSCI		6)《中俄符号景观译制机理研究》 知名出版社	

4.1 预期成果				
中期	1）汉俄符号景观制作文化禁忌论	核心或CSSCI	独撰	11000字
	2）符际景观图形符号识解机制	核心或CSSCI	独撰	10000字
	3）汉俄符号景观变译机理	核心或CSSCI	第二	9000字
	4）符号景观汉译俄生命气息得与失	核心或CSSCI	第一	12000字
终期	5）多语景观译制操控论	核心或CSSCI	第一	10000字
	6）《汉俄符号景观译制机理》	知名出版社	独著	250000字

两种成果形式均为书与文，均为6项。前者为省篇幅，用了手工双栏排，成果5）因篇幅略长而导致排版不整齐，但基本是清晰的。后者篇幅多占点儿，但清晰度更高，比前者多了作者的位次与每项成果的预估字数，更有说服力。

成果罗列，不必用有形的框格表，以省空间，以免表中表分割版面。宜加序号，一则表明工作量，成文成书多少篇/部，二则自证始终，三则不让评委数数，以利其读。最常用且醒目、识别率高的序号是"1)、2)、3)"之类。

任何速读都要避免重复、思想不新等印象。三项成果上下齐排时，开头力避雷同，即成果名称扣题而不重复首字首词，最好是错开，第250问活页的预期成果1）—3）开头就达到了参差之效。

187. 预期成果相关要素如何写明？如何优化配置？

尽管主管部门对预期成果未作规定，但"傻子过年看邻居"，其前期相关代表性研究成果要求"只填成果名称、成果形式（如论文、专著、研究报告等）、作者排序、是否核心期刊等"，那么，预期成果可以涉及分期、序号、名称、形式、去向/园地、位次、字数等。本书认为其中 3—6 是必要要素，其他是充分要素。

上述七要素的呈现方式或隐性或显性，视篇幅与爱好而定。可单独成行，也可写在"预期成果"之后，小半号楷体括注。详见上例。

书、文园地的写法可采用通行的简称，文有"S 刊"即 SSCI，"A 刊"即 A&HCI，"C 刊"即 CSSCI。核心期刊国内分三大类，除 C 刊外，最常用"北核"即北大核心；"大报"即中央大报。此外，书配"著"，用书名号；文配"撰"，不"盗"用书名号，使用过多，有碍观瞻。

除上例成果形式呈现方案外，另有其他方案，如表 67 所示。方案 1 具体化见上例。方案 2—5 区别在于成果形式，即书、文与报告，列出多少，如何分配，完全取决于自己的优劣势及相关项目的结项要求，在此不赘。所发前期成果于您不利时，或是所在单位是一般院校，或是您刚研究生毕业，不写更好，以免露怯，反正不要求写提示语。

表 67 预期成果相关要素配置方案

序号	配置方案
1	**4.1 成果形式** （按分期、名称、去向/园地、位次、字数排列）
2	**4.1 成果形式** （仅列 S 刊、A 刊、C 刊 4 篇，专著 1 部）
3	**4.1 成果形式** （仅列 S 刊、C 刊 4 篇，专著 1 部）
4	**4.1 成果形式** （仅列 A 刊、C 刊 4 篇，报告 1 份）
5	**4.1 成果形式** （仅列 C 刊 1 篇，北核 2 篇，专著 1 部）
6	**4.1 成果形式** （仅列 C 刊 2 篇，北核 3 篇，普刊 1 篇）
7	**4.1 成果形式** （仅列 C 刊 1 篇，北核 3 篇，普刊 3 篇）

188. 成果名称如何烘托选题？如何改出理论性与标记性？

项目活页的第 4 部分"预期成果"是面向未来的最后一关，也是梦想要结的果，有了它，才有其后的"宣传转化及预期学术价值和社会效益等"。多篇/部成果名称在此最能让项目最终出彩。由此可见，成果名称如同项目名称，能彰显学术自信，命得好，更能增分、增光添彩。

此前的对象、子课题、纲目等均能反映选题核心内容，但不如成果名称来得直接，来得分明。一个善于研究且能文者可将国家级项目至少设计出10—20篇大小论文（表68）。

表68　对象、课题、目标、纲目导出成果数

成果之源	对象		课题		纲目	
	总对象	分对象	总课题	子课题	章	节
成果数量	大论文1—2篇	小论文4—6篇	大论文1—2篇	小论文4—6篇	大论文10篇左右	小论文20篇左右
	大论文约10篇，小论文约20篇					

选题如五颗红星中最大的一颗，成果则如绕之而布的其他四颗，又如众星捧月，正如表68所示，大论文可来自总对象、总课题和各章标题，小论文可来自分对象、子课题和各节标题，各总计为10与20篇左右。

成果名称优化、改出理论性的总原则是：务实忌虚，去虚词虚言，标题化。要用好两类词：一半灌入关键词，它是成果出特色的关键；另一半取决于首尾的用词，多为学术用语，用好理论性术语，它具有代表性，是成果高大上的标志。最后才是"研究"之类的标题用语。如表69所示。

表69　成果名称改出理论性与标志性

名称	稿序	案例
选题名称	1	人类命运共同体背景下中俄符号景观"译+制"双重机理融会研究
	5	"一带一路"倡议下中俄符号景观"译+制"双重机理融会研究
	13	"一带一路"中俄符号景观"译+制"双重机理融会研究
	24	中俄符号景观"译+制"双重机理融会研究
成果名称	a	《汉俄符号景观译制机理》（最终成果）
	b	"一带一路"多语景观助力"五通"调研报告（研究报告）

表69所示为总选题名称的修改过程的掠影。稿1、稿5呼应国家需要，直接加上国之所需的内容；稿13更简略，更学术化；稿24以学科前沿为主，暗含了"一带一路""人类命运共同体"等国之所需。成果a是最终成果形式，极为专著化，连标题用语"研究"二字都不用，属于光杆标题，直奔主题，中心更为凸显，宜于出版。成果b直接用标记词"调研报告"，指向明确，就是

为主管部门提供咨询意见，属于咨政报告。

189. 预期成果数量如何确定？如何呈现为好？

项目层次决定预期成果数量，国家一般项目4—6项为好，省社科项目3—5项。不能只因是省级项目，就只写1—2项，问题在于要与同级同行竞争。

预期成果宜分期，时段上分作中期与终期，将三五年研究转为实在的成果。中期往往第2—3年中检，至少要发表1篇，为此至少得写2—3篇，依层次、大小可预设3—5篇；终期成果为书或报告，因进展已过大半，继续研究，一面继续刊文1—2篇，一面准备结项。

千万不要以项目获批起算发文的时间，前期成果已证明您有基础，甚至可以认为您申报前论文已有存量，一旦获批就应去库存，有成果面世。再者，中期成果写上相应的量，也是学术自信的体现，正是它以您的自信赢得评委的相信，再次争取为您点赞投票，不可小觑。

预期成果3篇以上，可据中期、终期再分割，前半期成果略多，质量与数量齐观，毕竟所结的是阶段性小果；后半期成果略少，只是量少而质高，毕竟所结的是终结性大果。中、终二期赫然分明，而时段内各时点的阶段性成果以序号相连，前后构成自然顺序，形成一目可收的总量（由最末的数字体现）。呈现方式不妥，会影响评委心情，如下例左列需做加法才知成果总量，右列则更胜一筹。

稿2		稿24	
中期	1）汉俄符号景观制作文化禁忌论	**中期**	1）汉俄符际景观变译机理
	2）符号景观图形符号识解机制		2）符号景观图形符号识解机制
	3）汉俄符际景观变译机理		3）汉俄符号景观制作文化禁忌论
终期	1）多语景观译制操控论	**终期**	4）多语景观译制操控论
	2）《汉俄符号景观译制机理》		5）《汉俄符号景观译制机理》

190. 预期即造梦，成果名称如何"优生"？

学术研究要将梦想之骨感变为现实之丰满，其产出总原则是：大胆梦想，踏实大干。

梦要做，以梦想创造现实、促成现实。要基于已有成果与未来设想，敢于有理有据地设计蓝图，敢于做梦。不必过于谨慎，而要激活自己，写得束手束脚论文就不会出彩。此外，要以梦想吸引评委之信任，助您美梦成真。所以，预期成果重在"预"，先夺下项目，再扎扎实实地完成。

造梦优生预期成果在第 188 问已初见端倪。一旦整个申报完形定型，可从总课题、子课题、章节纲目逐步降维，推出宏、中、微三级成果（表 70）。

表 70　总课题、子课题、章节纲目逐步优生"结果"的过程

系统	课题名称	结果总量
总	中俄符号景观"译+制"双重机理融会研究	1 项
子	1）跨文化供需动因：符号景观汉俄文化差异驱动及其"译""制"矛盾	>4 项
孙	形与义：符号景观的全译矛盾　…… 供与需：符号景观的变译矛盾　…… 译与制：符际景观运作的两面　……	>6—15 项
纲目	**第一章　符号景观及相关概念** 　第一节　符号景观及相关概念 　第二节　汉俄符号景观的功能类型 　第三节　双语符号景观结构特点	>20 项
成果	**中期**　1）汉俄符际景观变译机理 　　　　2）符号景观图形符号识解机制 　　　　3）汉俄符号景观制作文化禁忌论 **终期**　4）多语景观译制操控论 　　　　5）《汉俄符号景观译制机理》	优选 5 项左右

表 70 仅展示了课题的第 1 个子课题之下的孙课题与纲目及预期成果，其"结果"过程可能是：

（1）横比　在总课题之下，横向比较子课题、孙课题、纲目的各级标题，辨其异同。有的可产出书文的标题，有的则略作改造成题。

（2）组合　各级标题取同显异，突出其异，融会出新的点子，变现成为成果名称。

（3）标记　增加标题用语"研究""初探""论""再议"等（更可参见

《标题用语词典》[①]），为文标记，定其性质。如"论"类、"探"类、"析"类、"考"类、"编"类、"释"类等[②]。

191. 成果名称如何以精且新最终显志？既显厚重又见分寸？

成果名称专业简明而不空乏，才能更显学术大气。项目成果更讲究既显厚重，又见分寸，这类书文篇名评委才更青睐。其具体做法是：

（1）扣得紧 指篇名要炼得紧扣选题，从选题切分出各要素，取大小适宜的片段成为构题要素。

（2）炼出新 力避陈旧，全新更好，但不易；一半出新，由旧词搭配出新概念，组合出新，信息密集显厚实，突出新意显重要。

（3）炼得精 最终的篇名且精且新，最终显志。成果名称炼得精，长短即分寸，按 40—20—15—10 字的长度逐步追求。以项目最终成果专著篇名的提炼为例，其过程见下：

方案 1 人类命运共同体背景下中俄符号景观"翻译+制作"双重机理融会研究
方案 2 中俄符号景观"翻译+制作"双重机理融会研究
方案 3 中俄符号景观"译+制"双重机理融会研究
方案 4 中俄符号景观译制双重机理融会研究
方案 5 汉俄符号景观译制双重机理融会研究
方案 6 汉俄符号景观译制机理研究
方案 7 汉俄符号景观译制机理

方案 1 为求学术化，更因"中俄"因国别顺序或语种先后已含全球视野，可去"人类命运共同体背景下"。

方案 2 "翻译+制作"是"翻译与制作"的形象化表达。

方案 3 "翻译+制作"还可进一步简称为"译+制"。除了力求新颖，更是为了区别于影视的"译制"而有意而为。

方案 4 为求概念化或范畴化，可去引号与加号，"'译+制'"简略为"译制"。

---

① 尹世超. 标题用语词典[M]. 北京：商务印书馆，2007.
② 黄忠廉. 人文社科选题炼题：100 问+700 例[M]. 北京：科学出版社，2024：146.

方案 5　为求精准化，"中俄"降为"汉俄"，由国别区域降为最为关键的语种，因为一切文明互鉴与文化交流最依赖的最基本的是双语。

方案 6　为求结晶化，报课题要出问题意识，出专著则要力显结果意识，将性质转入事物，可去"双重""融会"，求结果。

方案 7　为求理论化，采用了"光杆"标题，去标题用语"研究"，更加凸显机理自身，不再为其穿鞋，光脚更见"私"想。其实，还可进一步炼得《符号景观译制机理》，更具共性。正如马克思《资本论》、毛泽东《实践论》等委实不错，黑格尔《小逻辑》、李泽厚《美的历程》等也好传播。

（二）宣传转化（或成果去向）

192. 成果宣传转化可优化为几类几步？要不要提示语？

宣传转化已成项目及申请人推广思想、服务社会的重要手段，是化思想为生产力、将学术变现的手段。"宣传转化"本想二分，可是该内容新增时却要求略写，那就得先分别厘清，再合写。于是先分两大类，各分几小类。

宣传，即采用各种手段传播思想以影响他人的行为。而转化，在此不取其哲学义，而指学术成果的转化——为社会服务，即学者将其成果所具实用价值通过后续工作、产生新的社会或经济价值的活动。科研成果"转化"越来越受国家与高校重视，首先涉及研究内容的产品化，即以书、文、报告等产出；其次关注这些成果产出后的效果与收益。请看下例：

课题名称：	**中俄符号景观"译+制"双重机理融会研究**
4.2 宣传转化（将刊文、出版如上，至少还涉及 4 大领域）	
1） 服务于党和国家对外政策的制定，为各级政府规划对外符号景观译制提供参考；	
2） 可为中国在俄语国家的海外机构、企业单位以及个人撰写、译制符际景观提供借鉴；	
3） 有助于外事、外贸等部门与所在俄语国家政府与单位处理好汉俄及多语景观译与制；	
4） 为汉俄双语对比与互译、外语与翻译教学以及符号景观词典编撰等提供丰富的语料。	

由上例可知，宣传转化渠道宜分主次与内外，显出层次。1）—3）属于外语学科之外，4）属于外语学科内，前主后次，毕竟从事外语研究是本分，本职研究所得需向界外传播与转化；1）—4）的宣传转化逐步由学科之外写到之内，

列出层次，层次既可由高向低（如本例由党和国家到海外机构、涵盖国内外、回馈外语界），也可由低向高（将前面的顺序倒过来）。

综上，宣传转化分两大类：有形与无形；有形指具体可见的宣传转化，无形指借助其他手段、渠道而开展的宣传转化。预期成果宣传转化可分如下步骤。

（1）立目标　申请人设置研究内容所能催生哪些结果、产生何种效应。

（2）辟渠道　开辟宣传转化的渠道，如纸媒、电媒、党政机关、企事业单位、机构等。

（3）圈范围　确定宣传转化的受众范围，涉及受众的利益、态度、环境、能力、水平等。

（4）择内容　以现实性与关联性原则选择所要宣传转化的内容。

（5）定形式　决定最恰当的宣传形式，如口头、笔头、中文、外文、书面、语音、单模态、多模态等。

（6）借媒介　巧用大众传媒，求快可用网络、广播、电视、报纸等，求慢可用杂志、电影、书籍等。

（7）测效果　宣传转化期待反馈，先单向传出，转化之后再反向观测其效果。

另外，宣传转化内容的量写多少，暂无定论。个人认为，4±1 是区间，即 3—5 个，最好是 3—4 个，因为有形宣传转化已始于前面的"预期成果形式"，那也应该算一类，且是重要的一类。鉴于此，"宣传转化"标题之后宜加上相应的提示语，见表 71。

表 71　宣传转化提示语可选方案

方案	提示语
1	**4.2 宣传转化**（将刊文、出版如上，其他还涉及四大宣传转化领域）
2	**4.2 宣传转化**（将刊文、报告如上，其他还涉及四大宣传转化）
3	**4.2 宣传转化**（刊文、出版如上，其他涉及四大转化领域）
4	**4.2 宣传转化**（刊文如上，另见国家、国内外、业内三大领域）
5	**4.2 宣传转化**（发表如上，至少还涉及四大转化领域）
6	**4.2 宣传转化**（书文如上，至少还涉及四大领域）
7	**4.2 宣传转化**（书文如上，至少另涉四大领域）
8	**4.2 宣传转化**（书文如上，至少另涉四大转化）

193. 宣传转化成果的有形手段可优选？有何量的优化？

人的活动体现了从可能性到现实性转化的过程[①]。学术研究是一种探索，认识事物要经过感性升至理性，再由理性转化为实践，而宣传就是一种更高级的实践。

学术研究既要顶天，在学科前沿探索，又要立地"接地气"，促进成果的转化。最直观的有形宣传转化类型分两种：直接宣传，即面对面宣传，可凭语言、姿势、表情等手段演讲、演出等；间接宣传，即借助书刊报纸等纸媒、影视广播等电媒面向大众宣传，要通过大众传播媒介。如：

4.2 宣传转化（刊文、出版如上，至少还涉及3大转化）

1） 提供研究报告给国家外交、宣传等部门，服务国家舆情监测、对俄传播政策制定；

2） 自建的汉俄新闻翻译可比资源库，提供给我国媒体机构，助益对俄翻译能力优化提升；

3） 典型俄译传播案例可融入汉俄教学、新闻传播、国际传播课程和材料中，培养人才。

成果宣传转化首先是以何种成果形式、利用何种渠道通过何种方式宣传而转化，即首先涉及去向。最常见的类型是书、文、报告，前二者最重要，文第一，书第二，报告第三；如发表单篇论文，撰写系列专题文章，在主流媒体开辟专栏，集中刊发。其次是宣讲传播。前者为书面载体性成果，属于一次性创作。成果面世之后，可能会被二次文献转载，如国内的《新华文摘》《中国社会科学文摘》《高等学校文科学术文摘》、人大复印报刊资料等，此外还有成果要报、咨政建议等的提交、采用或批示。

为了宣传转化，作为有形的成果要有相当容量的要求，如国内学术论文7000—12000字/篇为常态，偶尔15000字以上。报纸文章几百到几千不等。专著一般21万—25万字，重点项目25万—30万字及以上，获批示的报告3000字左右。

194. 预期成果的作者位次藏何玄机？序列如何优化？

预期成果虽未要求写位次，但参考活页之末说明了对"作者排序"的要求，预期成果能排出位次会更具说服力，说明预期之梦相对精确（例见表72）。

预期成果作者排位主要依据拟作成果的内容与贡献，有人以 1/2、2/2、1/1 等分别表示二人合作居第一、二人合作居第二、独立完成，这可能是借鉴他人

---

① 黄其洪. 时间与实践：一种生存论的元实践学导论[M]. 北京：人民出版社，2016：2.

表 72　预期成果作者位次优化

分期	稿 19		稿 23	
中期	1）汉俄符号景观制作文化禁忌论	独撰	1）汉俄符际景观变译机理探	独撰
	2）符号景观图形符号识解机制	独撰	2）符号景观图形符号识解机制	第一
	3）汉俄符际景观变译机理	第一	3）汉俄符号景观制作文化禁忌论	独撰
终期	4）多语景观译制操控论	第二	4）多语景观译制操控说	第二
	5）《汉俄符号景观译制机理》	独著	5）《汉俄符号景观译制机理》	独著

之法，或是某单位的规定，但暂不通行，不是所有的评委能看得懂。但排名以及各成果上下的排序均有玄机，试说一二：

（1）选书（专著、编著与译著）、文、报告（包括给上级主管部门批示的报告和 10 万字左右的研究报告）等，作者位次分配由申请人自定。

（2）大致将"著"归于书，"撰"归于文与报告；"译"代表"翻译"，又可分为独译/著、主译/撰、合译/著等。

（3）体现团队意识。成果作者位次标记用"独 X"，也用"第 X"等。位次全是独创或第一，没问题，只是前者显得有能力，但无团队意识；后者无推人进步之情谊。

（4）突出首席意识。尽管只有部国"重大项目"才设"首席专家"之位，在此可暂借它指项目负责人。以预期成果取书文 5 篇部为例，"独撰/著"3 篇/部为宜，"第一"1 篇，"第二"1 篇，表明首席担纲且是主力干将，以确保未来产品高质保量；此外，既带着队员深入研究（"第一"），也推着队员逐渐进步（"第二"），体现了学术领头与培育团队的双重意识，符合国家设项的宗旨之一，也能促进所在单位学科建设与人才成长。有此格局，从中央到地方，从评委到领导都会支持您。

195. 成果宣传转化另有哪些无形渠道？如何分层优化优组？

成果宣传转化可在确定中含不确定，在明指几种具体成果形式之后，有时给人意犹未尽之味，这时就需要另辟宣传转化的渠道或途径。

宣传转化基于宣传，终于转化。除前面几问所涉有形方式之外，还有中央权威媒体的报道宣传（如人民网、新华网、学习强国等），其他地方报刊媒体的报道宣传（各类省市官媒或其他的报纸、新媒体等）；还会涉及无形的渠道，往往成为更广更远更不可见的服务领域，比如参与宣讲、培训、授课、公益活动等社会服务，参与政策、制度、法律条文等的制定、修改或为其提供理据与事实，甚至是直接为某些机构、企业等服务，通过成果转让产生多少经济效益等。

仍举第 193 问的实例。在明确成果去向的提示语之中，书文或报告已在"预期成果形式"中展示，其他宣传转化还有不少，但又不能多写，只好不断地修改，启用概数表达，它表明：

（1）有多个宣传转化方向；

（2）增加"至少还涉及三大转化"，"三"是确数，"等"字既有已尽也含未尽之意，使确数变成了概数，且是大于"三"的概数；

（3）用"至少"，加确数四，共同构成概数之意，也表明不止四个。

不论采用哪种形式，四大方向均按国家、海外机构、国内外机构、外语业内四层排列。

宣传转化要用好合叙与分说。因为社科项目的社会效益要考虑成果效力于某些对象，如国家、政府、机构、企业及本行业，有时也涉其从中产生的劳动价值与经济收益，社会与经济两大效益经权衡之后作出取舍，是各自分头说，还是聚合统一说，都要对合叙与分说进行二选一。其实，细看第 192 问中实例的第 4 个宣传转化方向，即"外语行业内"的宣传转化，可以进一步细分，如：

为汉俄双语对比……

为汉俄互译……

为外语教学……

为翻译教学……

为符号景观词典编撰

……

因整个项目宣传转化渠道已有 4 个，不必过多（如 5 个及以上），一多便不只是细，而是细碎，显得烦琐，并不高大上，因此将行业宣传转化多个合一，一语统括（更何况外语教学与翻译教学二者有包孕关系），极显简洁紧凑。当然，渠道的多寡，取舍的多少，因题因人因学科而定，写作永远信守相对论与中庸之道。

由此看来，不是转化难找方向，关键在于有无转化的罗盘。

196. 宣传转化用语可用哪些词语？如何与另两组词配用？

宣传可按不同层级、不同阶段、不同视角等采用相应的宣传用语，如劝说、批判、灌输、教育、诱导、反思、深化、推进、鼓动、促动、动员、更新等。如其中的"劝说"情理并重，晓之以理动之以情；"批判"则用语严厉，使人思想行为转向所定的方向；"灌输"可将思想观点系统地输入头脑、不断强化；"鼓动"可用论点激发感情，使人受震动而有所悟。而转化可据其行为性质分为宣介、广播、应用、推广、试验、开发等。

以 X、Y、Z 三轴构成的三维坐标系更能直观显示宣传转化用语、关键词、学术用语三者的组配关系，三轴设点置入三类词语。您更可上下左右前后放大坐标系，填入更多的三类词语，在纸上两两画线组配，从中可以发现更多表达宣传转化的视角。如图 33 中"服务"可与"制定""政策"构成"服务……政策的制定"，"有助于"可与"译制"构成"有助于……译与制"，"提供"可与"参考"构成"提供参考"，等等。

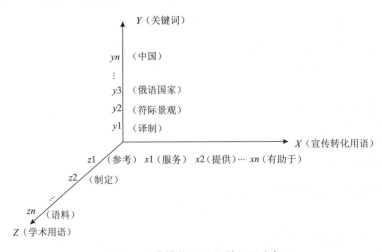

图 33　宣传转化用语及其组配坐标

（三）预期学术价值

197. 预期成果与选题依据二者的"学术价值"前后区别何在？

2024 年国家社科基金年度项目活页"预期成果"增加了"预期学术价值"，

稍不注意，会将其与"选题依据"之"学术价值"相互混淆。不过，用心比较，二者的区别还是不难发现。先比较两处的学术价值，见表73。

表73　活页两处"学术价值"之比较

活页题目	学术价值
选题依据	相对于已有研究特别是国家社科基金同类项目的独到学术价值和应用价值。
预期成果	成果形式、宣传转化及预期学术价值和社会效益等。（略写）

由"选题依据"的学术价值可知，其"独特"首先与"已有研究"、其次"特别是"与已批国家社科基金同类项目相比较。前者涉及已有研究，就是此前所做的"综述"，通过综述之后的简评发现拟做项目的价值。后者所涉及的"同类项目"有的已结项，有的仍在研；即便是已结项目，申请人也只能网上查得题目，而相应的成果多数不一定问世，无法如愿得到项目的最终成果，因此能参考的多半只有获批的选题名称，仅仅凭此一斑无法窥其全豹。

而"预期成果"的学术价值首先是"预期"成果的，预期成果要求先写出"成果形式"，无非是书、文、报告等，且要求"略写"，预期成果也不能多写，至多五六部/篇/份，因此预期成果的学术价值是这些具体成果（书、文、报告等）的价值，不能旁逸斜出。如：

> **4.3 预期学术价值**
> 1）深化新时代中国对俄传播急需而目前学界偶涉的新闻俄译传播研究，助益国别研究；
> 2）聚焦新闻语际、国际传播中的"流变"现象，助推国际传播学、翻译传播学理论创新；
> 3）提出"译传流变""控传创/译"复合主体等概念和观点，为相关问题研究拓新视角；
> 4）汉俄新闻原文、译文（群）多维精细对比，丰富汉俄语言学、文体学、翻译学研究。

总而言之，预期成果的学术价值是五六项成果的，较窄；选题依据的学术价值是整个项目的，较宽。

198. 预期学术价值宜分述，也作隐性总分之别？

因前面"选题依据"也要求写"学术价值"，不少人在此或茫然不知所措，或简单重复价值而不敢多写，因此写得要么重复，要么不充分。常见的是写上一二行，或是一两点。有的甚至与宣传转化及社会效益都不分，混着写，如：

> （二）宣传转化及预期学术价值和社会效益
> 1.产出高水平理论文章，参与国内外学术会议交流，公开发表论文，出版专著，为犹太文学研究乃至外国文学教研提供最新成果；推动学科理论发展与体系建构。
> 2.将研究成果转为教材，用于课堂，为高校开设相关课程提供教学参考；为国内文学创作带来启迪，丰富中国文学表现的多样性。

上例不仅将三个不同的内容混写了，看似节省了篇幅，却失了质量，让人看不到预期成果如何宣传，转化出何效果，预期成果相应的学术价值也十分不明，社会效益仿佛也只是稍带。

反观上例，可知：预期成果的价值不写出三四点，似乎显不出价值。写上三四点，要不要逻辑分层、如何分均值得思考。本书建议也作总分，只不过最好是隐性地总分，即不带"总""分"二字的分类。

总价值相当于最终成果（譬如专著或研究的报告）的价值，也是对前面选题依据整个学术价值的概括，由彼处的 3 点 6 行提炼为此处的 1 行，详见第 200 问。因在此强调的是学术价值，讲总价值时不妨略带点应用价值，实为整个项目的总价值，如第 250 问活页中"为国献策"即是兼具社会价值的应用价值，只占第一价值的 1/8。

分价值实为各篇预期论文的单个价值，预期价值设为 3—4 点，总价值为第一价值，分价值则有 2—3 个。设预期成果 4—5 篇/部/份，则专著/报告可产生总价值，3—4 篇论文相应产生 3—4 点价值，再将其合并同类项或近类项，形成 2—3 点价值。如第 250 问活页的 4.3 中，1）为总价值，2—3）为分价值，总分价值构成了预期成果的价值系统。

199. 预期学术价值为何仅占"选题依据"的一半？如何直奔价值？

预期成果要求"略写"，旨在避冗，更是与前面"选题价值"的内容避重。前者实际只占后者的一半，因为后者的"应用价值"不是前者所要求的。为此，最好划界要清，语言简明扼要，直奔价值主题。

如何直奔？重在用好动宾短语。动宾短语结构是动词+名词。首先要选好用好获得学术价值的动词及其短语，如下例稿23的"新增"等。又如"坚持、倡导、明确、体现、展现、创造、创设、提升、增加、制定、树立、深化、强化、定痊、厘清、解决、扩大、缩小、推进、助推、助力、重视、重估、丰富"，等等。

其次要用准表示价值或与其相关的词语，如下例稿23的"视野"。又如"价值、取向、代价、科学、学科、理论、思想、机理、机制、规律、标准、原则、内涵、帮助、体系、理念、观念、观点、理论、意义、作用、目标、追求、补益、价值观、存在感、重要性、迫切性、紧迫性、必然性"，等等。

稿 4　**本课题为**符号景观制作增加跨学科的新内容，增加非语言符号和新元素，提高学界与业界意识；

稿 23　3）**新增**符号景观制作跨科内容，添加非语言符号，纳入新元素，以拓学界与业界**视野**；

充分利用动宾短语，将其他表达优化为动词短语，同时注意语义搭配，以防逻辑错误。如上例稿 4 是完整的复句，为课题申报写价值，因语境可去"本课题"；"为符号景观制作增加跨学科的新内容"是一带状语的动宾短语，若优化为"新增符号景观制作跨科内容"，则简洁明了高大上；前后两个"增加"，不妨换用不同的近义词，如稿 23 的"添加""纳入"，既一句话百样说，又将单句升为复句"添加非语言符号，纳入新元素"，语句由长变多变短，节奏感更强。

此外，稿 4 的动宾短语"提高学界与业界意识"有逻辑问题。"提高"可搭配"水平"，促进水平上升，不能搭配"意识"，"提高……意识"属于搭配不当。可与"意识"搭配的动词是"增强"等。稿 23 对"提高""意识"不予理睬，据语义彻底换作了"拓展……视野"，进一步加"以"构成目标"以拓学界与业界视野"。

200. "预期"学术价值多长为宜？如何优化为一行一句？

预期成果与选题依据相比，其学术价值要略写，最好不超过 4 点，每点 1 行为好。如果第 1 点很重要，值得特书，可以 2 行，后面 2—4 点各占 1 行。若是较长时，可以优化为 2 行或 1 行。预期学术价值优化见表 74。

表 74 展示了选题依据与预期成果相关相一致的学术价值的两次简化与优化过程。如第 199 问所言，预期成果若以专著最终结项，其价值应全含选题依据的价值（表 74 方案 1），不过在此只涉学术价值，偶含应用价值。方案 1 是选题依据所写的三点学术价值，若转为预期成果的学术价值，可以压缩为 2 行，方案 2 的标题前半部"跨科固本拓新"选自方案 1 的"融会文理两科""固本体辟新域"，后半部"创建译制理论"选自方案 1 的"助建译制理论"，这是一个提炼优化的过程。

表 74　预期学术价值优化

方案	价值归属	不断优化的学术价值
1	选题依据	**1）助建译制理论**　基于汉俄符号景观对比提炼撰写与构型模式，结合全译变译理论探其译写机制，作理论提升；融合符号学、设计学等讨论空间组构机理，共建符号景观译制理论。 **2）融会文理两科**　对比汉俄符号景观结构特点，可发现语言以及文字、图形、色彩等及其组合差异，深入了解汉俄民族，促进语学、译学、符号学、社会学、设计学等相互交融。 **3）固本体辟新域**　整合国内外语学、译学、语用学、符号学等的成果，继续深挖与提升；新增符号景观制作，融合语符与非语符，整合译与制，进行系统对比、模式提炼与机理探幽。
2	预期成果	**1）跨科固本拓新，创建译制理论**　深度融合语学、译学、符号学、设计学等，发掘译论，新增景观制作，整合译与制，提炼汉俄景观对比模式，探幽机理，同创景观译制理论。
3		**1）深究与聚焦**"一带一路"俄语段急需、国内偶涉的符际景观译制论，为国献策；

方案 2 的内容更是比较直接地取自方案 1 的三个学术价值。"深度融合语学、译学、符号学、设计学等"选自方案 1 的第 2 个价值，"发掘译论，新增景观制作，整合译与制""探幽机理"选自方案 1 的第 3 个价值，"提炼汉俄景观对比模式""同创景观译制理论"选自方案 1 的第 1 个价值。

若强调整个预期成果的价值，便可以采用方案 2。若循"略写"的要求，也可将方案 1 直接压缩为 1 行，或由方案 2 继续压缩为 1 行。"深度融合语学、符号学、设计学等"可提升为"深究与聚焦"，含有多学科视角。"汉俄景观"提至"符际景观"，更抽象，更具学术性；为其增加限定语"'一带一路'俄语段急需、国内偶涉"更是立于整个项目的高度，点明其迫切性与现实需求。"发掘译论，新增景观制作，整合译与制，提炼汉俄景观对比模式"统归于"译制"，高度浓缩。"探幽机理，同创景观译制理论"概括为"符际景观译制论"。此外，仅用"为国献策"吸收了选题依据最大的"应用价值"，也算更为圆满。

201. 如何以各种手段"光大"预期学术价值？

预期成果的学术价值宜发扬光大。至少可采用如下手段。

（1）用数字顺序显示，如下例的 1）—4），直观显示 4 种价值，一眼可见其顺序与总量。另外，序号可以加粗。

（2）分段成行，学术价值在此毕竟是来自部分成果，求质量不求体量，每点价值占 1 行足矣（见下例）；第 1 个价值若想强调，重点突出，也可以给 2 行（另见第 200 问中实例的方案 2）。

课题名称：	中俄符号景观"译+制"双重机理融会研究
4.3 预期学术价值（涉及战略、机理、前沿、新视角等） **1）深究与聚焦** "一带一路"俄语段急需而国内偶涉的符际景观译制论，为国献策； **2）突显**符号景观译写与制作机理，重在融合二者，以求汉俄符际景观译制整合出效； **3）新增**符号景观制作跨科内容，添加非语言符号，纳入新元素，以拓学界与业界视野； **4）加大**变译机理研究，破解文化供需矛盾，深化全译机理研究，扩至翻译研究全视角。	

（3）加提示语，将总分的价值再次提炼，置入标题"预期学术价值"之后的括号。如上例，其提示语还可改为"涉及国策、机理、跨科、全视角等"。

（4）短句连用，成流水句，且以动词开头，前后连动，颇具动感。如上例第 3 个价值一连用了 4 个动宾短语，如行云流水般，前后相连。

（5）重点词加粗，如上例 4 个价值，均将段首表示价值的动词"深化与聚焦、突显、新增、加大"用楷体加粗，起到突显作用；其中第 1 个价值本来只对"深究"加粗，但多科聚焦研究也有价值，便将"聚焦"也加了粗。另外，每点价值末尾用语也很重要，也不妨继续加粗，如"为国献策、整合出效、视野、全视角"可加粗"标价"显重。

（四）预 期 效 益

202. 效益宜体系化思考？两种效益据实排序需特别提示？

10 多年前国家社科基金项目对效益无要求，后增设"效益"，只设了"社会效益"，反束缚了学人、窄化了内涵。

效益原则上分社会效益与经济经益两种，即常说的"双效"，可据实情定主次，如"社"主"经"次。人文社科项目的效益多以社会效益为主、经济效益为辅，前者可放在第一位，后者可放在第二位，应用经济学可能要反置，这是不少申请人及评委有时忽略的。只是有时可将二者分列，也可以浑然一体。如：

稿 3	稿 10	稿 13	稿 14
服务国家	文明互鉴	文明互鉴	文明互鉴
促进发展	服务国家	服务国家	形塑中国
提升形象	促进发展	提升形象	服务丝路
节约资源	提升形象	促进发展	深化应用
指导教学	指导教学	指导教学	促进经济
行业发展			

上例四稿可见不断调整的过程，如高低调整、分类调整等。稿 3 的效益最多，后三稿五大效益也不少；多则不必，关键是多多益"恶"而非善，过多则冗余，焦点重点不突出，读来费时耗力。一般 4 点为宜，每点一行；3 点也行，可以一点 2 行，或首点效益 2 行，后二点各 1 行（见第 203 问实例中稿 2）。效益据项目大小或层次高低，每点一般 1—2 行，双效共 4 点时，社会效益与经济效益若相当，可平分点数，再按主次排序。5 点时，若有主次，先分先后，主导效益占 3—4 点，次要效益占 1—2 点。

为让评委懂您，有时有必要将您对效益的认知与分类以及排序的理由用提示语交待，如第 203 问实例中稿 21 的"社会效益主导 1）—3），兼及经济效益 4）—5）"。若是经济学，尤其是应用经济，则要将双效换序，即经济效益置前，社会效益置后，如"经济效益为主 1）—3），社会效益为辅 4）—5）"。

203. 经济效益何时补写、合写或不写，以达效果最大化？

项目的效益，申报时要放开思考，以求效果最大化最全面，宁多勿少，之后再行取舍。

经济效益与社会效益之间的关系如何，二者可分可合，当学术本体或本身之外"其他"效益明显时，这时"其他效益"实指社会效益与经济效益，可将"其他效益"分为社会效益与经济效益，也可将二者合写不再二级细分。当经济效益未作规定或只规定填写社会效益时，多数可将经济效益汇入社会效益，详见下例。当经济效益与社会效益分列时，则可以分写，可以考虑补写经济效益，信奉的仍然是实事求是原则，尤其是经济学、管理学等学科的课题，比方说应用经济学的课题，其经济效益应是首位的。

因明文规定写"社会效益"，经济效益在此只是补写。补上之后，实际是与社会效益合写的——一般是先社会效益，再经济效益，内分先后顺序，可谓是"形合意不合"。如上例稿21，前三种效益"文明互鉴""形塑中国""服务丝路"涉及东西方、中国、国策，均属高端思维，是典型的社会效益；而"深化应用""促进经济"前者带"应用"，后者含"经济"，又是明显的经济效益。两大效益社会在前、经济在后，属于空间分布。

稿2

4.2 预期社会效益

服务国家 对比分析"一带一路"沿线国家汉俄语言景观，可为我国语言政策的制定、汉俄双语语言景观的设置与规范提供依据，为国家、地方政府部门规范语言景观俄文译写提供重要参考。

促进发展 正确的俄语语言景观便于来华人员投资、旅游，促进我国文化走出去和经济发展。

提升形象 规范的俄文译写，可使我国城乡走向国际化，提升服务质量，进而提升国家形象。

节约资源 汉俄语言景观模式及其俄译模式可为各级政府和单位个人提供蓝本，节省人财物。

指导教学 汉俄语言景观对比及其汉俄译写成果可有效地指导汉俄双语对比研究和俄汉互译。

行业发展 建构以指导变译实践，为国内翻译行业规范的制订提供理论参考。

稿21

4.3 预期效益 （社会效益主导1—3，兼及经济效益4—5）

1）**文明互鉴** 突破语言障碍，促进文明互鉴、文化沟通与民心相通，助建中俄共同体；

2）**形塑中国** 有效指导且规范符际景观写与制作，提高语言服务质量，塑造中国形象；

3）**服务丝路** 可为各级政府制定"一带一路"相关政策、规划符际景观译制等提供参考；

4）**深化应用** 丰富的汉俄符号景观多模态语料可用于汉俄语对比、翻译教学及词典编撰；

5）**促进经济** 规范双语景观，便于出入境人员旅行、从商、工作等，促进双方经济发展。

何时不写？完全与经济效益不沾边的学科或选题，可以大胆地放弃思考。在此不赘。

204. 效益如何开头？如何按高低排序？增设哪种提示语为好？

活页若是要求预期效益"略写"，就不必设标题。效益宜分点细说，内容不会太多，至多2行，一般1行。申请人若有明确的效益认识，且能要言命题，也不妨设置标题，以便评委抓纲，快速阅读。如第203问实例中稿21用了标题，凸显效益的核心。也可不用标题，只将关键词加粗，也是一种方案。如下例未用标题，内容还可以扩充。

> **4.3 预期效益** （社会效益主导1—3，兼及经济效益4—5）
> 1）**突破**语言障碍，促进文明互鉴、文化沟通与民心相通，**助建**中俄共同体；
> 2）**有效指导**且规范符际景观译写与制作，提高语言服务质量，**塑造**中国形象；
> 3）可为各级政府制定"一带一路"相关政策、规划符号景观译制等**提供参考**；
> 4）**丰富**的汉俄符号景观多模态语料可用于汉俄语对比、翻译教学及词典编撰；
> 5）**规范**双语景观，便于出入境人员旅行、从商、工作等，**促进双方经济发展**。

效益一般用复句表达，较少用句群；无标题时，则注重第1个分句的写作，产生效益的主体肯定是"本课题""本项目"，此类用语不言而喻，可省；因此效益写作可不带主语，干干脆脆地用动宾短语。

效益编写遵循"效益降维律"，请注意，只是降维，而非递减，即从较高的效益维度写向较低的效益维度。项目效力的级次至少有4层，大致分为国际、国家、本学科、本研究方向，可据需选择与调整。各种效益或明或暗地分层，或由高向低、或由重向轻、或由主向次地依次排列，如第250问活页按国际、国家、政府、界内、界外排列，有时也可将此思路纳入"预期效益"提示语。如：

> 方案1　**4.3 预期效益**（1—3社会为主，4—5经济为辅，按国际、国家、政府、界内、界外等排列）
> 方案2　**4.3 预期效益**（社会为主，经济为辅，按国内外、界内外等排列）
> 方案3　**4.3 预期效益**（按国际、国家、政府、界内、界外等排列）
> 方案4　**4.3 预期效益**（社会效益主导1—3，兼及经济效益4—5）
> 方案5　**4.3 预期效益**（1—3社会为主，4—5经济为辅）
> 方案6　**4.3 预期效益**（由社会向经济按大小排列）
> 方案7　**4.3 预期效益**（由社会向经济排列）

205. 效益用语如何与两类词语相融、出彩取效？

效益用语主要指表示效力的动词和所效力的对象，前者如"指导、服务、促进、提供"等，后者如"发展、智慧、工作"等，详见表75。效益用语可与关键词和学术用语优化组合，形成充实的效益表述。

效益用语主要用于句首或段首，第一时间闪入眼帘；也可用于句末或段末，如"互鉴、有所提高"等，是其效力的对象或结果，或是行为所涉及的客体，形成逻辑贯通的搭配，千万别违反逻辑，如第204问实例中的"突破……障碍"

"助建……共同体"等，所用的结构就是动宾短语。

表效力的动词必要时可带状语，常用表程度的副词等，如"提高"可优化为"有效提高"，"互鉴"可优化为"深度互鉴"等。项目效力类动词所涉的对象级次至少有4层，由高到低列如表75。

表 75 效益用语及组合模式

类型		其他类案例
表效力的动词		互鉴 形塑 服务 深化 促进 助力 催生 推动 发掘 揭示 突破……
可效力的对象	国际	世界文明 国际交流 全球化 国际经验 国际共管 洲际合作……
	国家	中国形象 中国战略命运共同体 "一带一路" 文化输出 X 安全……
	本学科	学科 理论 理念原理 原则规律 定律理据 体系 概念 标准化……
	本方向	规范 障碍 深度 基础 划分 弊端 超验 辩证内涵 外延存在感……

以 X、Y、Z 三轴构成的三维坐标系更能直观显示效益用语、关键词、学术用语三者的组配关系，三轴设点置入三类词语。您更可上下左右前后放大坐标系，填入更多的三类词语，在纸上两两画线组配，从中可以发现更多表达效益的视角。如图 34 中"突破"可与"障碍"构成效益"突破……障碍"，"提供"可与"参考"构成效益"提供……参考"，"促进"可与"发展"构成效益"促进……发展"，等等。

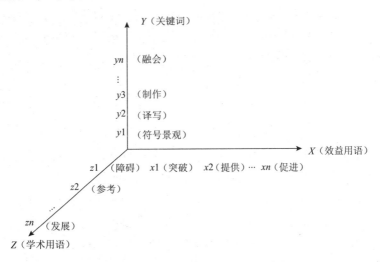

图 34 效益用语搭配优化三维坐标

八、研究基础优化

（一）前 期 成 果

206. 研究基础的提示语可优化？前期成果何时做加减法？

"研究基础"的提示语"申请人前期相关代表性研究成果、核心观点等"经切分，因"等"有二义，可得两点，也可得多点。在此只取两点——成果与观点。千万别将"等"理解为"列举未尽"，以免自找麻烦。"研究基础"的提示语可以优化，几种方案商录如下：

方案 1	**5. [研究基础]** 课题负责人前期相关代表性研究成果、核心观点等（略写）
方案 2	**5. [研究基础]** 课题负责人前期相关代表性研究成果、核心观点等（略写）
方案 3	**5. 研究基础** 课题负责人前期相关代表性研究成果、核心观点等（略写）
方案 4	**5. 研究基础** （课题负责人前期相关代表性研究成果、核心观点等）（略写）

上例中方案 1 是原题，可以商榷。方案 2 提示语将宋体改为楷体，且用小半号，突出"研究基础"的主位与提示语的副位，前后用字方圆、大小、主次更加妥当。方案 3 将主标题从方括号里释放，行文更干净。方案 4 将提示语括上，也是不错的处理。

前期成果如何才最"相关"？申请书一般不作规定，当然是最相关、"最最"益善。若有规定，如要求前期成果与参考文献共计 20 项，则可以平分，二者也可拉锯，此消彼长，自我平衡。若规定不超过 5 项，或可书文并存，或全为论文，全为图书者少见，一般是文多书少。

成果可涉及多种，一般先做减法，主挑论文、专著，有时译作也可加入。排序为文前书后，若是中央领导批示的报告，可前置。若是规定了 5 项前期成果，对成果丰富者不利，也有可调的空间。遇此情形，或可再做加法，只不过所加的不是书、文、报告的篇名，而是在"5.1 前期成果"之后的提示语中加总量信息（详见第 209 问中实例），这可因人因学科不同而灵活应对。

207. "前期成果"是如何优化而来的？

面对研究基础对"课题负责人前期相关代表性研究成果、核心观点等（略写）"要求，要做思维过滤：

（1）成果肯定是"课题负责人"的，不必多虑。

（2）自然是"前期"的，为与"4. 预期成果"相应，宜保留"前期"二字。

（3）挑选"代表性"的，也可忽略；成果不多时，比如 5 项及以下，则悉数当选为"代表"。依此优化所给定的提示语，详见表 76。

表 76 "前期成果"标题化过程

方案	原有提示语优化为题	优劣分析
活页	课题负责人前期相关代表性研究成果	可原封不动摘得，但多占字数
1	前期相关代表性研究成果	"果"由"课题负责人"结，不言而喻，可删
2	前期代表性研究成果	肯定是"相关"的，已除
3	前期研究成果	要求填入 5 项，肯定是"代表性"的，已去
4	前期成果	社科成果，舍"研究"，得最简方案

表 76 呈现了不同程度的优化过程，这一思考环节可类比于其他各题，甚至是各类项目申报的炼题。此外，前期有多长？不作要求者可以无限，凡属申报前的成果，均可算入，只是要有代表性，越接近申报期越好。成果越显重自然越好。

208. 前期成果如何"特别"优化提示语、以显实力？

2021 年以降，国家社科基金年度项目活页要求"前期相关代表性研究成果限报 5 项"，苦煞愁煞了成果丰硕的学人。浇愁之法是将相关信息以内容或提示语形式，自设于段首或"前期成果"之后，且用括注。

自设提示语有繁简两种，可充分利用语境省略改繁为简。繁者可以单写一段，也不宜超过 1 段，40 字以下，偶见 2 行，如下例方案 1，字体字号同正文。简者指短于或近于半行，此时可以括注在"前期成果"之后，用楷体小半号，如方案 2；真实的模板可见第 250 问活页。

方案 1

5. 研究基础（课题负责人前期相关代表性研究成果、核心观点等）（略写）

5.1 前期成果

前期成果 27 篇/部，2 篇 S 刊，6 篇 C 刊，4 篇北核，7 篇中央大报，8 篇俄国核心。

方案 2

5.1 前期成果（11 篇/份，2 篇 S 刊，2 篇 A 刊，4 篇 C 刊，3 份报告）

上例利用学界共享的知识背景，如术语化、行话、习用表达等，如 SSCI、CSSCI、北核，这三者大家熟知；而指 A&HCI 的 A 刊目前也正试用；中央大报一般指《人民日报》《光明日报》《中国社会科学报》等。

另，自设提示语在成果级别认定上要顾及共识，不宜借用所在单位成果或职称评审所定的级别，如有单位将成果分为 A、B、C、D、E 类，有的分为一、二、三、四级，还有分作甲、乙、丙、丁四类。而"报告"类一般指呈送中央、省市区、部一级的咨询报告，当然随着项目级别的下降，报告级别或可降至市、厅一级。

209. 研究基础孰详孰略？成果如何择优而列？国外成果如何呈现最佳？

研究基础要求"略写"，所略的内容包括"前期成果"与"核心观点"，那么，是二者均略，还是有详有略？按逻辑，同时据活页末尾的说明"前期相关代表性研究成果限报 5 项"可知，成果数量已被规定，算略；核心观点则可略详。成果为纲，观点为目，观点如眼，闪烁着思想之光。

成果择优而列的原则是：总论在前，分论在后；宏观在前，微观在后；重点在首，次重点在尾。成果性质若倾向理论性，则可在前；若是倾向应用性，同样可以在前。若是理论性课题，前期成果均属理论性，越是理论化者越列前；若是应用性课题，实效性越强者越靠前。

前期成果的数量若被限量，譬如限报 5 项，则在量中重质。成果若是书文并存，一般是书在前，除非书的专著性不太强。多文并列，首篇是主焦点，列出最重要的论文，末篇为次焦点，也不能列出最弱的那篇/部，那么成果上下排列的原则是：

首重—中略—尾次重

据此原则，下例涉及"符号景观"研究，其成果1）属于切题的溯因分析，成果2）视野更广，理论性略强，成果3）是切题的理论化思考，成果4）属于研究史，成果5）做了学术动态述评。成果1）与2）可以对调，以显高端视野，而成果5）是当时的述评，正可以对接正在申报的项目，置于前期成果的次焦点，不仅暗合，更是巧设。其优化结果更可见第250问。

5.1 前期成果 (论文27篇，8篇C刊，4篇北核，7篇大报，8篇俄国核心)				
1）语言景观俄译失调因子分析	论文	第一	CSSCI	9000
2）语言景观格局研察——以三亚为例	论文	第一	CSSCI	12000
3）俄汉公示语模式化研究	论文	独撰	CSSCI	11000
4）"公示语"定名理据及概念重识	论文	独撰	CSSCI	10000
5）中国公示语研究进展与前瞻	论文	独撰	CSSCI	11000

若是将"符号景观"换作"公示语"，则需置换5项成果的顺序，上例前期成果5）可移至第1篇，以综述开道；成果3）或成果4）可移至末尾，以理论性压轴。其他以"语言景观"的成果可居中。此外，上例中"论文"信息已含于CSSCI，属于冗余。优化后的效果如下：

1）中国公示语研究进展与前瞻	独撰	CSSCI	11000
2）俄汉公示语模式化研究	独撰	CSSCI	11000
3）语言景观格局研察	第一	CSSCI	12000
4）语言景观俄译失调因子分析	第一	CSSCI	9000
5）"公示语"定名理据及概念重识	独撰	CSSCI	10000

国内外均有成果问世，是佳配。若以5篇/部成果为例，考虑到质量与数量，平衡之后，中文按2—4篇/部入选，外文取1—2篇/部。刚回中国且无中文发表的海归则另当别论。

外文文献是熟悉的语种，如英语，则可直接列入；若是非通用语种，或以原语列入，或可以其汉译列入，在汉译或刊名后注明语种；外文或中文成果名较长一行不够写时，分行断开；同等情况下选长度最短的最佳成果。因不许写国外期刊名，其影响因子不清楚，只好以阅读生熟而分辨，进而排序，如自上而下排列顺序为汉、英、俄/德/法/日/……，可参考第250问。

210. 前期成果如何才具"相关性"？哪些信息或可列出？

前期成果较多时，尤其是中老年学者的产出较多时，相关性就越显重要了，需要选择。所谓相关性，指此前成果与拟报项目两个变量的关联程度，不考虑反相关与负相关，只取正相关；正相关成果较多时，则取最相关与较相关，取决于申请人相关成果的数量。可参考的选择序列如下。

（1）与关键词直接相关，这是硬核成果，相关性最强。

（2）与议题相关，或与某个子课题相关，相关度较强，可列入，相当于是前期研究已开展一二，期待更深入的研究。

（3）与方法相关，这点隐显相济。隐者表现为同类方法可以直接用于本课题，显者表现为外围准备的方法训练较为充分。

（4）与其他成果广义相关，证明是本行业内成果，曾有过相关研究。此类成果列入，适用于最相关成果不够者，直言之，是为了满足"5项"成果对量的要求。

与核心关键词相关文献较多时，自然选5项；不多时，再补议题相关。前二者若达5项，可舍方法相关。依此类推，逐步采用后二者的相关视角。

211. 哪些前期成果可以优选？相关信息如何优列？

书、文是主要成果，此外申请书后面还列有其他成果，篇名、位次、园地、字数、影响、转引等是常考虑填入的要素，需要时也可列入。

（1）论文优先，论文一般显示最新思想，观点集中，反映当下的学术前沿。

（2）书多为专著，次为编著、学术译著，再次为与选题密切相关的非学术性译著。书至少是三五年前的成果系统化的汇集，一般只是部分思想与选题相关，高度相关则表明选题无多大空间了，因一本书的涵盖面均较大，所剩空间不会太大。学术性与非学术性译著有时也可算入。有的专业的画作、音乐演出等也可算作前期成果，相应类别项目申报时也可列入。

（3）报告，少数人可做到，一般得到省部级以上批示的报告才算作成果。

最相关与次相关成果的篇名讲究首尾分配原则，即首项成果为主焦点，末项成果为次焦点。如第209问第一例是研究符号景观的译制机理融会问题，那么与"符号景观"相关的文献是首选，也应放在首位；若按末尾次焦点原则，成果2）"语言景观格局研察"应该放在最后。再如第209问第二例，"公示语"若是其核心术语，其最相关的前期成果应是前一例的成果3）—5），它们应居成果列表的首与尾。

不要求写作者位次时，可以不写；有利于自己时，则可写；第二作者不必多写，一个足矣。当下逐渐有人开始写"通讯"了，也是受外来的影响。期刊、出版社、报纸等也可写出级别。字数可分报刊两类，报纸论文一般为几百至 7000字，期刊则 3000 字以上，其中还取决于少数报刊的篇幅大小。前期成果的影响、转引等信息可写可不写。严格讲，项目不算成果，不能写入活页，可入申请书相应处。

212. 成果名称首字如何避重？新旧概念如何优序凸显？

这一问是马后炮，但对后面预期成果的写作有借鉴价值，也可提醒学人们平时作文要有全局观与发展观，讲一点命题修辞。先请看例：

1）基于语料库的国家形象研究	第一	CSSCI	9000
2）基于语料库的国家安全研究	独撰	CSSCI	10000
3）基于语料库的国家政策研究	第二	CSSCI	11000
4）基于语料库的国家粮食安全分析	独撰	CSSCI	12000
5）基于语料库的国家外交发展趋势	独撰	CSSCI	10000

上述五项成果并列，最易发现其选题的雷同。这种拷贝型研究模式，开头相同，但反映出研究工具单一。并不反对运用同一工具，关键是用同一工具挖掘不同对象掘出了什么，发现了什么；"发明"的范畴应将其概括出来，以新面世。加之，只以"形象、安全、粮食、外交"等进行换元，一看便知至少标题不出新不聚焦，无法反映洞见，虽能发表，但"双眸"不明。

由上可知，撰文著书，除了讲究文本内修辞，还要讲究文本间修辞。这是大修辞，涉及学术研究发展观，力避自我拷贝，力求自我拓展。平时在发展观之下应多角度多侧面撰文，不能模式化：题目只换词儿，正文只换语料。对策也不难找，至少别当成果名首用字词的选取为雕虫小技，它可折射心中雕龙大计。

首先是选题的核心术语或相近术语尽量用在 5 篇/部成果里，多次出现，显示或聚焦优势，突出核心，彰显相关性，提高相关度。如第 210 的实例，"语言景观""公示语"就是高相关术语。

其次，核心术语或新术语在前，产生视觉冲击；旧概念在后，形成以新带旧融旧、以旧托新推新的格局。如第 209 的实例，"语言景观""公示语"均在题首或靠前，这也是命题的高招。

再次，新概念由窄到宽或相反、由新到更新、由下位到上位或相反，如第210的实例，"语言景观"在2010年之后就逐渐与"公示语"齐用，后来逐渐超胜，学理性越来越强。

最后，力避标题模式化。业界可以模式化，是因为众人在用（也要注意滥用）；而个人作文，则可控制使用，不与人"撞衫"；船小好调头，以免与人重。如：

稿1	基于语料库与数据库的译学术语实证研究
稿2	基于回译的外语术语中文释义研究——以 Target language 的翻译为例
稿4	西方翻译学术语汉译内涵探析——基于 CCL 及 CNKI 语料库研究 target language 的汉译
稿5	语料库与数据库并用厘定译学根术语——以 target language 汉译为例
稿6	译论根术语汉译厘定：语料库与数据库视域——以 target language 汉译为例
稿7	译学寻根：语料库与数据库视域——以 target language 汉译为例
稿9	译学寻根：语料库与数据库同证——以 target language 汉译为例

本例也是对语料库的工具性使用，当用则用，只是不能过熟过多；它与理论一样，是用来研究问题的，得出什么结论，才最关键，这也是命题的真谛。方案1是惯常命题方式，方案2—6则将观点亮出，将"译"当作译学的根基，比作译学"根词"，以它来组构译学术语"译 X""X 译"。方案7与9又形象地喻称此项研究为译学"寻根"，而"语料库""数据库"两个工具作为研究手段则转至题目的后半部，于是创新点与观点先导，工具与研究方式后补。

213. 成果填报数限量时，超量者如何借势显优？

成果若限报5项，其具体单位是篇、部、份，即论文论篇、著作论部、报告论份。这一限量于年轻人有利，他们刚入职，已有成果较少，因此成果少量、等量时反占优势。这体现了国家对青年人的扶持与培育之初心。

与其相反，超量者则失势，因为中老年学人要么成果成系列，要么研龄长，要么领域较多，等等，其中占二者厉害，三者占全则绝对"王炸"。这类学者也应得到国家支持资助。

若设"限报 5 项"是堵墙，那么成果较多者只好墙内损失墙外补，只要允许，可在相应的题目后面加提示语，反映自己前期成果的实力。具体方法是：从众多成果中择优列出，书前文后，优文优先，高级别论文优中选优，按 S 刊、A 刊、C 刊、核心等排列，一般论文尽量舍去，详见第 210、250 两问。此外，还可借自设提示语彰显优势，如：

方案 1　**5.1　前期成果**

　　　　　　前期成果 11 篇/份，2 篇 S 刊，2 篇 A 刊，4 篇 C 刊，3 份省部级以上报告。

方案 2　**5.1　前期成果**　（共 14 篇/部，专著 3 部，2 篇 A 刊，9 篇北核）

方案 3　**5.1　前期成果**　（14 篇/部，其中 1 篇 S 刊，2 篇 A 刊，3 篇北核）

方案 4　**5.1　前期成果**　（著/译 2 部，3 篇 S 刊，4 篇 C 刊，3 篇北核）

方案 5　**5.1　前期成果**　（14 篇/部，2 篇 A 刊，3 篇北核）

方案 6　**5.1　前期成果**　（7 篇/部，1 部专著，1 篇 C 刊，2 篇北核，3 篇普刊）

---

214. 前期成果作者位次已作要求，如何优选优列？

2021 年以降，前期成果要求对作者排序，这有助于评委了解申请人是以独立研究为主，还是有团队作业基础。完全独立并非就完全占优势，研究越来越强调团队合作、跨学科协作等。

成果有独立与合作之分，有第一第二之分，一般第三作者之后不宜写入，同等情况下会失利；国际通行"通讯作者"，国内某些刊物也在引进，不妨试试。如下例只列入了独撰和排名第一、第二的成果，且用了无形表排列，非常整齐，一目览尽。其实，还可加上字数等信息，于自己会更有利。此外，"人大复印资料《语言文字学》"反映的是影响，也是可列入的信息之一。

5.1　前期成果

发表相关论文 25 篇/部，其中 C 刊 10 篇，俄罗斯 BAK5 篇，代表性成果如下：

1) 基于俄语国家语料库的俄语动词语义句法量化研究　　独撰　　CSSCI

2) 俄语感知动词范畴特征的多维透视　　　　　　　　　独撰　　CSSCI

3) 基于俄语国家语料库的同义词语义韵差异研究　　　　独撰　　外语核心

4) 外译学管论与外译详解（人大复印资料《语言文字学》）　第二　　CSSCI

5) Особенности адаптации при переводе новостных　　第一　　俄文核心
   текстов（新闻翻译变通论）

名称排列于己有利时，多写"独著""独撰"。以5项为例：书1—2部，文3—4篇；书文"第一"作者可用1—3篇/部，"第二"作者可用1—2篇/部。前期成果不限量时，也可参考这一比例。

<h1 style="text-align:center">（二）核 心 观 点</h1>

215. "核心观点"的标题与提示语如何优写优排？

由活页对研究基础的要求可知，"研究基础"所涉的"核心观点"来自"前期相关代表性研究成果"，这是为核心观点的拟标题的理据。在此语境下，先优化其标题，具体见表77。

表 77　"前期观点"标题语优化

稿序	标题修改
1	课题负责人前期相关代表性研究成果、核心观点等（略写）
2	前期相关代表性研究成果的核心观点
12	前期成果的核心观点
19	前期核心观点
24	前期观点

整个活页要求不过7000字，所有标题及其提示语均算入其内，此地此时字字金贵——真是"基金之贵"。所以，各级标题只要达意即可，以减少字数。当加字加词时，也要自信果断。比如，"核心观点"之前有时宜加"前期"二字，以免误解为拟报项目的观点，快速审读之下易生是非。具体看来，稿2从活页中摘取相关内容，直接组织为提示语，较为完整，多占了字数；稿12去掉"相关代表性研究"；稿19，在此语境下观点肯定是"成果"的，这二字可舍；稿24连核心都删去，更直接。

前期观点取自何处？如何排列？若能适当向评委道来，自设提示语，效果会更好，只是略略占点字数，优劣相较取其优。自设提示语可单写，在"前期观点"之下占一行；有版面之虞时，可简写在"前期观点"之后，加括号，用小半号楷体。提示语的修改过程见表78。

表 78 前期观点自设提示语优化

稿序	提示语修改
3	源自上述 5 篇/部及未列入的 22 篇/部前期成果，由宏而微排列如下
7	源自 27 篇/部（含上述 5 项）前期成果，由宏至微排列如下
16	源自 27 项（含上述 5 项）成果，由宏至微、按新颖度排列如下
20	源自 27 项（含 5 项）成果，由宏至微、按新颖度排列
24	源于已有成果，按广度、新颖度等排列

稿 3 说得比较明确，尤其是兼顾要求写入的 5 项及未列入的其他各项成果，占字数略多。稿 7 点明总量，注明活页对量的要求。稿 16 增加了排序的理据。稿 20 去冗"上述"。稿 24 更简，笼统交代观点来源，概说排列的理据；是否过泛，由您把握。

216. 前期成果观点多少为宜？与成果数呈何关系？占几行为好？

核心观点的内容要略写。整个"研究基础"要求略写，前期相关成果要求具有代表性，且自 2021 年起明文规定只写 5 项，那么观点的"略写"只能是压缩"面"、突出"点"，即篇幅要小但观点数不可少（详见第 217 问）。因此，各种观点先细想，再择要。

一般不要求成果数量，无论如何，可写至 7—10 个。若限定成果量，其观点数仍可不变，但不必死守观点数与成果数等量，如 5 项成果仅写 5 个观点，是一种机械理解，会吃哑巴亏。

> **5.2 前期观点**（源自上述及未列入的前期成果，由宏而微排列如下）
> 1）公示语是在公共场合呈现的具有特殊交际目的和特定功能的语言符号或/和非语言符号；
> 2）中国公示语俄译多类错误并存，正确规范的外翻译能助建中国形象，反之则有损形象；
> 3）俄译时，作者、译者、受众等综合决定了扩充、阐释、合并、改造等变通手段；
> 4）汉俄指示性语言景观以词组为主；提示类已形成词汇、句式和语篇三类标记模式；
> 5）号召类以短句居多，多用祈使句，俄语常用省略结构，汉语结构规整，首尾押韵；
> 6）汉俄限制类中"专用"类模式 2 种，"请"类通用模式 1 种，"请勿"类模式 5 种；
> 7）双语标牌设置需考虑国策、民族惯习、受众、场所、语种数量及语相特点等因素。

试比较上例与第 250 问活页的相关表述，观点 1）、2）、3）、4）、6）、7）均有微调优化。观点虽说不定量，但也有比例关系，以等量与反比例为常态。若写 10 篇/部成果，观点 10 点左右相宜；若限写 5 篇/部，宜超 0.5—1 倍。在要求限写 5 项的当下，观点数超过 2 点比较适宜，即总计为 7 点，上限为 10，区间可定为 7—10。

由上可知，观点略写，略在观点的容量，重在观点的数量与质量。容量上为什么不可多写？因数量不等于力量，写得再多，也是一盘散沙，提炼不够，"私"想难出，或是一庞然读物。观点不论略写与否，均求简洁鲜明，宜点化，每点一行即可。若想重点突出，第一个观点最高、最宏观、最根本，可占 2 行。

217. 已出成果的观点如何才具"私"想？

观点是前期成果思想的高度浓缩，一般可见于结论与摘要，需进一步点化出"私"。在众多的成果中还要重中选重，更求出精华，为此不讲大众话，只能窃窃"私语"。

"私"想，简单说就是里面必须有"我"。有"我"的内容，有"我"的表达。因此，要有思想，且较深刻，就得过滤已解决的问题，只问真问题；真解决，真结论，才会言简意赅，突出一己之"私"。

真知灼见，多带"体温"。主张学术说人话，不抄书，不掉袋，不讲废话，不说空话，说得紧实，有内涵、有感觉。即便是理论，也要说真话，是悟出的思想，不只是借借借，当个租户。有点私货，才当卖家，且是独此一家。如：

稿3　6）限制性语言景观模式中，提炼出了两类典型模式和一类通用模式："专用/仅限/Только для кого-чего"类，"限/ограничить"类，表限制义的"请"类祈使句。禁止性语言景观中，提炼出了五种模式：①"请勿"类；②"勿"类；③"谢绝"类；④"禁止"类；⑤"严禁"类。

稿8　5）汉俄限制性语言景观有"专用/仅限/Только для кого-чего"和"限/ограничить"两种典型模式、"请"类祈使句一种通用模式；禁止类有"请勿"、"勿"、"谢绝"、"禁止"和"严禁"五种模式。

稿22　6）汉俄限制类中"专用"类模式 2 种，"请"类通用模式 1 种，"请勿"类模式 5 种；

"读书的第一步就是博览，然后再将所读的连起来贯穿，返回到约，弄些小东西来研究。" [1] 引语所及的"小东西"自然主要指文章的思想，文章的主要

---

[1] 沈刚伯. 史学与世变[M]. 北京：海豚出版社，2015：ii.

观点则是"小东西"——思想结晶。上例实为很具体的观点，稿3至稿8不仅观点数量有变、序列有变，更重要的是观点化程度越来越高，即"私"想表达越来越简，语句越来越短。稿3的观点过细，聚合不够，连与汉语模式相应的俄语模式也附上俄语表达；其实，既然是类，完全可用相应的汉语表达，不失"类"的归并暗示作用。稿8认识到问题，努力在改，去掉了提炼过程的表述，直奔结果，即模式，内容由3行改至2行，但未守新标点法，即两个引号之间不再用顿号。稿22最简，更直接，彻底删除汉俄语具体的景观内容，连"语言景观"都因语境而略去，只剩下模式类型。

观点不出"私"，关键是没抓住关键。提炼出"私"想，这是学人一辈子努力的方向。平时撰文讲话，不谈常识，不说套话、大话、官话；讲究概念准、判断精、推理严，力求鲜明。此外，在要求中西合璧的时代，做学问可中学、西学兼通；以中学为本，若无中学之本，也难以真正理解西学，欧风美雨之下很难提出自己的思想，即便有恐也表达不到位。善于提炼者，重在脑勤，随时吸收，眼观六路，耳听八方；手勤脑快，哪怕是听会，也要善于现场就将人家的"私"想提取，收入人脑，存入电脑。

218. 重要观点如何聚焦首尾、主次并存？

阅读心理重首尾，也就分主次了。首焦点之重要在于开篇开场，给人鲜明的印象；而阅读至段尾，评委也会再次聚焦于段末一行的内容，因此最后的观点也应体现重要性。

观点宜5点以上：第一个观点是首焦点，是主要观点；所有观点由新至旧、由宏而微等序排列；中间观点可以一般化，因为常常一掠而过；观点行至最后，又起新焦点——次焦点。如：

稿3

1）重新科学地界定了语言景观和公示语的内涵与外延，语言景观是某地某公共空间具有特定功能的可视符号（语言与非语言符号，即图、文或图文兼用）复合体。

稿24

1）公示语是公共场合所呈现的具有特殊交际目的和特定功能的语言符号或/和非语言符号；
……
6）汉俄限制类中"专用"类模式2种，"请"类通用模式1种，"请勿"类模式5种；
7）双语标牌设置需考虑国策、民族惯习、受众、场所、语种数量、语相特点等因素。

从稿 3 至稿 24，观点经过了近 20 次修改，多个观点各个审视，反复排列，纠结于如何处理首焦点与尾焦点。稿 3 的首观点是界定项目概念"语言景观"的内涵与外延，尤其是为其下定义，所以放在第一位，是最主要最重要的观点，理当优先，因此一直处于开篇，只是每稿逐渐精简，才越来越观点化，详见稿 24 的观点 1）。

而稿 24 的观点 6）在稿 3、稿 8 中均居末尾，成为次焦点，前者较长，后者较短；随着炼稿的推进，至稿 22，已炼至一行，仍作为末尾的次焦点。但是稿 24 呈现的观点 6）是比较具体的观点，理论性或抽象性还不太高，因此将其前的某个观点移至末尾，即稿 24 的观点 7），这才有了末尾次焦点，似乎才压住了观点群的阵脚。

219. 前期成果观点获取有无最优方案？如何改得最简？

前期成果观点可以是一篇/部一个观点，来自摘要、结论、标题甚至是全文。既然是前期成果，可能是其整体的大观点，更可能是多篇观点的整合。于是前期成果观点提取有了三种方案：

第一种是基础，即每项成果取 1 个观点，容易提取或提炼。

第二种是高峰，需通览全部成果才可得出那个最全的观点。

第三种是主体，是众多成果彼此组合产生的观点，也是最能产观点的方式。

密切相关的观点才能合并，主要涉及论文与著作，且以近期发表为主，远期发表为辅。提取后，可由长句改为短句，句群改为复句，复句改为单句，单复并存；复句多用精短的分句，干净利落，有助于思想的阅读理解与传播。如：

稿 3　2）我国公示语俄译错误颇多，小至书写，大至文化，涉及语言与文化各个层面，且常常是一个公示语多个错误并存。正确、规范的公示语翻译有助于城市形象、国家形象的建构，错误的公示语有损国家形象。

稿 6　2）我国公示语俄译错误颇多，小至书写，大至文化，涉及语言与文化各个层面，常常是多类错误并存。正确、规范的公示语翻译能助建城市与国家形象，反之则有损形象。

稿 14　2）中国公示语俄译错误颇多，小至书写层，大至文化层，涉及语言与文化各个层面，常常是多类错误并存。正确、规范的公示语翻译能助建城市与国家形象，反之则有损形象，需要深入审视，以提升形象。

稿 20　2）中国公示语俄译多类错误并存，正确规范的外翻译能助建中国形象，反之则有损形象；

这一观点前后改了十几稿，一直位居老二，说明其重要性不变。稿3用了句群，概括了基本观点，其前两稿更松散一些。稿6仍用句群，去了"且"，简化了其所在的分句；第二句是一复句，两个分句简化，整个复句观点更鲜明。稿14开始将主观的"我国"换作"中国"，中间微变，比稿6多加了"需要深入审视，以提升形象"，想突出问题意识。稿20则删除了"小至书写层，大至文化层，涉及语言与文化各个层面，常常是多类错误并存"，舍其繁，得其简，以"中国公示语俄译多类错误并存"点明问题，再由"正确规范的外翻译能助建中国形象，反之则有损形象"正反对比，亮出鲜明的观点；只不过多了一个"翻"字，第250问活页作了更正。

220. 首个观点可体现哪几个"最"，如何体现？

作为项目申报前期成果的观点，最大最宏观者优先，最新观点优先，最具理论性的观点优先。位居最前列，自然是"首席"观点，宜暗含或涉及多个"最"，或最新，或最丰，或最长（句），或最本质，或最基本，或最前沿，等等。在篇幅有限的前提下，首个观点一般1行，1行不够可以2行，这个"特权"只有首个观点才能享有。

在此，众多的"特"尺幅难以画千里。以最本质的观点代表"定义"为例，请看如何体现其"最"：

稿3　1）重新科学地界定了语言景观和公示语的内涵与外延，语言景观是某地某公共空间具有特定功能的可视符号（语言与非语言符号，即图、文或图文兼用）复合体。

稿14　1）汉语公示语表述众多，从通用性、理据性和系统性论证了"公示语"这一术语的贴切性，并界定了其内涵与外延，公示语是在公共场合呈现的具有特殊交际目的和特定功能的语言符号和/或/非语言符号。

稿17　1）基于通用性、理据性和系统性，论证了"公示语"的贴切性，明确外延，界定了内涵：公示语是在公共场合呈现的具有特殊交际目的和特定功能的语言符号和/或/非语言符号；

稿24　1）公示语是公共场合所呈现的具有特殊交际目的和特定功能的语言符号或/和非语言符号；

第218问对稿3与稿24已有初步比较，以此再缀补几句：稿3用的术语是"语言景观"，想将多年来涉及"公示语"的成果概括为这一较新的术语，所括注的内容即是佐证；除了前一句冗余外，后一句的界定也不太严密。因为用了

系词"是"，就应遵守"属+种类"的定义格式，但该例未完全做到。

经 10 余次修改，稿 14 回到了公示语，仍未离开内涵与外延，但前两句的信息仍不是主要的，最后一句才是核心。稿 17 未改核心内容，仅对前稿前半部分做了"换言之"，无实质性优化。

又经 7 次修改，至稿 24 才直抒观点，保留住稿 14—17 的核心观点，以其代表公示语的定义，且仅占活页的 1 行。这一观点的逻辑性若与第 250 问活页"题解"对"符号景观"的描写性定义进行比较，更可见其"最本质"的特性。

221. 前期观点何时改成单句？何时改成复句？

观点要显出思想性、逻辑性、学术性等。观点一般以句子或句群存在，以复杂单句呈现的观点一般不多，除了定义、列举等特殊外，如第 216 问的观点 1）与观点 7），前者是定义，后者含列举，不得不长而复杂；以句群存在的多半是复杂观点，或大观点。如下例稿 3 的观点 2）即是句群，占幅较长。

稿 3　我国公示语俄译错误颇多，/小至书写，///大至文化，//涉及语言与文化各个层面，///且常常是一个公示语多个错误并存。/正确、规范的公示语翻译有助于城市形象、国家形象的建构，//错误的公示语有损国家形象。

稿 24　中国公示语俄译多类错误并存，///正确规范的外译能助建中国形象，/反之则有损形象；

更多的观点以复句为主，能用多重复句则更好。若能在一行 40 字之内用多重复句，就要求分句极为简明，即分句短、层次多、节奏快、语义明，便于审读与接受。如上例稿 3 的第 2 个句子为一重复句；稿 24 则将稿 3 的句群改为复句，是二重复句。稿 3 的前一句是三重复句，第一重先说公示语汉俄误译多，后面全讲如何误，涉及哪些方面；第二重区分所涉领域与表现方式；第三重则分两片，前一片对所涉领域再分出书与文化，后一片再分出语（言）文（化）与多误并存。

222. 核心观点如何合叙化？进而体系化？

前期成果的观点在列举中有增有减是常事，在精写的前提下尽可能多列一些，如 10 点以上，再循宏微、轻重、主次等原则做选择，如第 216 问用例中曾列有如下观点，后因过微过小而删除。

4）官方语言景观书写具有规范性、稳定性、模式化等特点，非官方则呈现出多样性与随意性；俄语大小写异于通常行文，所有字母大写或首字母大写。

在单篇成果中，重要者可直接提取观点、单说单列，如第 216 问用例的观点 3）与观点 5）。多数观点由文献组合而成，如第 216 问用例的观点 6），是对"限制类""'请'类""'请勿'类"的合说，可谓是三合一。

合叙，又分物理式合叙与化学式合叙。前者如第 216 问用例的观点 4），是指示类与提示类的直接相加；后者如第 216 问用例的观点 2），是多篇论文观点的聚合提炼，难以看出具体来自哪一项成果。合叙多发生于句内，有时也会由句群合向复句，但以句内合叙为基础。如下例前后修改稿除观点序号有变外，主要是由长改短、由繁改简，具体是由句群改为复句。下例中删除线所示即是最简单的删除，在此基础上将句群改为复句，直叙汉俄指示性与提示类语言景观的特点。

稿 3　5）指示性语言景观因其涵括范围最广，~~模式难以提炼，已发现部分特点；~~结构类型均以词组为主；~~汉俄~~店名构成均以本族语为主等。~~提示性语言景观中，有三类标记模式：词汇标记；句式标记；语篇标记。~~

稿 10　4）汉俄指示性语言景观因其涵括范围最广，结构类型均以词组为主，店名构成均以本族语为主等；汉俄提示性语言景观有词汇标记、句式标记和语篇标记三类模式。

稿 21　4）汉俄指示性语言景观以词组为主；提示类已形成词汇、句式及语篇三类标记模式；

各观点合叙化之后，同时需要体系化。成片成段也是体系，分点更显体系性，达到系统化效果，大类中分小类，如第 216 问用例的观点 1）下定义，是基础或基点；观点 2）是问题意识，观点 3）—6）是具体解决问题的答案（对策、结论等），而观点 7）则更宏观，更有概括力。

223. 观点如何鲜明化？可改为哪类最佳判断？

观点一般要求鲜明化。从语句角度讲，判断句最具鲜明的特点，一般是用动词或动词性词组作谓语，对事物的属性作出判断，即说明某事物是什么，或不是什么。

判断句乃陈述句之一种，主要用陈述语气，用以表示对事物的判断或肯定。

判断句有主语和谓语，主语通常是名词、代词或名词性短语，谓语通常是动词、形容词或副词。谓语用动词，动词后面接宾语，这样的句子可能是陈述句；谓语是形容词，有定语或状语，句子可能是描述句；若是用了连词，句子可能是复合句。以某书的观点为例①：

1972 年前后以来，文化实践与政治—经济实践中出现了一种剧烈变化。

这种剧烈变化与我们体验空间和时间的新的主导方式的出现有着密切关系。

没有证据表明时间与空间变化着的维度中具有必然的或因果的联系，在此同时，有人就这一主张提出了有力的论据：在后现代主义文化形式的崛起、更加灵活的资本积累的方式出现，与资本主义体制中新一轮的"时空压缩"之间，存在着某种必然的联系。

然而，在与资本主义积累的基本规律进行对照时，这些变化在表面上显得更像是转移，而不是某种全新的后资本主义社会甚或后工业社会出现的征兆。

该例为汉译，是全书内容的观点化，汉译语言本身值得推敲，暂且不论。除第 4 段"与资本主义积累的基本规律进行对照时，这些变化在表面上显得更像是转移，而不是某种全新的后资本主义社会甚或后工业社会出现的征兆"不读原文无法断定其所指之外，前面的内容至少可提炼出如下观点：

（1）约 1972 年以降，文化实践与政治—经济实践发生了剧烈变化。

（2）文化实践与政治—经济实践发生剧烈变化与体验时空的新的主导方式密切相关。

（3）无证据表明时空间变化维度具有必然或因果的联系。

（4）后现代主义文化形式的崛起、资本积累更灵活地出现与资本主义体制新一轮的"时空压缩"必然相联。

观点（1）与观点（2）有叠加，后者已包孕前者，可舍（1）留（2）。观点（4）是一复杂单句，还可优化为"后现代主义文化形式崛起，资本积累灵活出现，二者与资本主义体制新一轮的'时空压缩'必然相联"。

由上例可知，判断句或表示肯定，或表示否定，前主后次，这样倾向分明。"是"是最基础、最常用的判断动词，表示事物的存在或说明其真实性。"是"的反义词则是"不是"，用以表达否定的判断。"有""具有""产生""崛起"

① 〔美〕哈维. 后现代的状况：对文化变迁之缘起的探究[M]. 阎嘉译. 北京：商务印书馆，2003：论点.

"出现"等用来表达事物的存亡、拥有等，其反义词是"没有""无"等，用来表达否定的判断。此外，还可用"属于"等判断动词、"相关"等关系动词。

224. 观点用语可用哪些词语？如何彼此组合相融？

观点用语在此特指作出陈述尤其是判断的词语，常见的观点用语有"是、乃、成为、有助于、有益于、应/该、可、必是、可能、必须、必有、实有、应有"等，可与关键词和学术用语组构表达前期观点的语句。表达观点除了用名词、动词外，还可配用一些副词与形容词，前者限制和修饰动词、形容词，表示程度、范围、时间等；后者表示人和事物的形状、性质，或表示动作、行为的性质、状态。此类副词与形容词的详细分类及例证见表79。

表 79　与名词、动词配用的副词和形容词

词类及语义		例证
副词	表程度	很 最 极 挺 顶 更 稍 越 非常 几乎 过于 十分 极其 格外 分外 更加 越发 稍微 略微 差不多 越来越……
	表范围	只 都 单 总 共 总共 统统 仅仅 一齐 一概 一律……
	表时间频率	已 曾 刚 才 正 将 常 永 已经 曾经 刚刚 正在 将要 就要 马上 立刻 顿时 终于 常常 时常 时时 往往 渐渐 一直 一向 向来 从来 总是 始终 永远 赶紧……
	表肯定/否定	必 准 不 没 未 别 莫 勿 必须 必定 必然 当然 的确 没有 未必 不必 何必 不便 不用 不妨……
	表语气	岂 是 可 难道 究竟 到底 偏偏 索性 简直 是否 也许 难怪 大约 反倒 反正 果然 居然 何尝 其实 明明 恰恰 未免 只好……
形容词	表性质	好 坏 软 硬 冷 热 伟大 勇敢 优秀 坚固 平常……
	表状态	快 慢 生动 熟练 轻松 清楚 干脆……
	表形状	长 短 大 小 粗 细 红 绿 平坦 整齐……
	表数量	全 整 多 少 许多 些许 全部……

以 X、Y、Z 三轴构成的三维坐标系更能直观显示观点用语、关键词、学术用语三者的组配关系，三轴设点置入三类词语。您更可上下左右前后放大坐标系，填入更多的三类词语，在纸上两两画线组配，从中可以发现更多表达前期观点的视角。如图35中"公示语"可与"是""符号"构成观点"公示语是……符号"，"俄译"可与"决定""手段"构成观点"俄译时……决定……手段"，"形成"

与"模式"可构成观点"提示类（语言景观）已形成……模式"，等等。

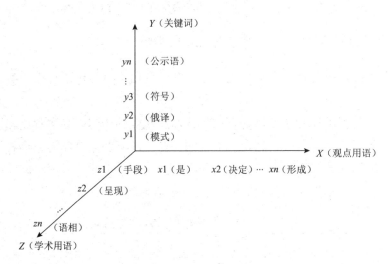

图35　观点用语及其组配坐标

九、参考文献优化

225. 参考文献有无最佳量？每千字需多少文献支撑？

用何文献，项目一般不作规定，在此主要涉及书与文。国外有的文献占书稿的几分之一，国内外期刊论文中文献也占幅不少，甚至连常识也标出处。项目的参考文献则与二者不同。若是限定"略写"，则更要慎重与珍惜。如：

6. 参考文献　　（开展本课题研究的主要中外参考文献。〈略写〉）

1）华劭	语言经纬	商务印书馆	2003
2）黄忠廉 等	翻译方法论	华东师范大学出版社	2019
3）李元授、白丁	新闻语言学	新华出版社	2001
4）黄国文	语篇分析概要	湖南教育出版社出版	1988
5）张举玺 等	中俄现代新闻理论比较	社会科学文献社	2011
6）程维	叙事学视阈中的新闻编译	世界知识出版社	2012
7）刘笑盈	国际新闻传播	中国广播影视出版社	2013
8）田海龙	社会网络中的话语互动	天津人民出版社	2021
9）原伟	基于知识本体的俄汉可比语料库建设与应用研究	世界图书出版公司	2019
10）唐润华	中国媒体国际传播能力建设战略	新华出版社	2015
11）尹飞舟 等	翻译传播学十讲	湖南师范大学出版社	2021
12）赵永华、窦书棋	国际假新闻的三重成因：国家、媒体与文本棋	新闻春秋	2022（1）
13）陆丹云 等	舆论战的话语深层结构与语境重构趋向	情报杂志	2024（3）
14）贾乐蓉、周南	中俄媒体合作：发展阶段、模式、效果与存在的问题	俄罗斯东欧中亚研究	2020（6）

15）Baker, M . Translation and Conflict: A Narrative Account. London: Routledge,2006.

16）Bielsa,E.& Bassnett,S.Translation in Global News. London&New York: Routledge,2009.

17）Teun A. van Dijk. Discourse and Power. New York: Palgrave Macmillan, 2008.

18）Варченко В.В. Формы и функции цитатной речи в медиа-тексте. М.: ЛКИ, 2007.

19）Володина М.Н. Язык средств массовой информации. Академический Проект, 2020.

20）Данилевская Н.В. Аргументы vs эмоции: аргументативные модели как инструмент идеологического противоборства в массмедиа. Медиастилистика, 2023(2).

项目本不定文献的数量，但是 2015 年之前，国家社科基金年度项目的前期成果与参考文献"两类限填 20 项"，导致申请人将其一分为二，或二者博弈。后来发现问题之所在，便将二者分别填写了。2021 年国家社科基金年度项目要求略写文献，如何略又见仁见智了。

项目申请书的文献量既不同于学术论文，也不同于学术专著，不可多，也不能少。凭直觉，您都会感觉10条以下绝对不行，30条以上又嫌多。

2017年，笔者积多年申报的教训，观察同行及其他学科的申请实践，提出了理想的参考文献区间，即21—28条[1]。既然2021年起要求略写，略至20条以下，即11—19条，会给人不足量的感觉；也会给评委或肯或否的口实，肯定者认为"文献近20条"，助您；否定者认为"文献才10来条"，暗指少于15条，这是否您。依据多年的经验与观察，本书认为每千字3—4条文献较好，那么7000字的活页至少要写21条，至多28条，平均25条，最佳文献量的区间可拟21—24条。

226. 参考文献优选原则至少可遵循哪"八向"？

文献列举看似容易实非易，其优选优列修改至少需瞄准八个方向。

（1）改向内多于外　国内外文献选择一般是国内多于国外，兼具国际视野时重在了解国内、服务国内，内外之比可为6∶4—9∶1，至多5∶5。

（2）改向熟多于生　熟悉的文献多于生疏的文献，评委是同行，所选文献一般为学术共同体所知，又要有一定量文献不为张三所知，或不为李四所知（不为其所知，并不一定是最新文献），生熟之比可为1∶9—4∶6。

（3）改向新多于旧　文献可分旧、较旧、较新、最新等级别，总体最新与较新占主体，时段由近一两年向前追溯十几、几十年，如第225问用例的旧文献较少。新旧之比，详见第229问。

（4）改向文多于书　文献通常是文多书少，以学术水准而言，论文彰显前沿，专著多半集大成。书文之比可为6∶4—9∶1，如上例的期刊文献就较少。

（5）改向长多于少　文献兼顾长者与中青年，文科学者的成果最具价值的年龄段为40—60岁，此前成果正走向成熟，此后成果开始走向老化或过熟；少长之比可为1∶9—4∶6。

（6）改向精中选精　综述所涉文献较多，参考文献要求略写，即使不略写，文献数量也不宜过多，至少不能超过综述所及作者数，后者少于前者，得从精当文献中再精选。

（7）改向以重带轻　文献的轻重以与选题的相关性为准，并非指作者的轻重。换言之，最相关的文献在前，次相关者在后；一般而言，专著在前，论文

---

[1] 黄忠廉. 人文社科项目申报300问（第二版）[M]. 北京：科学出版社，2022：211.

在后。重要文献可用字体变化标出，首部书或首篇论文可用楷体加粗，一显重要，二分文献类别；但是，如第225问用例的论文较少，标记轻重反而露了怯。

（8）改向推陈缀新　参考文献最好有综述所未涉及者，其中奥妙见第230问。

227. 以空间论，文献如何分片分领域优选？

园地即空间，发表园地的高低虽不能直接表明文献的档次，却也极相关。

园地在此主要指报刊与出版社名称，报、刊、社之名虽说整体入眼，却常以开头字夺目。因此所选文献若常见"××学院学报"，会给人留下文献水平不高的印象。

为此，学者都有自己的领域，业内专业期刊的文献是首选，如经济学人要常读《经济研究》《中国工业经济》《世界经济》《经济学》等，管理学人要常读《管理世界》《南开管理评论》《经济管理》等，外语学人要常读《外语教学与研究》《外国语》《现代外语》《外语界》《上海翻译》等，史学研究者要常读《历史研究》《世界历史》《近代史研究》《史学理论研究》等，哲学专家要常读《哲学研究》《中国哲学史》《哲学动态》《世界哲学》《自然辩证法研究》等，法学同道要常读《法学研究》《法学杂志》《当代法学》等。换言之，报管理学的项目要看到"管"字开头的园地，报经济学的项目要看到"经"字开头的园地，报哲学的项目要看到"哲"字开头的园地，报法学的项目要看到"法"字开头的园地。

除名刊名社名报外，文献要多含"中""高""国""人"等开头的期刊与出版社，如《中国社会科学》《中国法学》《中国史研究》《中国管理科学》《中国外语》《中国翻译》《中国语文》《高等教育研究》等，又如中华书局、人民出版社、高等教育出版社、商务印书馆、科学出版社等，另外包括各专业领域认可的出版社，如外语类认可的外研社、外教社等。

请看第250问活页中的参考文献，可见一斑。

228. 文献如何扩大朋友圈？又如何防止窄化？

20来条文献组成的就是一个临时的学术共同体，其中的成员具有相同或相近的学术取向，或兴趣目标相近，或信守相同的学术规范。参考文献的选择一般是一人一条，这是常态。

几人一条时，尽量写全几人的姓名，可以二倍三倍地扩大学者圈。一人好几条则失态，一失文献的常态，二失良好的心态，要么是真不懂，要么给人谄媚的错觉，说不定还会拉仇恨。如：

[6]韩香. 隋唐长安与中亚文明[M]. 北京：中国社会科学出版社，2006.

[7]贺宁远. 西安城市形象对外传播的叙事建构探析——以首届中国—中亚峰会为例[J]. 新闻研究导刊，2023（11）：36-39.

[8]胡振华. 中亚五国志[M]. 北京：中央民族大学出版社，2006.

[9]胡振华. 中亚东干学研究[M]. 北京：中央民族大学出版社，2009.

期刊级别也小心别定得过偏过窄，如"顶刊、名刊、A 刊、一流刊"等是学界口头说法，业内名刊、各单位自定的高级别期刊都会印在学人脑海，自然是文献引用的首选。

229. 以时间论，文献如何分段优化？

当下的研究所涉的文献多是 21 世纪的，但也要适当选用 20 世纪经典的、知名的、绕不过的文献。世纪之内以 10 年计，每 10 年划分为一个年代，20 世纪文献可为个位数，21 世纪则达十位数以上。21 世纪又可分出 10 年代、20 年代、30 年代。

以 23 条参考文献为例，可大致规划文献的分段优化比例与篇数：

（1）2000 年以前　约占 10%，1—3 篇；数典不忘祖，有历史感，有基础，有来由；比较《300 问》活页 2.0 版与第 250 问的活页，就加上了一条 1993 年的文献。

（2）2000—2009 年　约占 40%，8—10 篇；关注渐行渐远的文献，探研究之源，更顺其流。

（3）2010—2019 年　约占 40%，8—10 篇；关注始衰的文献，可与上一时段互补，两个时段协调，主流文献在其间波动，但多以本时段为主。

（4）2020—2025 年　约占 10%，2—3 篇；文献要追至当下，近二三年应有文献。比较《300 问》活页 2.0 版与第 250 问的活页可知，俄语是比英语形态更丰富的语言，同一文献信息它有时比英或汉语的长许多；第 250 问的活页保留了三条各占一行的英文文献，另两条俄文文献各占一行，本想换掉，却因其重要性且为 2020、2021 年的新文献而不得不保留。

特别说明：此后每年申报，可依此顺调。某些学科，尤其是历史学等，可作较大调整。

230. 文献数量为何少于却又超出综述，是矛盾抑或玄机？

文献要求略写，看似要求的是字数，实际为条数，或更直接指：字数一定的情况下，条数越多越好。那么，文献一条一行为好，越短越精越好。

按常规，或据多数人的认知，活页的参考文献应全部来自综述所及的文献。其实不然，参考文献不仅总量少于综述，还得有几条超出综述，可能评委不知，申请人要知，看似矛盾，实则暗藏玄机。

毫无疑问，主要参考文献主要来自综述所涉文献，这是文内呼应，也是逻辑使然。此外，学人心中更应明白：之所以选此作题，是因为有了新材料、新理论、新方法、新视角、新背景、新XX，那么本研究文献中的新文献是未来研究所需要的，只是不能过多，毕竟既要前瞻研究史，又要后顾未来探索。据上一问，综述之外的文献可定为整个文献的10%左右，所以比较《300问》活页2.0版与第250问的活页，会发现课题"中俄符号景观'译+制'双重机理融会研究"的文献又有所优化，即在国内外已有翻译研究的基础上增加了两三条专论"景观"的文献。如：

包联群　新冠疫情初期的日本语言景观　中国语言战略　2021/1

Абрамова Е.И. Фасцинативные приемы в текстах языкового ландшафта. Коммуникативные исследования，2019/4.

231. 靶向评审的项目文献格式异于书文？如何类型化？

参考文献规范过程是历史性的，是逐步走向成熟的过程，其中不同的载体有不同的要求，在项目申报未形成自己特色与优势时，可以见仁见智，在大家试水若干年后，可以定出相对便于审读的格式。

此前，项目参考文献的写作五花八门，各行其道。后来是借用图书的格式，不同时期又不同，不同出版单位使用的也不同，回翻20世纪与21世纪初的本子，可见一斑。再后来中国期刊中出现通行格式，现在项目申报借用得最多。试比较三种文献的格式（表80）。

表 80　项目参考文献与书和文的区别

类型	主要格式
专著	**商务印书馆**（2022） 朱星. 中国文学语言发展史略[M]. 北京：新华出版社，1988. 朱德熙. 句子和主语[J]. 世界汉语教学，1987（3）. **科学出版社**（2022） 余养才. 2004. 心灵在欢腾. 哈尔滨：北方文艺出版社. 俞建村. 2001. 论新闻报道的翻译特点. 上海科技翻译，（3）：25-27. **北京大学出版社**（2023） 闫月珍. 汉学界的五个《二十四诗品》英译本. 人文杂志，2016（2）：55-60. 杨乃乔. 东西方比较诗学悖立与整合. 北京:文化艺术出版社，2006.
期刊	**期刊**：[序号]主要作者. 题名[J]. 刊名，年（期）：起止页码. **专著**：[序号]主要作者. 书名[M]. 出版地：出版者，出版年：起止页码. **译著**：[序号]主要作者. 书名[M]. 译者. 出版地：出版者，出版年：起止页码. **论文集**：[序号]主要作者. 题名[C]//编者. 论文集名. 出版地：出版者，出版年：起止页码. **析出文献**：[序号]析出文献主要作者. 析出题名[A]. 原文献主要编者. 论文集名[C]. 出版地：出版者，出版年. 析出文献起止页码.
项目	徐盛桓. 译文质量评估的数学模型[J]. 华南师范大学学报（社科版），1987（4）：89-96. 杨红英，黄文英. 汉英旅游翻译的可接受性研究[J]. 外语教学，2009（4）：104-108. 张彦鸽. 变译理论下的汉英旅游翻译策略[J]. 中州学刊，2007（5）：247-251. 王银泉、陈新仁　城市标识用语英译失误及其实例剖析　中国翻译　2004/2 林克难　香港公示语英译：观察与思考　中国翻译　2015/5 李宇明　语言技术与语言生态　外语教学　2020/6

　　面向项目申报的参考文献，除了呼应前面综述与彰显未来探索所需理论养分外，从评审角度看，其更大的功能在于向评委展示下列五大信息：

　　（1）何人做过，代表性人物有哪些；

　　（2）有哪些成果，主要是书与文的篇名；

　　（3）文献的园地，主要是哪些期刊与出版社；

　　（4）与前面国外研究进展相呼应，昭示未来研究；

　　（5）折射年代区间，过往名篇有哪些，当下前沿有哪些。

试比较表 80 中项目参考文献的两种排列方式，何孰何劣，不言自明。

　　由此看来，项目的参考文献要另立类别，成为与书文参考文献并立的"第三类"，让上述五大信息一目了然才是极佳的陈列方式，那么不如将几大信息分为几列，让评委一眼收尽，只要几次自下而下的扫描，四大信息中重要的信息即可入心。当然这部分主要指发挥汉语方块字的优势，由它组成的文献可以形成几列，可以上下对齐，构成类型化、分片化的文献信息队列。

十、设计表达优化

232. 项目论证却"不论不证"，突出内容的说明性与"陈列化"？

项目申报并非学术论文，也非专著，而属于应用文，更具说明性（表81）。好的申请书，尤其是活页，善于解说、阐明所研究的一切。因此，要求讲究"活页三性"：①科学性，要求内容真实，符合事实，基于概念说明事物。②条理性，要求结构严谨，守时空逻辑，以保内容有序易解。③精准性，要求语言精确，言简意赅。

表81　申请书说明性呈现

类型	呈现效果比较
连排	**3. 创新之处** 　**1）译艺齐用融机理**　全译与变译并重，采取全译的对应、扩充、移换与分合机理，变译的增、减、缩、并、改、仿等机理，汉俄符号景观转化与变通的机理融通，相得益彰。**2）主体多元同构景**　符际景观译制有赖于多方协作：设计者统领负责与受众的供需有关系，译者解构与构建意义，制作者完成双语配制，安装者展示成品，达到协同共赢。**3）固本拓新跨学科**　以语学、译学、符号学等为依托，引入设计学、空间理论等，将符号景观的译与制、语言与非语言符号整合，尝试构建汉俄符号景观译制融会机理。
条列	**3. 创新之处** 　**1）译艺齐用融机理**　全译与变译并重…… 　**2）主体多元同构景**　符际景观译制有赖于…… 　**3）固本拓新跨学科**　以语学、译学、符号学……

整个申请书讲究"三述"[①]：杜绝描述，偶用论述，主用陈述。陈述之中尤重陈列。颇似商场的陈列，陈列得好，有助于销售，因为申报也是一种思想推

[①] 黄忠廉. 人文社科项目申报300问（第二版）[M]. 北京：科学出版社，2022：103.

258

销。有人说"陈列没意思",因为他觉得陈列作用不大,无成就感。果真如此?据实践可知,优化陈列后,销售量最大化,库存量最小化,优质客流最大化①。陈列得好,就是优化组合,于报项大有补益。如表 81 创新点的撰写,连排改为条列显得更为悦目;连排即使文中加序号、用空白、立标题,还是不如条列清晰可见。

233. 活页版面如何宏观疏朗化、局部生动化?

整个申请书的设计不可能完美无缺,填报时需微观设计,可以修饰与包装。好比人的五官,单看不漂亮,整合大变样,十分生动,韵味无穷。好本子的整个论证内容有呼应、有照应,语篇上前后衔接,语义上彼此连贯,构成了有机体,充满了生命气息。

活页六大问题彼此之间要空 1 行,例如:

本活页参照以下提纲撰写,突出目标导向、问题意识、学科视角,要求逻辑清晰,层次分明,内容翔实,排版规范。除"研究基础"外,本表与《申请书》表二内容一致,总字数不超过 7000 字。

1. 选题依据 国内外相关研究的学术史梳理及研究进展(略写);相对于已有研究特别是国家社科基金同类项目的独到学术价值和应用价值。

2. 研究内容 本课题的研究对象、框架思路及纲目、主要目标、重点难点、研究计划及其可行性等。

3. 创新之处 在学术观点、研究方法等方面的特色和创新。

4. 预期成果 成果形式、宣传转化及预期学术价值和社会效益等。(略写)

5. 研究基础 申请人前期相关代表性研究成果、核心观点等。(略写)

6. 参考文献 开展本课题研究的主要中外参考文献。(略写)

活页之末宜空 1—4 行,否则满为患,满眼都是文字,会胀眼,效果请见第 250 问活页。有关页边距设置等可见第 244 问。

真正的研究是用心所得,借语表达,反映具体可感的心得,在微观层面宜突出生动性,将理性的内容写得可见、可听、可触、可感,用词偶尔不妨

---

① 阿福先生. 这样陈列才好卖[M]. 北京:北京联合出版公司,2020:VIII-IX.

形象点，句式不妨灵动点，修辞手法不妨艺术点，版面不妨活跃点。如第238问用例中稿24将"形成了"改作"已悄然形成"，就形象一些，更具可读性。又如：

稿17

2.2.3 符号景观构型机理：境内外汉俄符号景观的符号解构与组构

　　空间符号解构　　可视符号景观的空间要素有文字、图形、色彩等，设计时涉及字体字号等及其排列；图形最活跃，意义因其而变；色彩最具感染力，用作图文的背景，色彩及其组合赋予文本以各种含义。对比不同要素在汉俄文化中的特点，为符号景观制作提供理据。

　　空间符号组构　　符号景观构型是景观符号和语境符号的互补，是环境、建筑、人文、空间、符号等多种资源的整合。文字、图形、色彩等要素的设计需融入周边环境，彰显指称内涵，符合大众审美等；三者融合，可提炼汉俄符号景观构型模式，以探寻制作机理。

稿25

3）境内外汉俄符号景观先解构，再组构，研究符号景观构型机理

　　空间符号解构　　可视符号景观涉及文、图、形、色等；图形最活跃，意义因其而变；色彩最具感染力，用作图文的背景。解构汉俄文化中不同的符号，可为符号景观译制提供理据。

　　空间符号组构　　符号景观构型因语与景而互补，是整合了多符号资源。文图形色诸要素融入环境彰显内涵，以满足受众审美；三者融合可提炼景观组构模式，揭示制作机理。

　　上例从宏观走向微观，结构上讲究对应，如稿17子课题用A：B结构，AB前后照应；稿25则用"先""后"的行为，最后聚焦共同的研究对象，句式活泼上口。而前后两稿的孙课题标题均用六言，结构相似，"解构""组构"语义相对。标题之后未用常见的冒号，而是以空相隔，给人空灵感。比较前后稿由3行改为2行的细节，更可见汉语表达的艺术。如稿17第一个孙课题段首交待"可视符号景观的空间要素有文字、图形、色彩等"，之后分别对"文字、图形、色彩"三者进行叙述，最后指出对其解构的作用。原意不变，改至25稿时，"文字、图形、色彩"简化为"文、图、形、色"，音节更短促，四个相连，中间加顿号，很有节奏感；而后面再提及这四种时，则采用"春夏秋冬"式联合表达——"文图形色"，既节省了空间，为原稿3行压作2行创造条件，字间停顿更短，语速更快。如稿25第二个孙课题承上得以表达"文图形色诸要素融入环境彰显内涵"，子课题4）、5）也借其优化了表达：

　　基于宏观的语言政策、微观的内容等，重组原作、译作、文图形色等……
　　内容涉及文图形色等……

形聚文图形色等及其组合……

234. 原有提示语重拟如何简化、标题化？如何分化优化以求效？

原有提示语多数是一段文字，如"选题依据"的提示语是"国内外相关研究的学术史梳理及研究进展（略写）；相对于已有研究特别是国家社科基金同类项目的独到学术价值和应用价值"，之于"选题依据"呈点面关系。

原有提示语分化，即将提示语分解为几个方面，切分成几个小板块，将要求的内容一一具体化，以求其系统逻辑化。如"选题依据"的提示语可切分为表82所示的几个小板块，形简意明。

表82　原有提示语优化为标题

原题内容	1. [选题依据] 国内外相关研究的学术史梳理及研究进展（略写）；相对于已有研究特别是国家社科基金同类项目的独到学术价值和应用价值。
分解所得	1.1 国内研究进展 1.2 国外研究进展 1.3 国内外研究综评 1.4 较之以往特别是项目同比的独特价值

提示语简化后求标题化，简明概括各所写内容的核心要点。提示语与题目结合，如表中"选题依据"的提示语简化以求明确、学术化、严密性，分别简化成4个小标题，即二级标题。这二级标题仍然是主管部门指定的，只不过分解了，重新截取或凝练成更为简明的小标题，原有提示语旧貌换新颜，形变意不变。

题意姓"公"，重拟将其"私有化"。私有化过程大致分三类。

（1）自然切分　即物理式分解，如"2. 研究内容 （本课题研究对象、框架思路及纲目、主要目标、重点难点……）"可切分为"2.1 研究对象""2.2 主要目标""2.3 重点难点"等，这是优化的主体，也最简单便捷，在此不赘。

（2）重组而成　即化学式分解，如"较之以往特别是项目同比的独特价值"由"相对于已有研究特别是国家社科基金同类项目的独到学术价值和应用价值"改造而成，"独到学术价值和应用价值"简化为"独特价值"，在此取上位概念优先，下面再分学术与实用两类；"特别是国家社科基金同类项目"省去了不言而喻的"国家社科基金"，保留"同类项目"或换言为"项目同比"；继续略去"相对于"，进而将"已有研究"换作对立性表达"较之已往"。这是优化的次体，因需复杂的思维重组与同义转化，请精心运用。

（3）创设而成　即发掘式新设，如"1.3 国内外研究综评"纯属新设，因为整个活页逻辑上不可或缺，前有综述，力求道尽他人所长，后有独特价值，中间需要指出迄今为止研究之所短，不然，何以见"独特"，写出的价值也会比较突兀。这种私有化较少，它形式上看是无，逻辑上实在有，符合活页的底层逻辑。

分化原有提示语以求优化，分化后的标题不长，紧凑；分解后，各标题彼此关系紧密，逻辑成系统；再加粗，或用异体字，显得眉清目秀，恰似明眸善睐，整个活页的效果全貌详见第 250 问。

235. 活页各提示语之间前后如何自洽？

以国家社科基金年度项目为例，共有 5 处提示语彼此相关相应，或近或远。

相邻提示语前后自洽，指前面所用提示语与后面相距不远，更有相邻者，前后紧随，丝丝相扣，其关系是否自洽，有时十分明显。最典型的相邻提示语自洽是某题内部前后的自洽，譬如"选题依据"提示语20余年来的变迁及其内部的自洽（表83）。

表 83　活页"选题依据"提示语 20 余年来的嬗变

年份	"研究内容"的内容
2002	1.选题：本课题国内外研究现状述评；选题的意义。
2007	1.本课题国内外研究现状述评及研究意义。
2015	1. [选题依据] 国内外相关研究的学术史梳理及研究动态；本课题相对于已有研究的独到学术价值和应用价值等。
2021	1.[选题依据] 国内外相关研究的学术史梳理及研究动态（略写）；本课题相对于已有研究的独到学术价值和应用价值等，特别是相对于国家社科基金已立同类项目的新进展。
2024	1.[选题依据] 国内外相关研究的学术史梳理及研究进展（略写）；相对于已有研究特别是国家社科基金同类项目的独到学术价值和应用价值。

"选题依据"的 2002 年版开篇点明其性质所属——选题，下有二分：述评与意义；述与评是前后相接的，也是内部自洽的，述自然引出评，评后才显项目的意义。2007 年版不再标明内容的属性，将二分的内容合为一体，以"及"明其主次关系。2015 年版改革较大，恢复了本部分内容所处的地位，即"选题依据"，明确要求写为什么要申请本项目；将此前的"研究现状"具化为"学术史梳理及研究动态"，不过后二者叠床架屋了；将较虚的"意义"换作较实的"独到学术价值和应用价值"，更为具体，研究的"社会价值"或许就让它"等"着了；还为其限定了"相对于已有研究"，想为学人指出更明确的范围。正是从这一年起，众人对此前综述之后的"评价"见仁见智，导致"述"与"评"不再自洽了。就个体而言，有人则左右摇摆，对评与不评纠结不已。2021 年版与 2024 年版在综述与评价上仍然存在此类问题。学界期待进一步优化。

相远提示语前后自洽，为不同板块的相互呼应，如第 197 问预期成果与选题依据的"学术价值"的区分、第 230 问参考文献与综述所涉文献的比较。再请看一个微小的远自洽：第 250 问活页前稿"1.4.2"之下"2）正面宣介中国"，本想改作"形塑正面中国"或"正面中国形塑"，改至后面预期成果的"预期学术价值"时，有了"形塑中国"，为避重，就分工了，前用"宣介"，后用"形塑"；再后来，"形塑中国"的预期学术价值被删，前面的"形塑正面中国"才得以恢复。

236. 活页三大板块，各级标题如何系统化？可优化至几级？

快速评审或限时评审所面对的"本子"，字字皆为本，但是积字可成词，积词可成语，积语可成句，积句可成段，积段可成篇，审读可由字而篇，也可由篇而字，更多时候则是提纲挈领，由标题而统领全篇，因此各级标题应该系统化，最应受到重视。

2023 年起活页不再给出评分表，但申请人要知三大板块的权重，以便写出比例协调的内容。整体内容通过各级标题可编织出三四级内容系统。三大板块之下二三级标题的优化可见本书各部分的探讨。活页各级标题力求简而明，不多占字数。以活页为准，各题之下可分出二三级标题，个别到四五级（表 84）。

表 84　活页权重与各级标题系统

板块	字数分配与一二级标题		三或四五级标题
	一级	二级	
题解	三段式为主，300 字解释题目，概括 7000 字活页		
选题	选题依据	国内进展	2—4 个三级标题
		国外进展	2—4 个三级标题
		国内外简评	3—4 个三级标题
		独特价值	标题可设可不设
论证	研究内容	研究对象	宜设总、分对象
		框架思路及纲目	4—5 个三四五级标题
		重点难点	3 个三四级标题
		主要目标	宜设总、分目标
		计划及可行性	4—5 个三四级标题
	创新之处		二级标题
	预期成果		二级或三级标题
基础	研究基础		二级标题
	参考文献		仅用一级标题

237. 各级标题与内容如何做到"文题相对"？

项目大标题即选题的题目，项目的文题相对指各级标题逻辑性地向下展开为各级内容，反言之，要求内容逐步向上切题扣题。

标题系统是分级的，有时上级标题是空的，需内容充实，充实过程中发现内容很丰富时，又需为下级内容设标题，便产生了下级标题，那么下级标题实为上级标题的内容，只不过它又由下下级的内容来展示。于是，标题可一二三级。如第 250 问活页的"创新之处"是一级标题，其下可列几大创新点，各点可设二级标题，也可不设，区别当然有，试比较：

> 稿21
>
> **1）译艺齐用，融会机理** 全译与变译并重，采取全译的对应、扩充、移换与分合机理，变译的增、减、缩、并、改、仿等机理，汉俄符号景观转化与变通的机理融通，相得益彰。
>
> **2）主体多元，协同构景** 符际景观译制有赖于多方协作：设计者统领负责与受众的供需有关系，译者解构与构建意义，制作者完成双语配制，安装者展示成品，达到协同共赢。
>
> **3）多科联袂，固本拓新** 以语学、译学、符号学等为依托，引入设计学、空间理论等，将符号景观的译与制、语言与非语言符号整合，尝试构建汉俄符号景观译制融会机理。
>
> 稿23
>
> 全译与变译并重，采取全译的对应、扩充、移换与分合机理，变译的增、减、缩、并、改、仿等机理，汉俄符号景观转化与变通的机理融通，相得益彰。
>
> 符际景观译制有赖于多方协作：设计者统领负责与受众的供需有关系，译者解构与构建意义，制作者完成双语配制，安装者展示成品，达到协同共赢。
>
> 以语学、译学、符号学等为依托，引入设计学、空间理论等，将符号景观的译与制、语言与非语言符号整合，尝试构建汉俄符号景观译制融会机理。

与稿 23 相比，稿 21 的 3 个二级标题支撑起一级标题"创新之处"，3 个二级标题两两相对，共构八言，通过内容一一展开。以创新点 3）"多科联袂，固本拓新"为例，多科联袂向下分散为"语学、译学、符号学、设计学、空间理论"，众科相聚，即为"联袂"；符号景观的语际翻译是"本"体行为，而语言与非语言符号之间的制作是"新"辟领域，二者整合便是"译+制"，共同呈现了"固本拓新"的内涵。

238. 活页如何写好"四个第一"？起句如何"私"想化？

活页的体量相当于一篇学术论文，与后者一样需讲究"四好"或"四个第一"：写好第一段，写好第一行，写好第一句，写好第一字。

写好第一段 就活页而言，段已是各板块之下较大甚至最大的语篇单位，因此填报活页首先规划的单位应是段。内容含几段时，第一段自然具有"迎头醒目"之效，如：

> 稿13 **2）空间符号组构** 符号景观是依附于一定的实体以不同方式呈现的符号集合体，是集环境、建筑、人文、空间、符号等多种物质的综合表现。设计应从整体出发，字体的形式、色彩运用、造型形态及材质上均应服务于顶层设计，文化元素、设计与受众三位一体，以此构建系统体系。可构成文字、图像和图文三类。图文组合依文字、图像及其变体而呈现不同形式，依信息主次而呈现不同类型。不同符号组合类型特点，不同类

接上页

型具有不同变体，不同变体有不同涵义。图文组合要考虑场所性、创造性、可读性等基本条件，各要素的设计均要与周边环境相融合、彰显店铺特征、符合大众审美。在此基础上，再通过设计调研、素材提取以及各种设计方法的应用，对各要素进行设计组合。景观符号和语境符号互补，除文字、图像、色彩等核心要素外，其载体大小、形状、置放地点、摆放方式，载体上所有符号的大小、组合方式、信息呈现多少等均是符号景观空间配置需考虑的要素。依托空间资本理论、符号文化等知识，兼顾多元主体（设置者、受众等）的认知、心理、审美、价值取向等因素，多重对比中俄符号景观不同组构类型，提炼出各自的构型模式，探寻构型机理。招牌版式设计中的色彩组合主要是指图形色与底色的组合关系：色彩、图形、文字的有机融合，而不是简单地叠加，既强调视觉中心突出以增加版面的视觉冲击，又注重整体和谐统一给人以心理舒适感。

稿14　2）空间符号组构　符号景观构型是景观符号和语境符号的互补，是对环境、建筑、人文、空间、符号等多种资源的整合。符号景观载体的大小、形状、置放地点、摆放方式，载体上所有符号的大小、组合方式、信息量等，均是空间组构需考虑的因素。文字、图像、色彩等核心要素的设计均需融合周边环境、彰显指称内涵、符合大众审美等，整体上融合三者，提炼汉俄符号景观各自的构型模式，以探寻制作机理。

当然，稿13所示的并非第一段，而是子课题3）的第二段，但仍将其当作首段同样锤炼，第一句被删者为常识，后又大面积删除过细内容，所剩应是核心内容。相对于稿13，稿14更简洁了，但从整个内容看，"2）空间符号组构"仅是孙课题，占幅仍较大，因此为避免过细，继续删除"符号景观……考虑的因素"；此外标题也去了粗，仅留序号加粗。

写好第一行　通常一段话有段旨，常集于段首，成为段旨句。段旨可能较长，用复句，占一行，此时就要求写好这一行。第一行若是句群，即多个句子，则转入下一个"第一"。

稿15　2）空间符号组构　符号景观构型是景观符号和语境符号的互补，是对环境、建筑、人文、空间、符号等多种资源的整合。文字、图像、色彩等核心要素的设计均需融合周边环境、彰显指称内涵、符合大众审美等，整体上融合三者，提炼汉俄符号景观各自的构型模式，以探寻制作机理。

稿16　空间符号组构　符号景观构型是语境符号与景观符号的互补，是环境、建筑、人文、空间、符号等多种资源的整合。文字、图形、色彩等要素的设计需融入周边环境，彰显指称内涵，符合大众审美等；三者融合，可提炼汉俄符号景观构型模式，以探寻制作机理。

稿 15 更为简洁，在此不再以炼句为主，而以炼字词为主。为与全篇语体追求文气一致，将第一句的"和"换作"与"；特将"景观符号"与"语境符号"互换，以避与其后"语"字叠音。后面各阴影部分均可以优化，或换字，或改句型，或删除，或将句子成分升为句子。稿 16 将稿 15 阴影部分修改后，于项目提交之前方才定型；目前来看，"三者融合"可与下一句并作一句，从活页角度看，它所在的一行就不会过挤，效果请看第 250 问。此外，本小段的序号也去掉了，因孙课题仅 2 个，且最终版上二者均占 2 行，小段与小段相邻，段不长且数量不多时，无须标序。

写好第一句　段首第一句是写出好段旨的关键，通常作为段旨句。它是全段的撮要，彰显主题，甚至提炼为小标题，突出段旨的精髓。第一句往往具有代表性，"它的运作就像拉起舞台幕"，"人们从此之后只按照该句子的轨道或足迹来思考"。[①]如第 250 问活页的"1.1.2 理论、原则多为借鉴，以译法及误译分析为主"之下段首句的修改，用真正的思想性文字"理论"引导的主谓句式（稿 24）替代了本来也不错的主谓宾句式（稿 22），用未知突出话题，产生了高度概括的综合叙述，更符合吸收他人思想的真谛：

稿 22　符号景观翻译研究形成了"理论/策略/方法+实例"范式，……

稿 24　"理论/策略/方法等+实例"的符号景观翻译研究范式已悄然形成，……

写好第一字　最后的"第一"即第一字，并非必需，若能做到，则悟向王道。段旨句已然总结了段意，若再注重开句第一个字，其意义的虚实高低更具引领或提示之效。如上例无论是 1.1.2 后的标题，还是正文段首的第一个字，均突出了"理论"，这样起点高、起步正的例子更多可见第 250 问。又如：

稿 15　1）多模态符号优选　多模态指参与交际的所有渠道和媒介，包括语言、图像、颜色、音乐、技术等符号系统。通常，色彩、图像无须翻译，若对同一色彩、图像或色彩组合不同文化有不同解读，则需转变。译写文字，需兼顾图文关系、空间容量，优选原作内容，决定译写策略。

稿 16　多模态符号优选　文字、图形、色彩等组成多模态，色彩、图形通常无须翻译。文字译写需兼顾图文关系、空间容量，优选原作内容，决定译写策略。

---

① 〔法〕朱利安. 进入思想之门：思维的多元性[M]. 卓立译. 北京：北京大学出版社，2014：28.

上述两稿均展示了孙课题的一半内容。稿15删除了略冗的内容，如首句是一种定义方式，当时"多模态"已较为人知，不必介绍；中间被删者为假设，最好直叙内容。改后的稿16直接以未知"文字、图形、色彩等"开头，以形成新知印象。同理，"通常"移后，旨在突出"色彩、图像"。

239. 内容略写如何"略"，才可言简意赅？

2024年国家社科基金年度项目活页仍有4处要求"略写"，不少申请人常感迷茫。总体上可控制所写内容的数与量，多用短句，少用虚字虚词，加大字词的信息含量，等等。其他相应的地方有详说，现再略作总说。

选题依据 要求"国内外相关研究的学术史梳理及研究进展"略写，略在点、线、面巧结合。减少点，在人名、地名、年份等之后多用"等"字；抽出线，用作某方面研究现状的标题；具体内容则构成面，在每个学术动态或进展内容之前用主旨句概括核心内容。如第250问活页的"国内研究进展"：

> **1.1.3 汉俄语景观研究始受关注，出台了俄文译写规范**
> 俄语景观**10年来**渐受重视。分析了中国符号景观俄译的区域特点及误译类型（王晓娟2011），探讨了海南（张俞2012；申请人**等2020等**）、满洲里**等**地（顾俊玲2013；姜雪华2017）南北景观汉俄误译及成因，总结了提示、禁止类汉俄景观的结构特点，定出了翻译原则（王晓娟2014**等**）；

预期成果 要求"成果形式、宣传转化及预期学术价值和社会效益等"略写，成果略在数量不超过6项；成果面世也是宣传转化，略在补上3—4个宣传转化渠道，每点1行即可；预期学术价值略在仅说3—4点，每点1行为宜；预期效益也略在仅说3—4点，3点每点不超2行，4点则每点1行。

研究基础 要求"申请人前期相关代表性研究成果、核心观点等"略写，前期成果已限量，略在观点6—8点。详见相关问题。

参考文献 要求"开展本课题研究的主要中外参考文献"略写，略在文献数量，减少体量上不过28条，下不低于20条，低于20条，19条的效果几乎等于11条。详见相关问题。

240. 内涵如何改得准确化与简洁化？

准确化，即将项目内容写得恰到好处，旨在概念明确，判断准确，推理严谨，力求字字精准，句句清晰，段段扣题。如下例稿 6 中的"外延"与"分类"近似，宜删，所剩"内涵"可精准为"定义"；尚国文同年文献可选其一。稿 7 将稿 6 的"尚处于起步阶段"改为"刚起步"，文字更精准；添加徐茗 2017 年文献，扩大信息来源。此处补全了文献出处，是减中有增。

稿 6　符号景观研究主要取语言学、翻译学视角，讨论了符号景观的~~内涵与外延~~、分类、功能、文本类型及语言特点等基本问题，探讨最多的是符号景观英译问题。从**社会语言学角度**研究尚处于起步阶段，介绍国外符号景观理论（尚国文等 2014a，~~2014b~~），……

稿 7　……社会语言学角度研究刚起步，介绍国外符号景观理论（尚国文等 2014；徐茗 2017），……

稿 10　……讨论了符号景观的定义、分类、功能、文本类型及语言特点等~~基本问题，探讨最多的是符号景观英译问题~~。

稿 12　符号景观研究主要取语言学、~~翻译学~~视角，~~讨论了~~符号景观的定义、功能、文本类型、语言特点及英译问题（吕和发 2005；牛新生 2008 等）等。

简洁化，即将文字写得更干净，将思想表述得更明白，表现为缩段为句，缩句为语，缩语为词，缩词为字（单音词），如上例稿 10"基本"冗余，两个"问题"有问题，后一问题是前一单语问题顺及的双语问题，完全可用顺接连接词"及"关联起来。稿 12 将"语言学""翻译学"缩略，进一步词化。

又如下例，稿 4 中孙课题"形义：中俄符号景观译/制矛盾"排行第 3，属于第一个子课题，一直到稿 9 均未改动。因并行者有三，每个孙课题不能过长，现均为 3 行，要将其压缩为 2 行，于是起了"删"心：删词，如"形式与内容"缩略为"形义"；直接删除者见稿 4，尤其是最后一句移走，另立一孙课题"供与需：符号景观变通译制矛盾"。"同一语义的不同语种形式"概括为"义一形多"，"彰显"代为"呈"，"同一内容的不同呈现方式"则概括为"义一符多"，详见第 250 问。从目前来看，稿 10 仍文题不对，据子课题的标题改为"形与义：符号景观完整译制矛盾"。

稿 4

2.2.1 供需动因：符号景观中俄文化差异驱动及其"译""制"矛盾

1）译制：符号景观的一体两面 ……

2）结构：中俄符号景观本质差异 ……

3）形义：中俄符号景观译/制矛盾 中俄符号景观的译制涉及形式与内容，不同形式 ~~的组合体现不同涵义。双语或多语符号景观，从符号转换看，~~是同一语义的不同语种形 ~~式的表达，彰显微观的形义矛盾；从制作看，~~是同一内容的不同呈现方式，凸显空间的 ~~形义矛盾；从跨文化看，会因原语文化与译语受众的供需关系而发生变通，彰显宏观的~~ ~~供需矛盾，三者共筑译制矛盾观，全译与变译构成翻译矛盾观。~~

稿 10

形与义：符号景观的全译矛盾 汉俄符号景观的译制涉及形与义，符际景观转换是义 一形多的表达艺术，呈微观的形义矛盾；制作是义一符多的组构艺术，凸显为空间矛盾。

241. 内涵如何改得更鲜明生动？

项目申报的文体倾向于说明，除了知识性，它还略略讲究鲜明生动性。那 么，知识性修改主要突出要研究领域的知识，直接集中地讲解事物的状态、性 质或功能等；而修改所求的更加鲜明生动则将项目内容改得明朗而突出，明确 不含糊，明白合理地表情达意，用好消极修辞，即注重语法规范和逻辑事理， 力求明确、通顺、平匀、稳密。同时也要用好积极修辞，即随情应景地运用各 种表达手法，语言力求形象、生动、具体，适当运用比喻、拟人等修辞手法， 增强本子的可读性与吸引力。增强内容的鲜明性与感染力。这一修改主要用于 词句层。

稿 13 符号景观研究多取语学、译学视角，<u>论及</u>定义、功能、文本类型、语言特点及英 译问题（吕和发 2005：牛新生 2008 等）等。社会语言学角度研究刚起步，~~介绍国外符号~~ 景观理论（尚国文等 2014；徐茗 2017），~~用~~国外理论探讨我国某个地区的多语使用（张 红军等 2019；张蔼恒等 2021）等。

稿 14 符号景观研究多取语学、译学视角，论及定义、功能、类型、语言特点及英译问 题（吕和发 2005：牛新生 2008 等）。社会语言学角度研究刚起步，符号景观理论（尚国 文等 2014；徐茗 2017）得以引介，用于多地多语景观分析（张红军等 2019；张蔼恒等 2021）等。

接上页

稿 15　符号景观研究多取语学、译学视角，论及定义、功能、类型、语言特点及英译问题（吕和发 2005；~~牛新生 2008~~ 等）。社会语言学角度研究刚起步，符号景观理论得以引介（尚国文等 2014；张天伟 2020），用手分析了多地多语景观使用（张红军等 2019；张蔼恒等 2021）等。

稿 16　符号景观研究多取语学、译学视角，涉其定义、功能、类型（吕和发 2005；罗选民 2005 等）、特点及英译问题（王银泉，陈新仁 2004；丁衡祁 2006；林克难 2015 等）。社会语言学角度研究刚起步，译介符号景观理论（尚国文等 2014；张天伟 2020），分析多地多语景观（张红军 2019；张蔼恒 2021）等

上例中，稿 13 删除"文本"，避免"国外"重复。稿 14 将"介绍国外符号景观理论"改为被动句"得以引介"，后一句也顺势改为被动态，更为流畅。稿 15 删了"语言"之后，用"社会语言学角度研究"作主语，将上一稿的被动态又改回主动态，以统领复句中后面几个分句，以流水句反映动态更生动。稿 16 将"论及"改为"涉其"，以免与后面"及"语形相重；文献与内容相呼应，作了顺序调整，同时增加了相应文献；将上一稿的"引介"改作"译介"，更为准确鲜明。

鲜明生动给人视觉冲击与联想乐趣，敞亮的、反差大的、新活的填表，都会叫人眼前一亮，顿生美感，激发好奇，赏心悦目，甚至产生独一无二的印象。生动离不开语音，可以巧妙地利用语音、语形、汉外语制造生动的效果。这种能力的训练也在于平时。如 2022 年春节"小虎拜年"（本人小名"小虎"）的贺辞"虎年，虎里虎气虎跳峡。福气，fu 里 fu 涂 fu 到家。新冠，戴着戴着戴没了。梦想，meng 里 meng 懂 meng 成啦！"，其中 fu 故意利用 h、f 不分，前两个 fu 为"糊"，第三个 fu 为"福"。前两个 meng 为"懵"，第三个为"梦"。又如 2024 年感恩节，友人发来"感恩有您"，本人复以"感谢 you you！"，前一 you 用"有"的拼音，后一 you 用"您"的英文。

242. 行文如何改出流畅感、以求"达旨"有语势？

准确性、简洁性、鲜明性之外，申请报告还要关注其流畅性，这是快速审读对行文的特殊要求，一般人会忽略"本子"的可读度。通顺重在话语的形义方面，而流畅重在语音方面，能做到音节搭配匀称和谐，语音舒缓自然，语句

就流畅了①。如下例稿 8，从语义上讲，其中的"三亚（申请人等 2020）"应与海南景区相合，不然会形成逻辑上的混乱，可合并同类，改为稿 23。

> 稿 8　有关符号景观的研究多为英语，俄语景观研究相对滞后，主要取语言学、翻译学视角，分析了我国境内符号景观俄译的区域特点及错误类型（王晓娟 2011），探讨了海南景区（张俞等 2012）、满洲里市具有代表性的街道（姜雪华 2017）、对俄口岸城市牌匾（顾俊玲 2012，2013）、三亚（申请人等 2020）等的符号景观俄译错误及致误原因；
>
> 稿 23　俄语景观 10 年来渐受重视。分析了我国符号景观俄译的区域特点及误译类型（王晓娟 2011），探讨了海南（张俞 2012；申请人等 2020 等）……

善用流水句、长短句错落有致等，都是营造音韵美、流畅感、传达"私"想、以求达旨的手段。流水句自然去雕琢，流畅去滞塞。行文讲语流顺畅，可承前省，可蒙后省，用足语境省略。主语的语境化省略是第 250 问活页最大的流畅之处，全稿所填内容只有三处用了"本课题"（题解与 1.4），因在此语境下，所有研究的施事者均是"本课题"。下面再请看节奏的优化。

> 稿 3
> **2.2.1 供需动因：符号景观中俄文化差异驱动及其"译""制"矛盾**
> 1）译制：符号景观的一体两面……
> 2）结构：中俄符号景观本质差异……
> 3）形义：中俄符号景观译/制矛盾……
>
> 稿 20
> **2.2.2 内容框架**（循思路，搭建内容框架）
> **1）跨文化供需动因：符号景观汉俄文化差异驱动及其"译""制"矛盾**
> 形与义：符号景观的全译矛盾……
> 供与需：符号景观的变译矛盾……
> 译与制：符际景观运作的两面……

稿 20 因活页总体的设计而导致三级标题序号 2.2.1 改作 2.2.2。稿 3 起步就抓要害，锁定中西交流的动因，抓主要矛盾，"动因"与"矛盾"的关系相呼应；下面设 3 个孙课题，涉及两个方面，仅"结构"不太协调，期待修改。改至 20 稿，子课题 1）提升至跨文化交际高度，遗憾的是冒号前后无法一致，A：B 中，当时 A 不能概括 B，只能用"供需"作为临时代表，但不全面，因为"供

---

① 黄忠廉、崔雪波、韩强、南美兰. 汉译汉化十三讲[M]. 北京：商务印书馆，2023：410.

需"专属于下面的孙课题；现在回想，"供需"可以优化为"交流"，详见第250问题。此外，"形义"改为"形与义"，"译制"改为"译与制"，又加上"供与需"，两两对应，在节奏上更明快；从内容逻辑上讲，译与制是其两面，而非矛盾，故而改为"译与制：符际景观运作的两面"。

理出头绪，理清填写思路，尽量做到一气呵成。可项目填报还不是文学创作，并非时时文如泉涌，往往是像挤牙膏，一点点积攒而成，但修改的结果应做到：言语乘势而下，行文自然流畅，具有一种语势，即思想感情在运动状态下形成声音的态势，有一种顺势而来、前后贯通之感。

下例中，稿3以大语种英语景观的研究为背景，未尝不可，只是多占篇幅，宜舍，以免跑偏；"主要取语言学、翻译学角度"已蕴涵于后面的内容。稿10为前稿综述的下级标题加了序号，方便审读顺序浏览；"符号景观研究多为英语，俄语景观研究相对滞后"也语形对仗，语音协调。但前稿的问题仍然存在，至稿23，受"略写"规约，由2011—2020年的文献概括可得10年的进展，将俄译界的研究概括为"俄语景观10年来渐受重视"，"10年来"夹在"俄语景观"与"10年来渐受重视"之间，形成了4—3—4的节奏；稿23列举或合并各学者的研究成果时均未用完整的主谓宾格式，而是用"分析了……，探讨了……"，施事人括号，相当于文献出处。这种排比式容易使人产生印象，也不失为一种有力的语势。

稿3　**英语景观为大众，俄语景观成小众**　国内有关符号景观的研究多为英语，俄语符号景观研究相对滞后，主要取语言学、翻译学角度，从内涵与外延重新界定符号景观的定义（申请人2020b），分析了我国境内俄译符号景观的区域特点及错误类型（王晓娟2011），探讨了海南景区（张俞等2012）……

稿10　**1.1.3 俄语景观研究为小众**
　　符号景观研究多为英语，俄语景观研究相对滞后，主要取语言学、翻译学视角，王晓娟（2011）分析了我国境内符号景观俄译的区域特点及错误类型，张俞等（2012）、申请人等（2020）探讨了海南景区……

稿23　俄语景观10年来渐受重视。分析了我国符号景观俄译的区域特点及误译类型（王晓娟2011），探讨了海南（张俞2012；申请人等2020等）……

---

243. 整个论证对"等"有何误解、误用？又如何巧用？

报项论"等"，前文多处涉及，至此做一小结。表示列举时，"等"的本义表"列举未尽",后来才习非成是,在于"列举之后煞尾"。一字兼二解,可苦了项目申请人。因多义而产生歧义,至今依然存在,例见表85。

表85 对活页所给提示语"等"的理解

题序	所给提示语	"等"字误解与正解
1	相对于已有研究特别是国家社科基金同类项目的独到学术价值和应用价值等	可等可不等
2	本课题的研究对象、主要目标、重点难点、研究计划及其可行性等(框架思路要列出提纲或目录)	不用等
3	在学术观点、研究方法等方面的特色和创新	可等
4	成果形式、宣传转化及预期学术价值和社会效益等	不必等
5	申请人前期相关代表性研究成果、核心观点等	不必等

第1题之"等",可等"社会价值",但可将"社会价值"分流,合入学术价值或应用价值,详见第250问。第2题不用等,学界也基本没人"等"过,理解正确。第3题许多人不曾"等"过,却犯了大错,其实还有十来个"等",详见第250问。第4题,不必等,若"等",则自寻烦恼。第5题自然不必等,学界也都做到了!

"等"字虽说本指列举未尽,更多的巧用尤受申请人关注。请看表86。

表86 活页填报"等"字巧用案例

段序	内容
1.1.1 语学与译学视角为主,应用发掘多于理论讨论	符号景观研究多取语学、译学视角,涉其定义、功能、类型(吕和发2005;罗选民2005等)、特点及英译问题(王银泉等2004;丁衡祁2006;林克难2015等)等。社会语言学角度研究刚起步,译介符号景观理论(尚国文等2014;张天伟2020),分析多地多语景观(张红军2019;张蔼恒2021)等。……
1.1.2 理论、原则多为借鉴,以译法及误译分析为主	符号景观翻译研究形成了"理论/策略/方法+实例"范式,40余种理论涉及符号景观的目的(张沉香2008;肖姝2014等)、文化顺应(曾庆南2012等)、语篇关联(承云2014等)、语言生态(岳中生2014等)、变译(谢丹2017等)等,共提出40余项原则,以看易写(林克难2003)、模仿—借用—创新(丁衡祁2006)等为代表;译法如借译、仿译、创译等,几乎囊括所有译法(牛新生2008等);探讨某一空间符号景观误译,分析大同小异。

由表86可知,论证中巧用"等"字的机会至少有三:

（1）作者为多人，如表 86 中的"尚国文等 2014"，为省篇幅，可略去第二及以后的作者姓名。

（2）多个作者不同时间的文献，如表中的"张沉香 2008；肖姝 2014 等"；尤其是"几乎囊括所有译法"之后的"（牛新生 2008 等）"更应加"等"，因为研究者众多。

（3）研究内容众多，只选其要者或最相关者列出，如"分析多地多语景观（张红军 2019；张蔼恒 2021）等""模仿—借用—创新（丁衡祁 2006）等"，等等。

三者之中有二合一、三合一者，最典型是三合一，如表中的"（王银泉等 2004；丁衡祁 2006；林克难 2015 等）等"，既有多人共撰一篇的文献，如例中第一个"等"；也有多人不同时间对某问题的研究，见例中第二个"等"；更有对某问题不同侧面的研究，见例中第三个"等"。

244. 字数、字号、字体、字间距、行距、边距等如何统筹优化？

字号，主体用主管部门所规定的字号，如国家社科基金年度项目自 2021 年起规定用小四号。字体，一般用宋体、仿宋、楷体、黑体，前三者可以加粗，以显示不同级次的标题内容等。西文与阿拉伯数字均可新罗马（Times New Roman）字体，显得圆润自然。

字体，有时需与字号相协调，如前所述用小四号，再用宋体就过于方正，文字过挤，此时则较适合用仿宋，以增大字间距，字体挺拔而相间，视觉效果较佳，否则有失美观。如《转折时代：管理大师看中国》[①]封底的文字以楷体为底，以黑体标出重点内容，这不是常态，常态是以宋体为基，使用其他字体以活跃版面，或突出重点。

活页规定不超过 7000 字，相当具有柔性，给申请人一定艺术化布局的空间。若是实在超过 7000 字，不妨将参考文献，或前期成果，或后期成果，或内容的纲目以整体图片拷入表中，将不占字数。

字体通常为宋体时，行文用五号字，字间距不特别设置，行距 1 倍即可。行文若是小四号及以上，用小四号仿宋，就自然加大了字间距，此时行距设为 1.15—1.25 倍才比较疏朗。

活页的页边距，也可人为设计。段落左右均可缩进 0.5 字符左右，两端空

---

① 〔美〕彼得·杜拉克等. 转折时代：管理大师看中国[M]. 苏伟伦、苏建军编译. 北京：西苑出版社，2005.

白略增，会产生美感。页边距调整的具体方法是：打开电脑工具栏的"布局"，点击"缩进"，可设计左边距缩进 0.5 字符，右边距缩进 0.5 字符，即可优化左右的边距；每页内容确定后，首行之上与末行之下可空一行，整个页面的四周就会形成白色边框，中嵌黑体文字，形成整体美感，详见第 250 问。

245. 哪些标点可凸显标题内容、美化版面？

项目报与批，要经过申请人的言说与审批者的倾听，涉及陈述声音的发出与接收，陈述之音与自然声响具有相似性[①]。与声音相关的除文字外，标点的作用不可小觑。标点虽小，却能为行文添节奏，调韵律，使思想更为清晰，节奏更为明快。

句号好比休止符，标志着思想的完结，它赋予句子以节奏与气韵，是申请书使用第二多的点号。属第一位的自然是逗号，它常常稍作停顿，将长句切短，串联多个词或语，以显节奏，仿佛是让语流在此小憩。最需关注效果的几种符号，依使用概率分述如下。

分号 犹如半休止符，连接两个或以上的句子，使其语义相联又语形独立，为文增添静思的味道。如：

符号景观译制自组织系统 符号景观系统具自组织性，协同合作的译制子系统有四：人员由规划设置和管理人员、供给群和需求群组成；技术包括符号景观的设计、撰写、译写、制作等；内容涉及文字、图形、色彩等；环境涉及自然、政治、社会、文化等。

例中译制子系统之间的关系是并列的，各自独立，却又彼此相关，联手完成译与制的工作。除在段内分清几层意义外，更可用于几个点分行排列且每点只 1 行时，可在前几行末尾用分号，最后一行用句号，如第 250 问多处单行罗列几点内容时都用了分号。

顿号 停顿的时间比逗号更短，可用于列举，使节奏更为明快，如上例四处罗列各种对象，体现为并列关系。如下例将四字构成的被列举对象后移到一起，且将"及"换作顿号，方案 2 就比方案 1 更合逻辑、更显节奏、更具视觉效果。

---

① 刘碧珍. 叙述声音研究[M]. 北京：中国社会科学出版社，2022：目录.

> 方案 1 双语标牌设置需考虑国策、民族惯习、受众、场所、语种数量及语相特点等因素。
>
> 方案 2 双语标牌设置需考虑国策、受众、场所、民族惯习、语种数量、语相特点等因素。

冒号 如同指路明灯，为下文将述的内容做铺垫，引导评委捕捉更多更深的含义。申报有时用于标题与其后的文字之间，有时用于总分关系，如前述"符号景观译制自组织系统"子系统有 4 种，后面就陈述具体的内容。

引号 其在申报中用于特指或专名，以凸显特定的内容，在申报中多用于术语，以引起关注。如第 250 问活页的选题所用的"译+制"，特地用引号，以突出关键词，比整体严密但易生产"影视译制"般错觉的"译制"更加引人关注。请注意，虽然汉语报刊图书也开始用西文状态下的双引号，但在汉语行文中还是汉语状态的双引号显得疏朗而美观。

括号 具有补充说明之用，用以解释词义，或提供背景，或加以注释，使内容更加完整、严谨、准确、规范。这种注解或说明符号夹在正文中，主要用中括号"[ ]"、小括号"（ ）"、尖括号"〈 〉"等。如第 250 问的活页将"选题依据"原用的中括号改为小括号。

破折号 表示突然转折，对前述内容有补充、解释或转折之用。有的项目标题不提倡用破折号，申请书中也不常用，主要见于成果篇名的设计，如第 250 问的参考文献中的"标志翻译 1000 例——理论方法篇"。

246. 图表何时可入"本"？文、图、表如何相得益彰而非叠床架屋？

根据有关研究，以刺激源的性质、注意与记忆的关系论，图像一般可以引起 78%的注意力，而文字为 22%，说明形象更利于引人注目；与之相反，文字可唤起 65%的记忆，而图像为 35%，说明抽象更利于回忆[①]。因此，万字以内的申请书填报研究内容，能用文字时就不用图表。

人文社科项目主要是内容（框架）可能会用到图表，其他地方，如研究计划、成果罗列等前者非主体，后者要求略写，不宜用；图表很直观，但是审读图表，还需转化为文字的过程，认知载荷因此加大。此外，书文用图用表，还需文字说明，才能让人真懂。同时，项目申请书是应用文写作，能用文字说清且所占篇幅少于图表时，岂不是用文字为好。

---

① 马大力. 视觉营销[M]. 北京：中国纺织出版社，2003：33.

能否用图表，决定性因素较多，主要是一般社科项目申报不是重大项目（现规定也不能超过 5 万字），无时间可细画，更何况要求略写呢。何时可用图表？图表若是内容的关键部分，占幅不多，如创建某系统、画出谱系等，此时则可用，例见图 36。

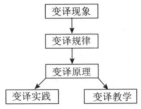

图 36　变译研究塔式系统

申请书本来就是填表，在要求所填内容简明时，容不得较大或较完整细致的图表。图表本身若是内容，至多可以考虑简表简图，如创建体系、建立谱系、绘制机制图等，否则便是叠床架屋；此外，快速审读之下，谁也没法细读，不能透过图表看清内容的本质。图表若是不大，还可用左图右文方式排版，真正做到图文并茂。一旦极简图表的篇幅超过文字表达且仍需文字说明，不妨舍图表，用文字直接且表达简洁。

247. "数"里有乾坤？修改优化多取哪三个数字？

项目申报离不开数的概念。数表"量"，是脑中显示多少的理念，数词是代表数的符号或名称（如 2、34、五十均为数词），数字则是组成数词的个别符号（如 0—9 是常用的十个数字）。三者关系为：数字组成数词（如数词 34 由数字 3 与 4 构成），数词反映数的理念。

数，蕴涵丰富的文化，还分东西方数字，比如是用"1、2、3"之类的阿拉伯数字，还是用"一、二、三"之类的汉语数字，汉语数字用不用大写的"壹、贰、叁"之类，都有讲究。

本书建议：不用汉语数字大写"壹、贰、叁"等，最好用阿拉伯数字，因为它简明，在汉字行文中容易识别，易成系列，尤其是使用"1.、1.1、1.1.1"时，有葡萄串的系统感。无论中西数字，其运用分明用与暗用：明用，指直接用数字表示内容的顺序，如第 250 问的活页主要就是明用序号搭建了活页的骨架。暗用，指间接使用，即不写出数字，但内容可数，尤其是量不过三时，各点内容不长，可以一目览尽。如第 250 问活页的子课题之下孙课题未用数字作序号。

填写活页，"数"里有乾坤。填表所涉内容的要点一般不超过 8，超过则由其他小于 8 的数字采用加、减、乘三法可得。综观修改过程，主要指各级标题的字数与标题的个数；常用 3、4、5 三个数的适用对象如下。

（1）等量关系 3、4、5 三个数字表示所写内容的点数，如"3"适用于创新、重点、难点等；"4"适用于价值、成果、方法等；"5"适用于综述、内容、纲目、计划、方法等。

（2）倍数关系 3、4、5 的纲目可采用倍数关系，如纲目可设 8、9、12、15 章，15 为上限，如第 152 问的难点 8 个字（4×2），四字格两两对应，合为一点。难点实为 8 个，却呈现为 4 点。

（3）加减关系 可采用加或减关系，标题偶用 3 字，如"总对象""分对象"，较少用四五个字（因为标题过短，提炼较难），多数是 6（3+3 或 3×2）字、7（3+4）字、8（4+4 或 4×2）字。

（4）倍数与加减组合关系 还可以是倍数关系与加减关系的组合，如前期成果的观点可为 7（3+4）—10（5×2）字，子课题标题要出"私"想，得用复句，标题字数是 3、4、5 的 n 倍，或是其倍数加另一数，标题若取 34 字，则 34=5×6+4。假若原定参考文献为 25—30 篇，就是 3、4、5 的倍数加或减 3 或 4，如 26=5×6-4；参考文献若要求略写，可降为 21—25，如 22=5×5-3。

248. 几处可用小半号字体？有何特别考量？

项目申报，虽说不要求排版如北大方正，但在 Word 状态下能尽量优化版面，效果会更佳。在此专说字号调整所产生的效果。

整个论证需遵循项目申报主管部门的要求，如要求整体用小四号，行距保持在所定范围内，除非有修改的空间，或有不足之处，申请人也可以微调，不主张大改。譬如，以活页用小四号为基准，至少有六处可用小半号即五号字体，例见第 250 问。

（1）提示语 提示语分原有与新增，前者说清题目的要求，后者表明填写的理据，有助于审读，二者均为辅助性的。

（2）纲目　要求添加纲目，旨在勾勒内容（框架），也具辅助之用。

（3）前期成果　条列以往的思想结晶，字号略小也非常清晰。

（4）预期成果　条列未来的思想结晶，效果同上。

（5）参考文献　模仿期刊文献的字号要求（比正文小半号），也活跃了版面，尤其是文献略超 1 行时，或是外文文献超过 2 行时，小半号的效果更佳。

（6）图表文字　必用的简图简表的所有文字均小于上下文。

因为申请书以 Word 格式呈送，部分或局部内容以小半号形式呈现，视觉效果倍增：或区分内容，或美化版面，或分清主次，或节约版面。更多效果比较，大家不妨在电脑上试试。

249. 修改符如何分清自用与他用、为优化增效提速？

填报讲究现场感。亲历，亲为，才生己见。整个申报以自改为主，可以广泛接受他人的批评与修改，只因为心临其境才是催生灵感唯一的最大的源泉。因此，项目申报修改可分自改与他改，即使是电脑"修订"，也分"显示标记"或无标记。若是不请他人修改，只是自改，也不想回查或比较前后修改本，修改符只要能自认即可。一旦需请人批改，就要守修改"通"则，用大家都能懂的符号，以便"他"用，提高修改速度与效率。图 37 是行业通行的修改符，主要用于纸质稿修改。

纸质稿修改的概率越来越小，若是互相或请他人修改，尤其是请年长者修改，为了保护眼睛，或是为了方便前后对比式修改，还是打印修改为好，也方便整体看行文结构和排版效果。在纸稿上直接增、删、调等，可用图 37 中各种符号；要批注意见，可以圈出在空白处细说。此外，无论是纸质还是电子版修改，都要加强稿件管理，为其编序，在文件名前排序，或在文件名之前或之后标日期，如"250209"等。

手改版最好是自用与他用兼顾，平时就保持一致，以求增效提速。若只是自用，手改还可采用自己发明的其他符号，如：

（1）整段删除符　用侧划线+删除符，尤其适用于换页的段落；

（2）单字删除符　用斜划线从上向下斜着划下，比横线删除要醒目；

（3）整段整句调整符　将句或段加括号或框，再用箭头牵到要插入的地方。

改 正		提高出版物质量
删 除		提高出版物质质量
增 补		必须搞好校工作
换 损		坏字和模糊字要调换
改正上下角		16= H₂SO₄ 尼古拉·费章 0.25+0.25=0.5
转 正		你的脑真不对
对 调		认真经验总结
转 移		校对工作，提高出版物质量要重视
接 排		要重视校对工作提高出版物质量
另 起 段		完成了任务。翌年……
上 下 移		序号 印刷 数量 01 +++ 5
左 右 移	或	要重视校对工作，提高出版物 加 量
排 齐		必须提高印刷质量 缩短印刷周期
排阶梯型		
正 图		
加大空距		一 校对检字 按对胶印读物，影印 书刊的注意事项
减小空距		一 校对程序 校对胶印读物，影印 书刊的注意事项
空 1 字距 空1/2字距 空1/3字距 空1/4字距		第一章校对职责和方法
分 开		Good morning
保 留		认真搞好校对工作
代 替		机器由许多部件组成，有的部件 是转买来的，有的部件是假出来 的，有的部件是……等
说 明		第一章 校对的职责 改黑体

图 37 常用校对符号

机改版若与人交流，最好存两种版本，一种是含电脑修改符，在文件名末尾加上"含修改符"，一种是无电脑修改符，在文件名末尾加上"无修改符"，前者便于阅者捕捉您的修改轨迹，后者便于直接审读修改结果；若是不想让阅者看花脸版，同时又想让其看到结果与修改过程，可将二者融为一体，方法是将修改处刷蓝，这样阅者在浏览全篇时，重点审读所改内容及其前后关系，还可由全稿整体审视局部的修改正确与否。

250. 国家社科基金年度项目活页填写范例3.0版"十八变"了？！

与时俱进，是学术研究的规律，也是项目申报之道。较之于《300问》第350问，国家社科基金年度项目活页填写范例的3.0版全稿大大小小修改共611处（表87），既包括句及以上的大改，也包括了句以下的小改。

表87　活页填写范例3.0版优化量表

板块	题解	选题				论证						基础		全稿修改优化总计
		选题依据				研究内容								
		国内研究进展	国外研究进展	国内外研究合评	独特价值	研究对象	框架思路及纲目	主要目标	重点难点	计划及可行性	创新之处	预期成果	研究基础	参考文献	
修改之处	27	34	48	34	46	13	192	20	15	74	18	59	18	13	611

国家社科基金年度项目活页填写范例3.0版是严格按7000字标准修改的，试验证明，即使全稿按小四号的基本字号输入内容，即使每页上下各空一行，整个活页填得疏朗清晰，还是不足曾规定的8页，目前结果是7页即可填完了7000字，这为项目申报的继续改革提供了试验数据。

国家社科基金年度项目活页填写范例3.0版全稿如下。

国家社会科学基金项目课题论证活页

课题名称：　　中俄符号景观"译+制"双重机理融会研究

本活页参照以下提纲撰写，突出目标导向、问题意识、学科视角，要求逻辑清晰，层次分明，内容翔实，排版规范。除"研究基础"外，本表与《申请书》表二内容一致，总字数不超过 7000 字。

符号景观译写乱象丛生，其研究多为散论，未涉制作。在文化更需西渐的当下，译写需**全面考察与理论提升**，译写与制作机理**亟待融会式开掘**。

符号景观涉及语言景观/公示语，由道路、车站、商铺、景点等空间的视听符号及其合成。**本课题**基于符号学、语学、译学、设计学、空间理论等多模态语料库，就汉俄符号景观的对比、转化与变通机理发微探赜，对其空间组构机理钩玄揭秘，融会译与制，阐明其基本原理，为其提供普适性、可操作性指导，促进"丝路"俄语段文化沟通与民心相通，助建中俄共同体。

本课题**关涉**中国文化走出去、"一带一路"等国是。

1. 选题依据　　国内外相关研究的学术史梳理及研究进展（略写）；相对于已有研究特别是国家社科基金同类项目的独到学术价值和应用价值。

1.1 国内研究进展　（始于 1934 年，兴于 21 世纪；论文居多，另散见于著作等）

1.1.1 视角由语学转向译学，理性探讨初现，应用发掘渐增

符际景观研究多取语学、译学等视角，涉其定义、功能、类型（吕和发等 2005 等）、语言特点及英译问题等（王银泉等 2004；林克难 2015）。社会语言学角度研究刚起步，引入符号景观理论（尚国文等 2014；张天伟 2020），分析了多地多语使用（张蔼恒 2021 等）、多语空间格局（申请人 2021）、语言政策等（聂鹏 2017）；偶见标志译写的符号学分析（杨永林 2014）。对景观设制有明确规定和标准，或涉字体字号、排版等对景观的影响（吕和发 2011）。

1.1.2 理论、原则多为借鉴，以译法及误译分析为主

百年来，"理论/策略/方法等+实例"的景观翻译研究范式已然形成，接受美学等 40 余种理论涉其目的（张沉香 2008；肖姝 2014 等）、文化顺应（曾庆南 2012 等）、语篇关联（承云 2014 等）、语言生态（岳中生 2014 等）、变译（谢丹 2017 等）等；共立 40 余项原则，以看易写（林克难 2003）、模仿—借用—创新（丁衡祁 2006）等为代表；几乎囊括借译、仿译、创译等所有译法（牛新生 2008）；探讨了东西南北符号景观误译，析其大同小异。

1.1.3 汉俄景观研究始受关注，出台了俄文译写规范

俄语景观 10 年来渐受重视。分析了中国符号景观俄译的区域特点及误译类型（王晓娟 2011），探讨了海南（张俞 2012；申请人等 2020 等）、满洲里等地（顾俊玲 2013；姜雪华 2017）南北景观汉俄误译及成因，总结了提示、禁止类汉俄景观的结构特点，定出了翻译原则（王晓娟 2014 等）；申请人 2016 年提炼出指示类等俄汉景观的句法模式。2018 年国家颁布《公共服务领域俄文译写规范》，给出 13 领域 919 条译文，类型繁多，行文复杂，却不敷使用。

1.2 国外研究进展　（始于 1920 年代，当下多由语学、符号学切入，译制研究零星可见）

1.2.1 双语及多语景观常作对比，文化分析尤多

城市客体名称术语的界定、构词方式（Ремчукова2015）与特征（Канакина 2014等）、标语口号特点（Федорова 2014）等得以探究。对比与文化分析较为典型，如对比了中俄城市招牌新词的结构—语义特点（Дубкова2018）、俄英告示与号召的文化特点（Тер-Минасова2000）、德英"禁止"类（Вежбицкая2001）与德俄以及俄英德"禁止"类（Медведева2005）符号景观的文化特点；Котельникова（2019）分析了中国城市招牌语言文化特征。Покровская（2011）认为"指示—禁止"类意、英符号景观语带温和，俄语较坚决。

1.2.2 引入非语言符号，与语言符号共生景观的文本意义

非语言符号成为关注点，如Симоненко（2016）、Михайлюкова（2017）将招牌视为复杂的多符混合文本，认为非语言符号同创了文本的连贯性、完整性等，不经分析将无法解读招牌名称。拉丁文、数字、图像、拼音及标牌的摆放是外国人迅速融入中国的重要手段（Сперанская2019）。Ларина（2018）揭示了德语指令性标牌图文的三种关系，Хрипля（2018）认为非语言符号可彰显中国公益广告中国梦主题。

1.2.3 关注语言政策与安全，城市标牌制作从单语转向多语

近几年来，符号景观研究基于社会语言学探讨了城市空间语言的使用、政策、安全等问题。如Пешкова（2017）认为符号景观中语言使用及排序能反映语言政策、民族认同；据Садуов（2020），符号景观与语言政策吻合度极高；Баранова等（2021）考察圣彼得堡发现标牌移民语言正由俄语转向多语，指出莫斯科、圣彼得堡等市标牌语言反映了族群地位的不平等；2019年Михайлюкова指出非官方标牌英语的泛滥影响了民众价值观，影响国家安全。

1.3 国内外研究合评 （国内外问题解决的趋势）

1）非语符景观有待切入　中国尚未展开、而俄罗斯已开始非语言符号景观研究；基于语符，融合图形、色彩等各类非语言符号，可全面揭示符号景观的属性。

2）汉俄全译应融会变译　此前多探汉英全译，原则多难操作，译法杂难捕捉；汉俄变译研究少见，需强化汉外变译研究，探究符号景观特有的译写原则、策略与方法。

3）跨科拓新以揭示机理　较少或未涉危机管理、安检防恐、应急救助等，可对比其重要领域，提炼汉俄撰写模式与构型模式，挖掘其互译机理与空间组构机理。

4）译写与制作亟待贯通　译与制是符际景观的两面，制作研究偶见，值得全面协同考察；已颁规范较简单，难以满足现时急需，有待完善与补充，尤需理论提升。

1.4 转之以往特别是项目同比的独特价值 （已有见上，同类项目如下）

同类已立2项：1）新疆公示语翻译现状调查与对策研究；2）"一带一路"语言景观汉俄比译模式化研究。本课题同比价值由学偏术：

1.4.1 学术价值 （立论、跨科、固体等）

1）助建译制论　基于汉俄景观对比提炼构型，结合全译与变译理论探其译写机制，作理论提升；融符号学、设计学等讨论文、图、形、色等组构机理，新建景观译制理论。

2）固本辟新域　整合国内外符号学、语学、译学等的成果，继续深挖与提升；新增空间景观制作，融合语符与非语符，整合译与制，展开系统对比、模式提炼与机理探幽。

1.4.2 应用价值（国策、外宣、智库等）

1）营造五通语境　对比汉俄符号景观，构造国际化图景，为文化走出去开渠辟流，为本土、域外"丝路"打造良好的双语环境，积极营造文化交流场所之文明互鉴氛围。

2）形塑正面中国　符号景观向俄语国家译制，探索向俄语世界讲好中国故事的有效手段，使其民众通过符号景观了解真实立体的中国，从细微处预防西方媒体对中国妖魔化。

3）为多方参谋　构建译制机理，为政府规划符号景观译制提供宏观参考，为文旅部门景观译制提供可操作性指导，为汉俄比较、翻译、教学、辞书编纂等提供丰富语料。

2. 研究内容　本课题研究对象、框架思路及纲目、主要目标、重点难点、研究计划及其可行性等。

2.1 研究对象（总、分对象成系统）

总对象　中国与"丝路"俄语段符际景观变化机理、符际空间制作机理及其双重融会。

分对象　1）中俄景观语符与非语符、转换与变通、译与写、译与制等要素关系的厘清；

2）符号景观汉俄对比及撰写模式的提炼，全译转化机理与变译变通机理相合；

3）符际景观语符与非语符空间组构特点对比、构型提炼及其制作机理发掘；

4）汉俄符号景观译与制按设置主体、功能类型等优构机理与协同机理融通。

2.2 思路与框架（附纲目）

2.2.1 研究思路（依对象，勾勒思路）

1）**建库透析矛盾**　分建多模态语料库，透析全译与变译、译与写、译与制等矛盾两面；

2）**揭示俄译机理**　融会全译与变译理论，提炼景观俄译原则与策略，揭示俄译机理；

3）**构建制作机理**　基于空间组构模式，以符号学、设计学等为据，构建符际构型机理；

4）**融合译制机理**　多科聚焦汉俄符号景观，融会译与制原理，描画双重机理融会示意图。

2.2.2 内容框架（循思路，构筑"一因四果"的框架）

1）**符号景观汉俄文化差异系根本性矛盾，驱动跨文化"译""制"**

变与化：符际翻译的矛盾二分　汉俄符号景观的微观转化涉及形义矛盾，反映义一形多的表达艺术；其宏观变通反映原语文化与译语受众的供需矛盾，是更深刻的翻译动因。

译与制：符际景观操作的两面　据需求可分为"全译+制作""变译+制作"。文、图、形等符号组构的变化制约译写的内容、策略与方法，内容变化又反制符号的空间组构。

2）**汉俄符号景观全译重"转化"，变译重"变通"，二者共同揭示翻译机理**

符际景观转化机理　汉俄景观转化涉及双重符内转化、符际转化与思维转化，理解与表达遵循义一形多的同义转化机理。符际转化则遵循符际对应、增减、移换、分合等机理。

符际景观变通机理　原作依赖符内变通机理，是原作义同形异的同义变通。符际内部变通机理考察获取原作信息后采用各类宏观形式的变通机理。符际变通机理是形、义、用三者相异的不守恒机理，涉及增、减、编、述、缩、并、改、仿等。

3）境内外汉俄符号景观先解构，再组构，研究符号景观构型机理

空间符号解构　可视符号景观涉及文、图、形、色等；图形最活跃，意义因其而变；色彩最具感染力，用作图文的背景。解构汉俄文化中不同的符号，可为符号景观译制提供理据。

空间符号组构　符号景观构型因语与景而互补，是整合了多符号资源。文图形色诸要素融入环境彰显内涵，以满足受众审美；三者融合可提炼景观组构模式，揭示制作机理。

4）优选多模态符号，重组汉俄符号景观"译""制"，催生译制优构机理

多模态符号优选　色图形无须译，文字译写兼顾图文空间，优选内容决定译写策略。制作时原语优先译语次之，结合图形色等决定版式；多模态译制遵循价值、突显与分格三原则。

多模态符号重组　多模态组构时图文为主，色彩为辅，原作、图形与译作博弈。基于宏观的语言政策、微观的内容等，重组原作、译作、文图形色等，可构符际景观制作机理。

5）汉俄符号景观"译+制"聚合且组合进而整合，直至耦合为译制协同机理

景观译制自组织系统　译制自组织系统包括：人员有设置管理者、供需者；技术涉及设计、撰写、译写、制作等；内容涉及文图形色等；环境涉及自然、政治、社会、文化等。

"译+制"聚合与组合关系　符号景观内容由聚合与组合共建。形聚文图形色等及其组合，义聚各类符号及其组合之内涵。符号组合以聚合为据，聚合以符号组合所生意义为前提。

"译+制"耦合机理图绘制　汉俄景观翻译依其类型、空间等而定，可分全译与变译理论，空间配置关涉国家政策、设计等；结合语学、译学、符号学等，可绘景观译制机理图。

附：纲目　（据框架而列）

1. 符号景观及其矛盾运动
1.1 符号景观及相关概念
1.2 汉俄景观形义供需矛盾
1.3 符际景观译制耦合空间

2. 符号景观译制基础论
2.1 景观译制操控论
2.2 符号景观译写理据
2.3 符号景观制作基础

3. 符号景观译制关系论
3.1 景观译与制哲学观
3.2 符号景观全译与制作
3.3 符号景观变译与制作

4. 汉俄符号景观译写论
4.1 符际景观译写关系
4.2 景观汉俄译写选择
4.3 汉俄景观译写策略

5. 汉俄景观全译机理
5.1 汉语理解转化机理
5.2 语际/思维转化机理
5.3 俄语表达转化机理

6. 汉俄景观变译机理
6.1 汉语理解变通机理
6.2 语际/思维变通机理
6.3 俄语表达变通机理

7. 汉俄景观构型机理
7.1 符际景观空间布局操控
7.2 汉语符号景观空间解构
7.3 俄语符号景观空间组构

8. 景观译制融会机理
8.1 符际景观译制一体化系统
8.2 景观译制形义支配
8.3 景观译制机理图绘制

2.3 主要目标　（总、分目标成系统）

总目标　融语学、译学、符号学、设计学等学科**揭示"丝路"俄语段符际景观译制机理。**

分目标 1）厘清语言与非语言符号、转与化、全译与变译、译与写、译与制之辩证**关系；**
　　　2）提炼汉俄符号景观模式，探明全译之转化、变译之变通机理，构建符际译写**机理；**
　　　3）对比汉俄景观符号及其组合的涵义，提炼多模态符号构型模式，**建立制作机理；**
　　　4）融"全译/变译+构型""全译+变译+构型"模式，绘创译写与制作机理**珠联图。**

2.4 重点难点

2.4.1 重点 （特点、规律、机理等）

彰显特征，发掘特性 从指示、提示、限制、禁止、号召五大功能出发，对比并提炼汉俄景观功能类型的语言特征，发掘译与制的特性，为构建符号景观撰写与制作机理奠基。

探译制律，显其模式 基于汉俄符号景观撰写特征和译制特性，运用全译律与变译律、设计学等相关理据，对汉俄符号景观阐幽探赜，寻求汉俄符际景观译与制二律，形成模式。

双重机理，绘流程图 融合以全译与变译为据构建的译写机理和以符号学、设计学等为据建立的制作机理，绘编符号景观由雏形至成型进而定型的具有交际价值的译制流程图。

2.4.2 难点 （双重性、跨科性、复杂度等）

译制融会双挑战 尝试从语言—思维层讨论符际景观的转化与变通手段，对比符际景观的空间布局，创建具有普适性、可操作性的符际景观译制融会原理，将面临双重挑战。

机理提升跨科大 符号景观译写策略繁多，全译+变译的译写原理需深度整合，大力提升；而制作尚未研发，提炼其空间特点，融合译与制，极需更多的文理多科知识。

类型繁多耗时力 中国境内和俄语国家符号景观实拍难度大；海量图片按功能与领域分类整理，耗时多；图片集成处理，技术含量高；建构多模态语料库，工作量大。

2.5 研究计划及可行性

2.5.1 研究计划 （依子课题顺序推进）

201107—202806 **多模态库研发** 5位成员在中国境内与俄、乌、白、哈、吉等6国已拍符号景观2万余张，续拍至4万张，增容至8个多模态库，分类研究，深度开发。

202507—202612 **景观模式提炼** 对比俄景观的特点和文、图、形、色等及其组合双文化的异同，提炼相应撰写模式与构型模式，为构建符号景观的译制机理奠基。

202601—202701 **译/制机理构建** 梳理符号景观译写原则、策略与方法，基于语言结构模式构建符号景观全译机理与变译机理，基于语符与非语符构型模式建立制作机理。

202702—202806 **译制机理融会** 基于语学、译学、符号学、设计学等学科，融合"全译/变译+构型""全译+变译+构型"等译制模式，构建具有共性的符号景观译制机理。

2.5.2 可行性 （基础、准备、团队等）

1）景观强双基 申请人从教34年，海外访学3年，研究汉俄对比与翻译，主持国、部、委级课题4项、省级6项，双语比译著述140余篇/部，已备理论与实践双基。

2）前期备双库 2万张汉、俄单语及双语多模态语料库已建，译学、符号学、景观学、设计学等文献在读，汉俄指示、提示、限制、禁止等6类符号景观模式已提炼。

3）团队优结构 成员老中青三代搭配，研究涉及对比语言学、译学、设计学、文化学等7门学科，成员留学6国15人次，熟谙多模态建库与运用，学术视野开阔。

3. 创新之处 涉及机理、主体、本体、跨科等。

1）**多重译道融机理** 全译与变译并重，采取全译的对应、增减、移换与分合机理，变译的增、减、缩、并、改、仿等机理，汉俄景观变与化的机理融通，相得益彰。

2）**主体多元同创景** 符际景观译制有赖于多方协作：设计者统领负责与受众供需相关，译者解构与构建意义，制作者完成双语配制，安装者展示成品，达至协同共赢。

3）**固本拓新跨自科** 以语学、译学、符号学等为依托，引入设计学、空间理论等，将符号景观的译与制、语言与非语言符号整合，尝试构建汉俄符号景观译制融会机理。

4. 预期成果 成果形式、宣传转化及预期学术价值和社会效益等。（略写）

4.1 成果形式 （仅列C刊文4篇，专著1部）

中期	1）汉俄符际景观变译机理探	CSSCI或核心	独撰	10000字
	2）符号景观图形符号识解机制	CSSCI或核心	第一	9000字
	3）汉俄符号景观制作文化禁忌论	CSSCI或核心	独撰	11000字
终期	4）多语景观译制操控说	CSSCI或核心	第一	12000字
	5）《汉俄符号景观译制机理》	知名出版社	独著	250000字

4.2 宣传转化 （书文如上，至少另涉3大领域）

1）**效力**中国驻俄语国家的机构、企业单位及个人符际景观的译写、制作，以作**借鉴**；

2）**协助**外事、外贸等部门与所在俄语国家政府与单位**处理好**汉俄及多语景观译与制；

3）**推进**汉俄双语对比与互译、外语与翻译教学及符号景观词典编撰等，**贡献**丰富语料。

4.3 预期学术价值 （涉及战略、机理、前沿、全视角等）

1）**深化**"丝路"俄语段急需、俄语界偶涉的对外符号景观译制研究，**为国献策**；

2）**新增**汉俄景观制作，**突显**译与制的协同，重在融合二者，以求符际景观译制**整合出效**；

3）**加强**变译机理研究，**破解**文化供需矛盾，**深化**全译机理研究，翻译研究扩至**全视角**。

4.4 预期效益 （社会效益兼及经济效益）

1）**服务丝路** 可为各级政府制定"一带一路"政策、规划符号景观译制等提供参考；

2）**推广应用** 丰富汉俄符号景观多模态语料，推进汉俄对比、翻译、教学、词典编撰等；

3）**促进经济** 规范双语景观，助力出入境人员旅行、从商、工作等，促进中俄经济发展。

5. 研究基础 申请人前期相关代表性研究成果、核心观点等。（略写）

5.1 前期成果 （论文27篇，8篇C刊，4篇北核，7篇中央大报，8篇俄国核心）

1）语言景观俄译失调因子分析	第一	CSSCI	9000
2）俄汉公示语模式化研究	独撰	CSSCI	11000
3）"公示语"定名理据及概念重识	独撰	CSSCI	10000
4）中国公示语研究进展与前瞻	独撰	CSSCI	11000
5）语言景观格局研察	第一	CSSCI	12000

5.2 前期观点 （源于已有成果，按广度、新颖度等排列）

1）公示语是公共场合所呈现的具有特殊交际目的与特定功能的语言符号或/和非语言符号；

2）中国公示语俄译多类错误并存，正确规范的外译能助建中国形象，反之有损形象；

3）俄译时，作者、译者、受众等因素综合决定了扩充、阐释、合并、改造等变通手段；

4）汉俄指示性语言景观以词组为主，提示类已形成词汇、句式和语篇三类标记模式；

5）号召类以短句居多，多用祈使句，俄语常用省略结构，汉语结构规整，首尾押韵；

6）汉俄限制类中"专用"类模式2种，"请"类通用模式1种，"请勿"类模式5种；

7）双语标牌设置需考虑国策、受众、场所、民族惯习、语种数量、语相特点等因素。

6. 参考文献 主要中外参考文献，含拓新研究所需文献。（略写）

1）吕和发、蒋璐等　公示语汉英翻译错误分析与规范　　国防工业出版社　**2011**

2）杨永林　　　标志翻译1000例——理论方法篇　　高等教育出版社　2013

3）黄忠廉　　　变译理论　　　　　　　　　　　中国对外翻译出版公司　2002

4）段连城　　　怎样对外介绍中国　　　　　　　中国对外翻译出版公司　1993

5）赵毅衡　　　符号学原理与推演　　　　　　　南京大学出版社　　　2011

6）唐济川等　　艺术设计学导论　　　　　　　　中国轻工业出版社　　2019

7）史蒂文·布拉萨　景观美学　　　　　　　　　北京大学出版社　　　2008

8）胡海胜　　　文化景观变迁理论与实证研究　　中国林业出版社　　　2011

9）方玲玲　　　媒介空间论：媒介的空间想象力与城市景观　中国传媒大学出版社　2011

10）尚国文、赵守辉　**语言景观研究的视角、理论与方法**　**外语教学与研究**　**2014/2**

11）包联群　　　新冠疫情初期的日本语言景观　　中国语言战略　　　　2021/1

12）丁衡祁　　　努力完善城市公示语，逐步确定参考性译文　中国翻译　　　2006/6

13）林克难　　　香港公示语英译：观察与思考　　中国翻译　　　　　　2015/5

14）张天伟　　　语言景观研究的新路径、新方法与理论进展　语言战略研究　2020/4

15）袁丽梅　　　林戊荪对外翻译传播实践与思想钩沉　上海翻译　　　　2023/2

16）Scollon, R. & Scollon, S.W. Discourses in place: Language in the material world. London: Routledge, 2003.

17）Shohamy, E. & Gorter, D. (Eds.). Linguistic landscape: Expanding the scenery. London: Routledge, 2009.

18）Jaworski, A. & Thurlow, C. Semiotic Landscape: Language, Image, Space. London: Continuum, 2010.

19）[俄]Михайлюкова Н.В. Социолингвистика: языковой облик современного города. М. : Изд-во Юрайт, 2019.

20）Абрамова Е.И. Фасцинативные приемы в текстах языкового ландшафта. Коммуникативные исследования, 2019/4.

21）Парк Р., Баньковская С. Город как социальная лаборатория. Социологическое обозрение, 2002/3.

说明：　1. 活页文字表述中不得直接或间接透露个人信息或相关背景资料，否则取消参评资格。

　　　2. 课题名称要与《申请书》一致，一般不加副标题。前期相关代表性研究成果限报5项，只填成果名称、成果形式（如论文、专著、研究报告等）、作者排序、是否核心期刊，**不得填写作者姓名、单位、刊物或出版社名称、发表时间或刊期**。申请人承担的已结题或在研项目、与本课题无关的成果等不能作为前期成果填写。申请人的前期成果不列入参考文献。

跋一　修改亦修炼

正如本书扉页所题记的，"修改蕴修炼，体悟启智泉"。学术基金申请书的撰写，看似是一项高度技术性的写作工作，但究其本质不啻于一场"修炼"。"修"本义装饰，可引申为整理、兴造、编撰；"炼"本义"治金"，可引申为锻造、提纯。申请书的撰写与修改其路漫漫，既要清理思想，"拂拭之使其发光"，又要美化语言，增加文饰，"审己之所有余，而强其所不足"，用"修""炼"来形容再合适不过。

修炼也是治性，在修改和优化中认识自己的优势，同时以更好的心态面对自身的劣势。故此，项目申报不仅仅是对学术素养的简单考验，更多的是对心智、毅力的磨砺。从选题凝练到方案设计，从文献综述到创新点提炼，每一个环节无不要求申报者深度锤炼，以严谨的态度、清晰的逻辑和精准的语言，将复杂的科学问题转化为可操作的科研计划。独孤求败式的自我钻研显然不及"秘笈"在手的从容操练。《250问》一书，正是为这场"修炼"提供系统、科学指导的实用"秘笈"。

之所以称"秘笈"，是因为本书是作者几十年科研工作的经验总结，力求完整呈现申请书修改和优化的所有环节，为读者提供实际操练的指引。为读者阅读之便，本书以问题为导向，将申报过程中的关键问题逐一拆解，并提供了详尽的解答与操作建议。无论是"选题拟定""标题优化"，还是"框架撰写""纲目整合"，书中都结合理论与案例，给出了切实可行的解决方案。而"秘笈"之所以珍贵，不仅因为其是经验的总结和智慧的结晶，更在于其提供的针对性的指导能帮助使用者在短时间内有章法、有目的、有体系地提升能力，少走弯路。

在写作上，本书延续了《300问》的风格，以简洁明快的语言，直击项目申报中的痛点与难点，为申请书写作提供了系统性指引。例如，本书以"优化总论"开篇，指导申请人在写作中步步扣题，将申请书优化为"疏密有度"的"素美"精品。又如，本书强调在标题优化时需谨慎选用"动词"，体现标题的动感，为评委理解选题提供最直接的语言材料。再如，本书提出，选题的凝练不仅需要深厚的学术积累，更需要敏锐的问题意识；创新点的提炼不仅需要独到的见解，更需要清晰的表达；研究方案的设计不仅需要科学的规划，更需要合理的资源配置。这些内容不仅具有理论深度，更注重实践操作性，能够帮助申请人在修炼中不断提升自己的科研能力。

此外，本书还特别强调了"私"想在项目申报中的重要性。作者指出，项目申报早已告别了集中展示学术思想的时代，若无个人创新性的"私"想，就无法从同类项目中脱颖而出，无法展现出个人在选题和论证中的独特优势。书中通过对多个具体问题的解答，展示了如何在撰写申请书时进行系统性分化、简化，最终达至优化，以凸显个人"私"想。

作为一本面向学界的著作，本书不仅适合作为高校学术写作课程的教材，也可作为科研工作者案头常备的工具书。它既能为青年教师入门修炼提供指导，也可为资深研究者的优化修炼提供参考。无论是自然科学领域的研究者，还是人文社会科学领域的学者，本书都能为其提供宝贵的参考与启示。

有幸为本书作"跋"，皆因本人正是"秘笈"的最初受益者。黄师是我的博士后合作导师，在写作风格上对我影响甚巨。黄师以深厚的学术积淀和丰富的实践经验，从理论和实践上为我提供了具体而微的指导，助推我走上了追求学术"私"想的道路，让我在撰写任何类型的文章时都能有章法、有目的、有体系。更重要的是，"秘笈"有效缓解了学术工作带来的焦虑。科研之路虽充满荆棘，但有章法的"修炼"锻造了心性，让我能以相对从容的姿态深耕细作。我毫不怀疑，本书必将为高校师生申报学术基金项目提供强有力的支持，助力更多优秀科研项目的诞生与实施。

愿每一位读者都能从本书中受益，在项目申报的修炼中精进"私"想、锻造心性，为科学进步和社会发展贡献智慧与力量。

方仪力

乙巳年正月于成都

跋二　以匠心为钥，启学术之径

2024 年 9 月，我申报的国家社科基金项目成功立项，消息传来，喜极而泣。回首申报历程，从选题的迷茫到论证的笃定，从初稿的粗砺到定稿的凝练，离不开黄老师的悉心指导，也得益于《300 问》等人文社科研究宝典的指引！

为了帮助更多学者，黄老师推出《250 问》，作为亲历者与受益者，我愿以三点体悟为引，为这本宝典作跋。

1. 摹宝典

《300 问》曾是我深夜案头的明灯，而今《250 问》的问世，更是为学者们锻造了一把叩开立项之门的"金钥匙"。《250 问》以"问题导向"为纲，将庞杂的申报流程拆解为 250 个精准靶点，直击学者痛点。

我曾困于选题的"大而空"，黄老师教会我从国家社科基金项目数据库与立项热点中提炼"真问题"。《250 问》有 18 问讨论选题优化，指引学者在"国家需求、地域特色、个人基础"的交汇处锚定研究方向。这种从"经验直觉"到"科学决策"的跨越，正是《250 问》为学者提供的底层方法论。

《250 问》第 14 问对"标题层级"的剖析，既强调逻辑结构的显性标引，又关注评委认知负荷的隐性平衡，堪称"寸纸寸金"的智慧结晶。标题对内容有标引的作用，可以呈现逻辑结构，展示思想的脉络。何时设，设至几级，均取决于实际需求，比如内容的层次性、丰富性等，也可取决于内容的长短。

2. 论透彻

论证需逻辑严密、内容充实，并紧密结合课题展开。无论是文献综述的撰写，还是研究内容的选择，《250 问》都可提供极具价值的参考。文献综述应做到"综、梳、述、评"，明确"谁在研究—研究什么—怎样研究—何种成果—研究得失"。研究内容应观点新颖，创新性强，重点突出，详略得当，有深度与广度，逻辑性与系统性强，确保各环节相互衔接、相互支持。比如，我紧扣研究内容"智媒化翻译传播"，抓三大重点"理念""模式""评估效果"，内容段落优化突出单一性、完整性、适当性、关联性与合理性等"五性"（见第 120 问）。

此外，在撰写"研究价值"时，我深知这是吸引评委注意、提升项目竞争力的关键环节，遂将"研究价值"按重要性排序，最重要的排在首位，次要的随后。这种有层次的表述方式不仅能帮助评委快速抓住研究的核心要点，还能凸显研究的核心价值与独特性，从而提升项目的整体竞争力。《250 问》就有 12 问详解"同比价值"，专论价值系统如何依需而排。

3. 勤修改

"项目不厌百回改"绝非虚言。《250 问》将修改升华为一种学术美学：从宏观框架的"结构性调适"到微观语句的"修辞性打磨"，从数据图表"视觉规范"到标点符号"语义精确"，无不彰显"高研值"与"高颜值"的双高追求。尽量避免低级错误（如病句、标点错误、错别字），注意字数、字号、字体、字距、行距、边距等的统筹优化，确保申请书整齐、美观。例如，阿拉伯数字应使用新罗马（Times New Roman）字体，数据表需规范填写，排版细节应力求极致，使格式兼具美观性与学术性。

项目申请书修改若是无从下手，则可认真翻阅《250 问》这本宝典，在字里行间寻找答案。《250 问》用清晰的逻辑与翔实的案例，为项目申请人拨开迷雾。现学现用《250 问》，反复阅读不断修改，申请书会有质的飞跃。勤于修改、善于学习与批判性思考是提升项目申请书质量的关键。

《250 问》之价值，不仅在于 250 个问题的答案，更在于它重塑了学者对项目申报的认知范式。愿每一位读者手持此卷，在学术马拉松中既能仰望辽阔的星空，亦能深耕笃实的大地。

期待《250 问》早日面市，福泽后学！

陈钰

2025 年春·长沙

跋三　玉在山而草木润，渊生珠而崖不枯

甲辰岁末，承蒙忠廉师丈抬爱，嘱余为其《250 问》作跋。荣幸之至，然亦惶恐，每读先生文章，常有曩者夫子"在齐闻《韶》，三月不知肉味"之感，此番修文，又因《荀子·劝学》一篇数现于心，遂欣然引其精妙之句录以为注，又以"玉在山而草木润，渊生珠而崖不枯"一句最类本书旨趣，乃援以为题，一得之见，愿为引玉之砖。

"学也者，固学一之也"。先生躬耕杏坛已历卅载，坚守教研初心，力行笔耕不辍，著作等身之余，亦慷慨以心得飨后学，鱼渔相授，承先启后，不可不谓"用心一也"。窃以为，本书虽名"秘笈"，然其"秘"并非不可言宣，一言以蔽之，不过"一以贯之，精益求精"。全书坚持问题导向，立足修改优化，不仅是为学之道的升华与提高，更是对先生《300 问》这一鸿篇的反思、延申与致敬。统观两书，半千问环环相扣，八春秋本立道生，循序渐进而又掷地有声地回答了学人三个"何 wei"的问题，即初出茅庐时的"何谓"，万山圈子里的"何为"，了然于胸后的"何畏"。其百川东归、万法归宗背后，则无处不体现着"君子之学贵一，一则明，明则有功"与"无专精则不能成，无涉猎则不能通也"之学人坚守。

"声无小而不闻，行无隐而不形"。余尝幸从先生伉俪为学，其形必龙虫并雕，其名务文质兼美，本书亦然。通览篇目，项目申报所涉板块可谓事无巨细，修改优化所攻问题堪称面面俱到。或研究内容之撰写，或形式排版之美观，或遣词造句之推敲，事事遑论大小，凡所言必有理有例有据，无不呼应黄门为学所倡之"观星与行路"并行不悖——既仰望星空，又脚踏实地，与"知法思"三位一体——知识为血肉，技法为骨骼，"私"想为精髓！有赖于此，方可举一反三，抽丝剥茧，慎终如始，以达夫子"质胜文则野，文胜质则史，文质彬彬，然后君子"之喻。郁郁乎文哉！高山景行，君子如珩，以是观之，先生诚无愧于"文如其人"四字。

"学数有终，若其义则不可须臾舍也"。本书之制，本乎译论亦出乎译论，

肇于语学而超于语学，实切合当今学界联通学科、贯彻门类之倡议。一如《300问》，本书读者群体不仅为传统意义上之外语科研工作者，更面向所有人文社会科学同人；然本书亦有别于《300问》，即已然突破前者尚存之"人文社科"藩篱，向更广义之"项目优化"迈进，再为融汇学科之先河。所谓学问，虽内涵各有所别，然究其根源，其义本无他矣。而义之理在乎法，故真法者，势必似《礼记·祭义》所言，"置之而塞乎天地，溥之而恒乎四海，施诸后世而无朝夕，推而放诸东海而准，推而放诸西海而准，推而放诸南海而准，推而放诸北海而准"，由是观之，本书心血之倾注，想来殊途同归。平心而论，近年来，不少人文社科项目的申报得益于《300问》而日益规范，相信随着本书之推广，其灼见亦必将渐及广大农、工、理、医项目书撰写，为我国学界项目申报提供裨益，在方法论层面上升为真正意义上的"黄宝书"。

"学莫便乎近其人，学之经莫速乎好其人"。梅贻琦先生有言，"所谓大学者，非有大楼之谓也，有大师之谓也"，孟子亦尝云，"大人者，不失其赤子之心者也"，先生之心实亦蕴乎本书之字里行间。本书代序题为"为您量身定制"，其言辞之谦逊恳切，正彰显了先生"以人为本"的如磐初心。余读本书，其"以人为本"可分为二：一曰以人为（作为）基本，倾注人文关怀；二曰以人为（制作）书本，呼应个体关切。二者并行，既体现对读者的责任，亦表达对学界的担当，更凸显作为学人的情怀。先生素喜司马温公务实之风，为此文时，亦数以"低调"谕余，然余亦常感喟于"经师易遇，人师难遇"的千载之叹，念兹在兹，负笈南下之朝暮与谆谆教诲之章回竟仿若再度跃然纸上，竟至无从裁省，然语虽孟浪，却无失半分偏颇。

先生"真积力久则入"，以谦谦之姿成彬彬之章，诚可谓"无冥冥之志者，无昭昭之名；无惛惛之事者，无赫赫之功"，其工之妙，寥寥千字实莫能名，愿化苏子瞻《潮州韩文公庙碑》之句，此诚"以一家之言起同道之衰，以满卷之语道后学之溺"。如是，先生邻昌黎先生昔日谪居之韩山韩江之地，以丹铅为润草木之山玉，假汗青作滋山崖之渊珠，吾侪躬逢其时，开卷有益，岂不懿欤？

2025 年新春

成都西南石油大学梦溪河畔

跋四　读真经 练真功 见真效 启真智

近水楼台，我有幸较早受益于黄师的"项目修改优化思想"及其《300问》《100问》等著述，成功获批国家社科基金项目和教育部项目。而今拜读到《项目修改优化秘笈250问》，愈加叹服，该书更显厚重、更为深化，聚焦精益求精的打磨过程，含百千实策、蕴大智大慧、显工匠精神。

无论是《300问》《100问》，还是《250问》，其中诸多妙理精言，都是黄师在门内译学沙龙上、平日教导中反复强调的，因此当以铅字形式再见时，倍感亲切，也深知其分量，都是黄师大半生践行得出的真知。"秘笈"问世，犹如软件开源，是学界幸事，必将普惠后学。黄师嘱我作跋，十分荣幸，心有万言，然囿于篇幅，在此仅择要抒怀、顺致敬谢。

读真经，通晓其理，是迈向成功的第一步　黄师立足语学译学，集百科智识，基于百余真实案例，既析自报心路，又取他报经验，兼顾报、评视角，揭示优化秘笈，字字珠玑，句句箴言。如何精准选题破题，如何将7000字黄金分割，如何运思全稿、构筑"金字塔"，如何搭建框架、求新优化，黄师通过比较系列方案，详释优选理据，真挚作答。对此，或许见仁见智。黄师亦持开放心态，"固守其律，不免单调，各路'神仙'不妨微调量比关系，以求自我均衡，形成申报的多姿多态"。黄师鼓励在模仿中逐步超越，独具匠心，脱颖而出！精益求精，没有最优，只有更优，但优化的内核应是同一的，即思精、语简、义丰、形神合一。改形旨在明义。有范本做明灯，有详解为引领，有诀窍做法宝，定会助益精修达优。

《250问》本身就是精修达优之作，从其用词、句法、章法到意义、逻辑、观点等，无不体现出深度思考、反复锤炼的痕迹，展现了高阶的训练思维和严谨的钻研精神。问学经书，倡导"知行合一"。结合撰写过程，或可分三个阶段来读：首遍，见真身、明其形、晓其理，描摹搭建框架，内容求全，本子可虚胖；二遍，专注内容，严密逻辑，提纯、显要、条理化，要瘦身；三遍，再次对标范本，精修优化，显特出彩。开卷有益，多多益善。

从校级、厅级、省部级到国家级项目，我先后报了 10 余次，有落榜的失意，也有中标的喜悦。每次都会复盘反思，愈发理解何为真知，愈发意识到夯实基础、务实研究、修炼内核、凸显问题意识的重要性。专家都是火眼金睛。积累越多，思考越深，观点越明、论证越实，越能获得认可。这也是黄师鼓励做扎根式研究的原因。选题最关键，谋定而后动；本子靠打磨，务实显真功。

练真功，体悟其道，是做真研究的必经之路　"知难行更难"。即使看了真经，具体到自身，常感混沌，无所适从，说不清，写不出，表明基本功还不扎实，需内外兼修。践行最关键。一方面，需练就潜心研读之功、细剖语例之功、雕琢字句之功、炼纲提要之功、深度思考之功、辨析批判之功、求索创新之功；另一方面，大小项目，多写多报，在深耕基础上，凝练选题，打磨论证。唯有内功夯实，结合外功招式，方能制胜，取得良效。

博士后期间密集的沙龙汇报与头脑风暴，令我受益匪浅；平均每月三次的黄门"译学沙龙"是重要练兵场所，同门会围绕近期的文献研读、选题构思、译例分析等进行汇报，同门互动探讨，黄师给予精准点评，诲人不倦。黄师反复强调要围绕课题建立自己的读研"坐标系"；拟题要精准化、实义化，要求新显特；论证要扣题；撰文报项时首段、首句、首字的重要性等。黄师强调研究创新是命脉，也促使我时常自我拷问，所做的是否是向前推进、向下深挖、向上提升的创新工作。总之，沙龙前神经紧绷，沙龙后如释重负，是常态，倍感压力，也受益无穷，因为任重道远，修炼内功是研究之基，厚积才能薄发，行稳方能致远。

选题炼题最炼心智，拟题方案我曾列过不下百种，以备优选；本子修改几十稿，基本都是打磨至截止日的最后一刻，以求更优。首次申报国家社科基金项目，遗憾落榜，自析原因，大概率是选题过窄，问题意识不强，本子论证也不够精准，而后结合自身兴趣，立足学科，着眼国需，新立选题，探讨俄媒涉华报道问题，2016 年再报即中标。研究过程中，结合个人兴趣与黄师专长，生发博士后课题，侧重翻译视角，研究新闻语际文本间性问题。"翻译流变"问题是在 2019 年的"沙龙"中首次提出的，2020 年再次汇报详论，其间做了大量相关语例分析，2023 年再度论证该题作为教育部项目选题的可行性，反复思考论证后，将其子课题"俄译效能"部分升级，列入题目显化，中标后，感觉已无再拓空间。2024 年另辟新域，几经论证，自觉积淀不够，无法深入，于是再次重启、回归上位，转向视角，聚焦"译传流变"现象。

如果说第一次国家社科基金项目申报是勇立新题，后面的教育部项目和国家社科基金项目则是前者的扎根式研究的结果。三个项目是不断深化、互相补益的关系，构成研究整体。确如黄师书中所言，"由题导本""由本返题"，循环反复，不断开悟、提升。修改优化，需耐力、定力、魄力、活力，是磨本磨心的过程。

见真效，良性循环，助益学术人生　《250问》与时俱进，实用性强，供有表达库、知识库、思想库，可借用、化用、活用。时间有限，可粗读，直观实例，仿其形，见速效；时间充裕，宜精读，品味解析，会其神，形神兼具，更见长效。身为学生，我受益于此，2023和2024年分别获批教育部项目和国家社科基金项目。以题解为例，先是描摹范本，控300字左右，做三段式，揣摩形义关系，再对照"十何"论，把握底层逻辑，即"抓问题、分供需""释术语、编摘要""定关系、应时需"，结合自己的选题，做出独具特色的题解。再以综述为例，结合文献研读，可仿范本论证，有限篇幅内的点线面组配方案，既显时空、逻辑，又精准、立体。再有，论证时，黄师强调立意要高，落笔要实，要有体系性。结合自己的学习申报经验，技巧之一是注重核心概念的论证运动，将单科或交叉学科所涉概念范畴构建成具有严密逻辑的语义闭环，也是扣题的一种方案。

在此特别强调团队的重要性，感谢译学黄埔。孤舟独行，视野易狭；并肩作战，思维深广。无论撰文还是报项，同门始终彼此助力修改优化；2024年的国家社科基金项目论证，一如既往，焦虑、兴奋、自信、沮丧、动摇、自疑等情绪交替上演，甚至有了放弃之心，黄师及时鼓励后，退堂鼓变成了冲锋号，得以"心胜""终胜"。

需静心，潜心，心静则"慧"生　读真经、练真功，就像修行，如若浮躁，见得真经悟不出真谛，似懂非懂，更易自大。精益求精是一种态度、一种信念、一种思维，蕴含为文为学为人之道。《250问》值得细品。"秉一以应万，精进益无边。"读过本书，您会发现优化升级的不仅是我们的各级各类项目本子，也会是整个学术之路，乃至我们的人生。与AI共生的时代，项目申报更重"求真务实""以人为本""内容为王""原始创新"。

相信本书能让您更有定力、更有信心！春华秋实，愿您收获满满！

孙敏庆

2025年春·广州

人文社科研究方法丛书

《人文社科项目申报 300 问》
黄忠廉 著
定价：68 元

针对项目申报中的常见问题，一问一答
提炼项目申报的方法和技巧，助君申中
国家社科基金项目、教育部人文社科研究
项目及其他省部级项目均适用
内附已立项申报书

《人文社科选题炼题：100 问+700 例》
黄忠廉 著
定价：68 元

100 个问题+700 个案例
解析国家社科基金项目、教育部人文社科
研究项目以及论文写作选题秘诀
呈现反映学科前沿和折射时代所需选题的
提炼过程
详解选题确定后的标题拟定技巧

《人文社科论文修改发表例话》
黄忠廉 等 著
定价：68 元

从论文修改到论文发表一册解决论文难题
针对论文写作中的困难，以 30 余篇论文为案例，呈现修改发表过程，涵盖选题、设计、思路、观点、结构、篇幅、语言、退修直至发表等方面

《十大文献综述：妙理与实例》
黄忠廉 刘丽芬 等 著
定价：68 元

首次将文献综述分为十大类
配备 160 个案例
庖丁解牛式解读海量文献选取方法
解析文献归纳和转化为论文、著作与
项目的要诀